Delícia!

Delícia!

400 receitas acompanhadas de técnicas e dicas
para você fazer pratos de dar água na boca

Matthew Drennan (org.)

PubliFolha

Um livro da Dorling Kindersley
www.dk.com

Título original: *The Delicious. Cookbook*

Copyright © 2009 Dorling Kindersley Limited
Copyright de receitas, técnicas, dicas e prefácio ©
2003-2009 Seven Publishing Group
Copyright © 2011 Publifolha – Divisão de Publicações
da Empresa Folha da Manhã S.A.

Todos os direitos reservados. Nenhuma parte desta obra pode ser reproduzida, arquivada ou transmitida de nenhuma forma ou por nenhum meio, sem a permissão expressa e por escrito da Publifolha – Divisão de Publicações da Empresa Folha da Manhã S.A.

Proibida a comercialização fora do território brasileiro.

COORDENAÇÃO DO PROJETO: PUBLIFOLHA
Editora-assistente: Paula Marconi de Lima
Coordenadora de produção gráfica: Soraia Scarpa
Produtora gráfica: Mariana Metidieri

PRODUÇÃO EDITORIAL: ESTÚDIO SABIÁ
Edição: Silvana Salerno
Tradução: Cynthia Costa
Preparação de texto: Paola Morsello
Revisão: Luciana Soares, Hebe Lucas e
Bruno Rodrigues
Editoração eletrônica: Pólen Editorial

EDIÇÃO ORIGINAL: DORLING KINDERSLEY
Editor: Daniel Mills
Editor de arte: Saskia Janssen
Editora-executiva: Adèle Hayward
Editora de arte executiva: Kat Mead
Editora de produção sênior: Jennifer Murray
Controladora de produção: Man Fai Lau
Suporte técnico de criação: Sonia Charbonnier
Diretor de arte: Peter Luff
Publisher: Stephanie Jackson

Nota do editor: Embora tenha sido tomado todo tipo de cuidado na compilação das receitas deste livro, a editora não se responsabiliza por erros acidentais que possam acontecer durante o preparo das receitas.

As fotos deste livro podem conter ingredientes ou acompanhamentos meramente ilustrativos.

Dados Internacionais de Catalogação na Publicação (CIP)
(Câmara Brasileira do Livro, SP, Brasil)

Delícia! / Matthew Drennan [org] ; [tradução Cynthia Costa].
– São Paulo : Publifolha, 2011.

Título original: The delicious. cookbook.
ISBN 978-85-7914-213-0

1. Culinária 2. Receitas I. Título.

10-07787   CDD-641.5

Índices para catálogo sistemático:
1. Receitas : Culinária 641.5

A grafia deste livro segue as regras do
Novo Acordo Ortográfico da Língua Portuguesa.

PUBLIFOLHA
Divisão de Publicações do Grupo Folha
Al. Barão de Limeira, 401, 6º andar
CEP 01202-900, São Paulo, SP
Tel.: (11) 3224-2186/2187/2197

www.publifolha.com.br

Impresso na Tien Wah Press, Cingapura.

sumário

apresentação	6

1 pratos leves
- sopas — 10
- saladas — 20
- lanches e entradas — 34

2 dia a dia
- almoço e jantar — 46
- cozidos e ensopados — 88
- vegetarianos e acompanhamentos — 108
- alimentos frugais — 132
- pratos rápidos — 144
- para congelar — 156

3 ocasiões especiais
- para receber os amigos — 172
- estrelas da mesa — 198
- para as crianças — 210
- ao ar livre — 222

4 sobremesas e quitutes
- para o dia a dia — 240
- doces tentações — 252
- bolos — 264
- pães e biscoitos — 278

5 referências
- glossário — 290
- informações úteis — 292

índice	296
agradecimentos	304

apresentação

Bem-vindos a este livro de **receitas deliciosas** para toda a família. Para compor esta coletânea, selecionamos as melhores receitas publicadas na revista ***delicious.***, lançada em 2003 para celebrar a comida e oferecer aos leitores **sugestões maravilhosas** e ao mesmo tempo **práticas**. Criamos pratos para pessoas que adoram a comida que preparam e comem e que se preocupam com a origem dos ingredientes e a melhor época para comprá-los. Todos os meses, nossa equipe de culinaristas e jornalistas especializados em gastronomia produz receitas próprias para a vida moderna, com ênfase numa maneira **simples** e **relaxante** de cozinhar, valorizando os alimentos da estação e, é claro, os bons resultados.

Este livro reflete perfeitamente o espírito eclético da revista, com **receitas para todas as ocasiões**, de aperitivos a boas soluções para as refeições do dia a dia, de guloseimas para crianças a pratos sofisticados para receber os amigos ou planejar um jantar a dois. Incluímos clássicos da culinária, mas sem cair no previsível. Cada capítulo traz ideias originais e formas inovadoras de preparar os pratos tradicionais mais apreciados.

No capítulo de **sopas**, por exemplo, reunimos receitas inventivas como a Sopa espanhola de verão, a Sopa de batata com gorgonzola e a Sopa de batata-doce com maçã. **Saladas** verdes sem graça nenhuma? Não aqui. Confira a Salada com abacate, a Salada italiana de feijão e a Salada de frutos do mar, que trazem ideias frescas e fantásticas para você experimentar.

Quando chega o final do dia e você precisa servir o jantar para a família ou **receber amigos** em casa, tudo o que procura é inspiração – o que neste livro você encontrará de sobra. Oferecemos aqui, como não poderia deixar de ser, os segredos de **clássicos atemporais**, aqueles que compõem o cerne de todo repertório gastronômico, incluindo Lasanha ao forno, Mussaca e Bolo de carne. Mas também trazemos opções brilhantes para o **dia a dia**. São soluções para o cardápio da

semana que, acredito, dão um toque especial às receitas de família, como o Tagliatelle ao pesto de tomate com almôndegas e as várias carnes de panela. Há também ideias recém-saídas do forno, como o Cuscuz de frango com queijo e o Refogado de linguiça com maçã. Esse capítulo criativo também resgata o que se passa nas cozinhas do mundo hoje, com seções dedicadas a **alimentos frugais**, pratos rápidos e receitas para congelar.

Nosso capítulo dedicado a **ocasiões especiais** facilita a vida de quem pretende agradar às visitas. Cozinhar para muitas pessoas, seja o almoço de domingo, um jantar para amigos ou uma festinha de criança, nem sempre é animador, mas as receitas que sugerimos foram elaboradas para **impressionar os convidados sem estressar o anfitrião**. Seja qual for a ocasião, você encontrará sugestões acessíveis e ótimas opções para quando quiser levar à mesa algo diferente e deixar todos boquiabertos (e satisfeitos).

Preparar quitutes em casa voltou à moda, e embarcamos nessa onda com um capítulo que ensina a fazer pães, bolos, bolinhos e biscoitos. Nossas **sobremesas** também não deixam ninguém passar vontade, e vão do Bolo cremoso de chocolate, passando por pudins diversos, até doces sofisticados de dar água na boca, como o Pavê de framboesa com chocolate branco, o Tiramisù e a Torta de maçã caramelada.

É uma alegria dividir com vocês as melhores receitas da revista inglesa ***delicious.***. Todas foram testadas em nossa cozinha e agora estrelam este lindo livro, que espero se torne uma fonte de inspiração para você e sua família.

Aproveite!
Matthew Drennan

pratos leves

- sopas
- saladas
- lanches e entradas

sopas

Sopa espanhola de verão
4 PORÇÕES PREPARO: **30 MINUTOS**

1 colher (sopa) de azeite
1 cebola média picada
2 cenouras em rodelas
1 lata de 400 g de tomates pelados picados
1,5 litro de caldo de legumes quente
250 g de leguminosas variadas cozidas (feijão, ervilha, grão-de-bico)
75 g de macarrão para sopa
1 repolho picado
salsa picada
sal e pimenta-do-reino moída na hora
parmesão ralado na hora para servir

1 Aqueça o azeite numa panela grande em fogo médio. Refogue a cebola e a cenoura por 5 minutos. Acrescente os tomates, o caldo e as leguminosas. Deixe ferver, diminua o fogo e cozinhe por 5 minutos.
2 Junte o macarrão e cozinhe por mais 5 minutos. Adicione o repolho, tempere com sal e pimenta e cozinhe por mais 2-3 minutos, até o macarrão ficar *al dente*.
3 Adicione a salsa e distribua em quatro pratos de sopa. Sirva com o parmesão e pão italiano.

Se preferir, use espaguete nesta receita.

Sopa de erva-doce com repolho e toucinho
4 PORÇÕES PREPARO: **1H15**

100 g de manteiga
2 alhos-porós picados
1 colher (chá) de sementes de erva-doce moídas
3 bulbos de erva-doce picados
900 g de batata picada
1,2 litro de caldo de galinha quente
150 ml de creme de leite fresco

Para o repolho com toucinho
½ repolho grande
50 g de manteiga
175 g de toucinho em cubos
folhas de tomilho picadas
sal e pimenta-do-reino moída na hora

1 Derreta a manteiga numa panela grande em fogo médio-baixo. Refogue o alho-poró por 10 minutos, mexendo até ficar macio. Acrescente as sementes de erva-doce e cozinhe por 2-3 minutos. Junte a erva-doce e as batatas.
2 Cubra com uma folha de papel-manteiga molhada e tampe a panela. Cozinhe em fogo brando por 10-12 minutos. Retire do fogo e descarte o papel.
3 Adicione o caldo, deixe ferver, cubra e cozinhe em fogo baixo por 30 minutos, até tudo ficar bem macio. Deixe esfriar um pouco, passe metade para o liquidificador e bata até ficar cremoso. Coe e recoloque na panela com a outra metade não batida.
4 Enquanto cozinha a sopa, retire as folhas mais duras do repolho e rasgue as outras, eliminando os talos. Escalde em água com sal por 2-3 minutos. Passe em seguida sob água fria e retire o excesso de água. Derreta a manteiga numa frigideira grande em fogo médio. Frite o toucinho por 3-4 minutos, até dourar. Junte o repolho e o tomilho e refogue por cerca de 5 minutos, até ficarem macios. Tempere bem com sal e pimenta.
5 Junte o creme de leite à sopa e tempere a gosto. Reaqueça em fogo baixo, mas sem ferver para não talhar.
6 Distribua a sopa em quatro pratos e espalhe o repolho com toucinho por cima.

sopas pratos leves

Sopa de legumes com pesto
6 PORÇÕES PREPARO: **1H10**

750 g de abóbora, mandioquinha e cenoura
1 cebola média em fatias
2 colheres (sopa) de azeite extravirgem
sal e pimenta-do-reino moída na hora

Para o pesto
1 noz
1 colher (sopa) de pinholes
1 dente de alho pequeno amassado
12 folhas de sálvia
15 g de folhas de salsa
2 colheres (sopa) de azeite extravirgem
1 colher (sopa) de farinha de rosca
2 colheres (sopa) de parmesão ralado

1 Preaqueça o forno a 180ºC. Descasque a abóbora, a mandioquinha e a cenoura e corte-as em cubos de 2 cm. Espalhe-as numa assadeira antiaderente com a cebola e o azeite. Salpique pimenta-do-reino, misture para cobrir bem com o azeite e leve ao forno preaquecido por 45 minutos.
2 Enquanto isso, faça o pesto. Bata a noz, os pinholes, o alho, a sálvia e a salsa no processador até picar bem. Passe para uma tigela e misture o azeite, 3 colheres (sopa) de água quente, a farinha de rosca e o parmesão até obter uma pasta. Cubra e reserve.
3 Retire a assadeira do forno e transfira o conteúdo para uma panela grande. Junte 1,5 litro de água fria e deixe levantar fervura. Cubra e cozinhe por 20 minutos, até os sabores se fundirem.
4 Deixe a sopa esfriar um pouco e bata no liquidificador ou processador (divida em duas partes, se preciso) até ficar cremosa e com uma linda cor.
5 Reaqueça a sopa em fogo baixo. Tempere a gosto com sal e pimenta e sirva com um pouco do pesto por cima.

Sopa de erva-doce com repolho e toucinho

Sopa de legumes com pesto

pratos leves sopas

Sopa de tomate
4 PORÇÕES PREPARO: **1 HORA**

1 kg de tomates cortados em quartos
250 g de cebola em fatias
4 dentes de alho
3 ramos de alecrim
2 pimentões vermelhos fatiados
4 colheres (sopa) de azeite
300 ml de caldo de legumes
1 colher (sopa) de vinagre
tabasco
molho inglês
sal e pimenta-do-reino moída na hora
salsa para decorar

1 Preaqueça o forno a 200ºC. Coloque os tomates, as cebolas, o alho, o alecrim e os pimentões numa assadeira grande. Espalhe azeite por cima e mexa para cobrir bem. Leve ao forno por 45 minutos, até ficarem macios e começarem a escurecer nas pontas. Não deixe queimar.
2 Bata tudo rapidamente no liquidificador ou processador, mas sem desfazer todos os pedaços. Divida em duas partes, se preciso.
3 Transfira para uma panela grande e acrescente o caldo, o vinagre e um pouco de tabasco e molho inglês. Misture bem e aqueça em fogo baixo.
4 Distribua em quatro pratos de sopa aquecidos, tempere com sal e pimenta e decore com salsa. Sirva com pão italiano.

Sopa de batata com gorgonzola
4-5 PORÇÕES PREPARO: **40 MINUTOS**

25 g de manteiga
2 talos médios de alho-poró (400 g)
   lavados e picados
250 g de batata
1,2 litro de caldo de legumes quente
2 folhas de louro
100 ml de creme de leite
125 g de gorgonzola picado,
   mais um pouco para servir
sal e pimenta-do-reino moída na hora

1 Derreta a manteiga numa panela grande em fogo médio-baixo. Refogue o alho-poró por 5 minutos, mexendo até ficar macio, mas sem escurecer.
2 Corte a batata em fatias e junte à panela com o caldo de legumes e as folhas de louro. Tempere a gosto com sal e pimenta.
3 Tampe a panela, deixe ferver. Cozinhe em fogo baixo por 15 minutos, até as batatas ficarem macias. Retire.
4 Misture o creme de leite e o gorgonzola e descarte as folhas de louro. Rapidamente, para a sopa não esfriar, bata no liquidificador ou processador (dividida em duas partes). Prove e tempere com mais sal e pimenta a gosto.
5 Distribua em pratos de sopa aquecidos e espalhe gorgonzola e pimenta-do-reino por cima antes de servir.

técnica especial
COMO DESCASCAR ALHO

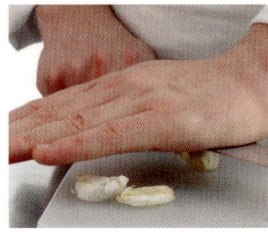

1. Coloque o dente de alho numa tábua. Apoie a lâmina de uma faca sobre ele e pressione com a palma da mão.

2. Retire a pele. Use uma faquinha afiada para retirar as extremidades. Está pronto para picar.

> O gorgonzola transforma uma simples sopa num prato especial.

Sopa de batata com gorgonzola

pratos leves sopas

Sopa de batata-doce com maçã
4 PORÇÕES PREPARO: **40 MINUTOS**

3 colheres (sopa) de azeite ou manteiga
1 cebola grande picada
3 colheres (chá) de gengibre fresco picado
450 g de batata-doce sem casca picada
1 maçã grande sem casca picada
900 ml de caldo de legumes quente, mais um pouco, se preciso
coentro picado mais 4 ramos para decorar
suco de limão-siciliano
duas pitadas de açúcar
1 maçã picada para decorar
4 colheres (sopa) de iogurte natural
sal e pimenta-do-reino moída na hora

1 Coloque 2 colheres (sopa) de azeite ou manteiga numa panela média em fogo baixo. Refogue a cebola, com a panela tampada, por 5 minutos. Acrescente 2 colheres (chá) do gengibre e a batata-doce, tampe de novo e deixe cozinhar por 6-8 minutos. (Deve cozinhar lentamente, não fritar.) Junte a maçã picada, mexa e cozinhe por mais 2-3 minutos. Despeje o caldo, acrescente o coentro e tempere. Mantenha em fervura leve, com panela semitampada, por 15-20 minutos, até a batata e a maçã ficarem macias.
2 Bata no liquidificador (ou processador), em duas partes, para deixar a sopa cremosa. Adicione mais caldo de legumes, se quiser. Acrescente um pouco de suco de limão e de açúcar, dependendo do quão doce for a maçã. Reaqueça em fogo baixo sem ferver.
3 Frite a outra maçã com o restante do gengibre no azeite restante ou da manteiga, até dourar e ficar macia. Acrescente uma pitada de açúcar e cozinhe por mais 1-2 minutos, mexendo até misturar bem.
4 Distribua a sopa em quatro pratos aquecidos. Espalhe 1 colher (sopa) de iogurte sobre a sopa e decore com a maçã frita e 1 ramo de coentro. Tempere com sal e pimenta e sirva.

Sopa indiana de espinafre
4 PORÇÕES PREPARO: **30 MINUTOS**

225 g de lentilha
3 colheres (sopa) de óleo de girassol
1 cebola grande picada
2 dentes de alho amassados
2,5 cm de gengibre fresco ralado
1 pimenta vermelha sem sementes picada mais 1 para decorar
1 pimenta verde sem sementes picada
1 colher (chá) de açafrão
1 colher (chá) de cominho em pó
1 colher (chá) de coentro em pó
uma pitada de pimenta-de-caiena
300 ml de caldo de legumes quente
200 g de tomates pelados
100 ml de leite de coco
100 g de miniespinafre
20 g de folhas de coentro
4 colheres (sopa) de iogurte natural para servir
sal e pimenta-do-reino moída na hora

1 Coloque as lentilhas numa panela média e cubra com 900 ml de água fria. Deixe ferver e retire a espuma que se formar na superfície. Mantenha em fervura leve por 10 minutos até as lentilhas ficarem macias e começarem a se desfazer. Retire, tampe e reserve.
2 Enquanto isso, aqueça o óleo de girassol numa panela grande, acrescente a cebola e frite por 15 minutos, até dourar. Diminua o fogo, junte o alho, o gengibre e as pimentas vermelha e verde e frite por 2 minutos.

> O leite de coco e o coentro contrastam com o sabor picante dos temperos indianos.

3 Misture os temperos, tempere bem com pimenta-do-reino e cozinhe por mais 2 minutos. Junte o caldo, as lentilhas com o seu líquido, os tomates e sal a gosto. Tampe e deixe cozinhar por 5 minutos.
4 Retire, deixe esfriar e acrescente o leite de coco. Divida em duas partes e bata no liquidificador ou processador, até a sopa ficar cremosa.
5 Reaqueça a sopa em fogo baixo. Deixe ferver e mantenha em fervura leve por 5 minutos antes de acrescentar o espinafre e algumas folhas de coentro. Cozinhe por mais 1 minuto. Use um mixer para bater um pouco, até picar o espinafre.
6 Distribua a sopa em quatro pratos aquecidos e decore cada um com 1 colher de iogurte, folhas de coentro e, se quiser, pimenta vermelha picada.

Minestrone
8 PORÇÕES PREPARO: **1 HORA**

2 colheres (sopa) de azeite
1 cebola pequena picada
1 alho-poró lavado e picado
1 talo de aipo picado
2 dentes de alho picados
400 g de filé-mignon em cubos
1 cenoura grande em cubos
2 batatas médias em cubos
1 ramo de alecrim
1 folha de louro
600 ml de caldo de legumes quente
400 g de tomates pelados
100 g de repolho ou couve-de-bruxelas picados
400 g de vagem
100 g de macarrão conchinha
8 colheres (sopa) de parmesão ralado
  para servir
sal e pimenta-do-reino moída na hora

1 Aqueça o azeite numa panela em fogo médio. Acrescente a cebola, o alho-poró, o aipo e o alho e cozinhe por alguns minutos até ficarem macios. Junte a carne, a cenoura, as batatas e as ervas.
2 Adicione o caldo, os tomates e 750 ml de água fria, ou o suficiente para cobrir a carne. Deixe ferver, diminua o fogo e cozinhe por mais 45 minutos. Junte o repolho ou a couve-de-bruxelas, a vagem e o macarrão e cozinhe por mais 5 minutos. Tempere com sal e pimenta.
3 Se quiser congelar (veja abaixo), espere esfriar. (O macarrão estará um pouco cru, mas cozinhará ao ser reaquecido.) Se não, cozinhe por mais 2 minutos.
4 Sirva com o parmesão ralado e pão ciabatta torrado.

dica especial
CONGELAR SOPA
Sopas congelam bem, por isso vale a pena preparar porções grandes. Para congelar, deixe a sopa esfriar por completo, transfira para um recipiente firme de plástico e congele por até 3 meses. Descongele em temperatura ambiente e reaqueça na panela até ferver.

Minestrone

pratos leves sopas

Chowder de peixe defumado
4 PORÇÕES PREPARO: **35 MINUTOS**

um pouco de manteiga
1 cebola grande picada
1 talo de aipo picado
1 talo de alho-poró picado
3 batatas médias em cubos
600 ml de leite
200 ml de caldo de galinha ou de peixe
500 g de peixe defumado de sua preferência em fatias de 4 cm
1 lata de milho-verde drenada
2 colheres (sopa) de salsa picada
sal e pimenta-do-reino moída na hora

1 Derreta a manteiga numa panela grande em fogo baixo. Refogue a cebola, o aipo e o alho-poró por 8-10 minutos, até ficarem macios e sem cor.
2 Junte as batatas e misture. Despeje 400 ml do leite e o caldo de galinha. Deixe ferver e diminua o fogo. Cozinhe por 15 minutos, até as batatas ficarem macias.
3 Enquanto isso, coloque o peixe e o restante do leite numa panela separada em fogo médio e ferva. Retire, despeje o leite na panela com os outros ingredientes e reserve o peixe.
4 Adicione o milho e aqueça por 1 minuto. Retire, transfira metade para o processador e bata até ficar cremoso. Reaqueça na panela em fogo baixo. Acrescente o peixe em pedacinhos e tempere com sal e pimenta.
5 Quando estiver quente, distribua em quatro pratos. Salpique a salsa e sirva na hora.

> **dica especial**
> **OPÇÕES DE PEIXE**
> Nesta sopa, você pode usar salmão ou truta defumada ou até 1 kg de mexilhões limpos. Nesse caso, no passo 3 cozinhe-os por 4-5 minutos e coloque sem as conchas na sopa, ao final do passo 4. Use apenas os que se abrirem na panela (p. 180) – descarte os que permanecerem fechados.

Bisque de caranguejo
4 PORÇÕES PREPARO: **3 HORAS**

2 colheres (sopa) de azeite
2 cebolas médias picadas
3 dentes de alho picados
2 cenouras picadas
2 talos de aipo picados
½ colher (chá) de sementes de erva-doce
restos de caranguejo cozido sem as partes escuras e com a carapaça quebrada
4 colheres (sopa) de licor de anis
2 tomates picados ou 1 colher (sopa) de extrato de tomate
alguns filetes de açafrão
suco e tiras da casca de 1 laranja
4 colheres (sopa) de creme de leite (opcional)
sal e pimenta-do-reino moída na hora

Para servir
croûtons, aïoli (p. 32) e pimenta-de-caiena

1 Aqueça o azeite numa panela grande e funda e refogue a cebola, o alho, a cenoura e o aipo. Tempere bem com sal e pimenta e acrescente as sementes de erva-doce. Diminua o fogo, tampe e cozinhe por 10-15 minutos.
2 Quando os vegetais estiverem macios, junte a carcaça quebrada e um pouco da carne de caranguejo e aumente o fogo. Derrame o licor e flambe, mantendo-se longe da panela. Quando as chamas baixarem, junte os tomates, o açafrão, o suco e as tiras da casca de laranja e 1,5 litro de água fria. Deixe ferver, diminua o fogo e cozinhe por 2 horas.
3 Coe a sopa sobre um recipiente, retirando os pedaços mais duros de carcaça da peneira. Leve os pedacinhos restantes de carne à panela e use a ponta de um rolo de massa para amassar bem. Acrescente uma concha da sopa e coe de novo, para eliminar os pedaços maiores. Junte o purê peneirado ao conteúdo do recipiente.
4 Reaqueça em fogo baixo numa panela limpa e tempere com sal e pimenta a gosto. Adicione o creme de leite, se quiser. Sirva com croûtons, aïoli e um pouco de pimenta-de-caiena.

Sopa de frango com macarrão

6 PORÇÕES PREPARO: **2 HORAS**

4 cenouras
3 talos de aipo
3 cebolas
1 frango de 1,5 kg
2 folhas de louro
1 colher (sopa) de óleo
1 alho-poró picado
1 dente de alho amassado
100 g de macarrão oriental
2 cm de gengibre ralado
salsa e cebolinha picadas para decorar
sal e pimenta-do-reino moída na hora

1 Pique as cenouras, o aipo e as cebolas. Coloque tudo numa panela grande e junte o frango e o louro. Despeje 2,5 litros de água fria, ou o suficiente para cobrir o frango. Deixe ferver em fogo baixo, eliminando a gordura que se formar na superfície, e cozinhe por 1 hora. Retire o frango e reserve. Coe o caldo sobre uma tigela, descartando o conteúdo sólido.
2 Aqueça o óleo numa panela grande em fogo médio e refogue por 5 minutos a cenoura, o aipo, a cebola, o alho-poró e o alho, mexendo até ficarem macios. Adicione 2 litros do caldo (congele o que sobrar) e deixe ferver. Diminua o fogo e mantenha em fervura leve por 10 minutos.
3 Enquanto isso, retire e descarte a pele do frango e desfie a carne. (A sopa pode ser congelada neste estágio. Transfira para um recipiente de plástico hermético e congele por até 2 meses. Descongele por completo antes de reaquecer.)
4 Acrescente o macarrão e o gengibre à panela e cozinhe por 4-5 minutos, até o macarrão ficar macio. Tempere com sal e pimenta e decore com a salsa e a cebolinha.
5 Distribua em seis tigelinhas aquecidas e sirva na hora. Esta sopa é uma ótima opção para o inverno e para quem está resfriado.

Chowder de peixe defumado

Sopa de frango com macarrão

pratos leves   **sopas**

Creme de batata com toucinho e milho

Creme de batata com toucinho e milho
8 PORÇÕES PREPARO: **40 MINUTOS**

200 g de toucinho picado
1 colher (sopa) de óleo
1 cebola picada
2 talos de aipo picados
2 batatas grandes sem casca em cubos
1,2 litro de caldo de legumes quente
1 lata de milho-verde sem a água
150 ml de creme de leite
salsa picada
sal e pimenta-do-reino moída na hora

1 Aqueça uma panela antiaderente grande em fogo alto. Quando estiver quente, coloque o toucinho e frite, mexendo por 5 minutos. Retire e espalhe sobre papel-toalha para absorver o excesso de gordura. Reserve.
2 Coloque o óleo na panela e abaixe o fogo para médio. Refogue a cebola e o aipo por 5 minutos, mexendo de vez em quando, até ficarem macios.
3 Adicione a batata e o caldo de legumes, deixe ferver e diminua o fogo. Mantenha em fervura leve por cerca de 10 minutos, até a batata ficar macia, mas sem desmanchar.
4 Junte o milho, o creme de leite e o toucinho e cozinhe por 2-3 minutos para aquecer bem. Acrescente a salsa e tempere com sal e pimenta a gosto.

Sopa de ervilha e agrião com bacon
6 PORÇÕES PREPARO: **25 MINUTOS**

2 colheres (sopa) de azeite
15 g de manteiga
1 cebola grande picada
1 dente de alho amassado
1 batata grande em cubos
1,5 litro de caldo de galinha
900 g de ervilhas congeladas
100 g de agrião
70 g de bacon fatiado
sal e pimenta-do-reino moída na hora

1 Aqueça o azeite e a manteiga numa panela grande e refogue a cebola e o alho por 5 minutos, até ficarem macios.
2 Acrescente a batata e misture bem. Despeje o caldo e deixe ferver. Mantenha em fervura leve por 15 minutos, até a batata ficar macia.
3 Adicione as ervilhas e cozinhe por 3 minutos. Junte o agrião e mexa até murchar.
4 Retire, deixe esfriar por alguns minutos e bata com um mixer ou processador (dividindo em duas partes) até obter um creme.
5 Recoloque a sopa na panela, tempere a gosto com sal e pimenta e mantenha aquecida em fogo baixo.
6 Enquanto isso, aqueça uma frigideira ou chapa e grelhe as fatias de bacon por 2-3 minutos de cada lado, até ficarem crocantes. Coloque sobre papel-toalha para absorver o excesso de gordura. Quebre em pedacinhos.
7 Distribua a sopa em seis pratos aquecidos e espalhe por cima um pouco de bacon.

sopas | pratos leves

Sopa de batata com linguiça e pesto de salsa
4 PORÇÕES PREPARO: **30 MINUTOS**

25 g de manteiga
500 g de batata em cubos
1 cebola picada
850 ml de caldo de legumes ou de galinha
125 ml de leite
1 colher (sopa) de azeite
50 g de linguiça em fatias finas
sal e pimenta-do-reino moída na hora

Pesto de salsa
25 g de salsa picada
25 g de parmesão ou grana padano ralado
25 g de pinholes
2 dentes de alho amassados
75 ml de azeite extravirgem,
    mais um pouco para regar

1 Derreta a manteiga numa panela e refogue as batatas e a cebola. Tempere com sal e pimenta, misture bem e tampe. Deixe cozinhar em fogo baixo por 10 minutos.
2 Despeje o caldo de legumes ou de galinha, deixe ferver, tampe de novo e cozinhe por mais 10 minutos, até a batata ficar macia. Adicione o leite e bata com um mixer para ficar cremoso.
3 Faça o pesto de salsa. Bata todos os ingredientes, exceto o azeite, no processador até obter um purê. Acrescente o azeite e uma boa pitada de sal e bata de novo, até obter uma pasta. (Rende mais pesto do que você precisa para esta receita. Coloque o que sobrar num recipiente esterilizado, cubra com uma camada de azeite e deixe na geladeira por até 2 semanas. Cubra com mais azeite se precisar guardar por mais tempo.)
4 Volte à sopa: aqueça o azeite numa frigideira grande. Frite a linguiça por 30 segundos de cada lado até ficar crocante. Coloque sobre papel-toalha para absorver a gordura e reserve a gordura da panela.
5 Distribua a sopa em quatro pratos aquecidos. Espalhe 1 colher (sopa) do pesto e algumas fatias de linguiça sobre cada um e regue com azeite.

Sopa de ervilha e agrião com bacon

Sopa de batata com linguiça e pesto de salsa

19

saladas

Salada italiana de batata
6 PORÇÕES PREPARO: **30 MINUTOS**

550 g de batata
1 colher (sopa) de suco de limão-siciliano
4 colheres (sopa) de azeite extravirgem
2 colheres (sopa) de orégano
1 cebola roxa pequena picada
12 azeitonas verdes sem caroço
4 tomates sem sementes picados
2 colheres (sopa) de alcaparras escorridas
4 ovos cozidos
sal e pimenta-do-reino moída na hora

1 Cozinhe as batatas em água fervente com sal por 12-15 minutos, até ficarem macias. Escorra. Corte-as ao meio e coloque-as numa tigela.
2 Numa tigelinha, bata o suco de limão, o azeite, o orégano e tempere com bastante sal e pimenta. Despeje sobre as batatas cozidas e reserve.
3 Quando a salada estiver fria, junte a cebola, as azeitonas, os tomates e as alcaparras e misture bem. Pique os ovos cozidos e espalhe sobre as batatas. Antes de servir, misture uma vez mais.

> Esta salada mescla os sabores do interior da Itália.

Salada Caesar
6 PORÇÕES PREPARO: **25 MINUTOS**

3 fatias de pão de centeio
1 dente de alho amassado
3 colheres (sopa) de azeite
4 pés de alface-americana pequenos lavados
50 g de parmesão

Molho
1 dente de alho grande
1 filé de alici
1 gema de ovo
¼ de colher (chá) de mostarda de Dijon
1 colher (sopa) de limão-siciliano
100 ml de azeite
2 colheres (sopa) de parmesão ralado
½ colher (sopa) de creme de leite
sal e pimenta-do-reino moída na hora

1 Faça primeiro os croûtons. Preaqueça o forno a 180ºC. Retire a casca do pão e corte-o em cubos. Espalhe numa assadeira, salpique com alho, azeite e um pouco de sal e misture. Asse por 10 minutos, deixe esfriar e reserve.
2 Lave e seque as folhas de alface na centrífuga. As folhas têm de ficar completamente secas.
3 Coloque as folhas numa saladeira grande, rasgando as maiores para que fiquem fáceis de abocanhar. Espalhe os croûtons por cima.
4 Com um descascador de legumes, faça lascas de parmesão e ponha sobre a salada.
5 Faça o clássico molho Caesar. Amasse o dente de alho com a lâmina de uma faca e esfregue com ele o interior de uma tigelinha. Descarte-o. Amasse o filé de alici numa tábua com a lâmina da faca e coloque na tigela.
6 Acrescente a gema de ovo, a mostarda e o limão à tigela. Misture bem, adicionando o azeite, até o molho ficar cremoso. Junte o parmesão e o creme de leite e salpique um pouco de sal e pimenta.
7 Regue a salada com o molho, misture e sirva.

saladas **pratos leves**

Salada niçoise
4 PORÇÕES PREPARO: **25 MINUTOS**

75 ml de azeite extravirgem
suco de ½ limão-siciliano
300 g de batatas pequenas e novas
100 g de favas ou feijão-branco
4 ovos
6 tomates maduros cortados em oito
1-2 pés de alface-americana
225 g de atum em óleo (lata)
2 colheres (sopa) de alcaparras
    enxaguadas e escorridas
um punhado de azeitonas pretas sem caroço
8 filés de alici
sal e pimenta-do-reino moída na hora

1 Para fazer o molho, misture o azeite e o suco de limão e tempere bem com sal e pimenta.
2 Ferva as batatas até ficarem macias e escorra. A não ser que sejam muito pequenas, corte-as ao meio. Cubra com 1 colher (sopa) de molho enquanto ainda estiverem quentes. Reserve.
3 Cozinhe as favas ou o feijão em água fervente por 2-3 minutos, ponha-os em uma tigela com água fria para interromper o cozimento e manter a cor e reserve.
4 Ferva os ovos até as gemas começarem a endurecer. Faça isso deixando a água ferver, colocando os ovos imediatamente e calculando 6 minutos exatos. Mergulhe-os também em água fria por 1 minuto, retire a casca (fica mais fácil antes de esfriarem) e corte-os em quartos.
5 Monte a salada: misture o tomate, a batata, a alface, as favas ou o feijão, o atum, as alcaparras, as azeitonas e o molho. Sirva na saladeira grande ou em quatro pratos.
6 Espalhe por cima os filés de alici e os ovos.

> dica **especial**
>
> ### ALCAPARRAS
> São os botões das flores de uma planta caparidácea. Você as encontra em conserva de água e sal ou vinagre. Sirva as grandes como tira-gosto e as pequenas e mais aromáticas em saladas como esta.

Salada italiana de batata

Salada Caesar

Salada quente de batata com presunto cru

Salada de beterraba e agrião com alici
4 PORÇÕES PREPARO: **1H15**

600 g de beterrabas pequenas
3 cebolas redondinhas em rodelas finas
1 colher (sopa) de alcaparras enxaguadas e escorridas
2 colheres (sopa) de vinagre balsâmico
3 colheres (sopa) de azeite
1 colher (chá) de mostarda de Dijon
4 ovos
um punhado de agrião bem lavado
12 filés de alici sem o óleo
molho de raiz-forte para servir (opcional)

1 Preaqueça o forno a 200°C. Embrulhe as beterrabas em papel-alumínio e asse por cerca de 30 minutos, até ficarem macias. Deixe esfriar no papel e descasque. Corte em fatias ou em cubos e reserve.
2 Misture as cebolas, as alcaparras, o vinagre, o azeite e a mostarda numa tigela. Tempere, junte a beterraba, misture e deixe marinar por 30 minutos.
3 Enquanto isso, cozinhe os ovos em água fervente por 6 minutos, sem deixar endurecer demais as gemas. Passe sob água fria para interromper o cozimento, retire a casca e corte-os ao meio.
4 Distribua o agrião em quatro pratos e cubra com a marinada de beterraba, os ovos e o alici. Um pouco de molho de raiz-forte dá um toque especial.

Salada quente de batata com presunto cru
6 PORÇÕES PREPARO: **55 MINUTOS**

2 pimentões vermelhos grandes
600 g de batatas
4 colheres (chá) de azeite extravirgem, mais um pouco para regar
1 colher (sopa) de salsa picada
12 fatias finas de presunto cru
50 g de minifolhas de salada
½ colher (chá) de vinagre branco
sal e pimenta-do-reino moída na hora

1 Preaqueça o forno a 200°C. Coloque os pimentões numa assadeira e leve ao forno por 20-25 minutos, até escurecerem um pouco. Transfira para um saco plástico e deixe esfriar. Retire a pele e as sementes, reservando o caldo liberado. Corte em tiras.
2 Cozinhe as batatas numa panela grande com água fervente e sal por 10-12 minutos, até ficarem macias. Retire e deixe esfriar até conseguir manuseá-las. Corte em fatias grossas e coloque numa tigela. Misture o azeite e a salsa.
3 Coloque 2 fatias de presunto cru em cada prato e espalhe minifolhas por cima.
4 Regue as batatas com o vinagre e tempere bem com sal e pimenta. Espalhe os pimentões e o caldo deles sobre as batatas. Regue com mais azeite e sirva.

> **dica especial**
> **PREPARE ANTES**
> Se quiser adiantar esta receita, prepare os pimentões um dia antes e deixe na geladeira durante a noite. Use-os em temperatura ambiente.

Salada de beterraba e agrião com alici

pratos leves — **saladas**

Salada italiana de feijão

Salada italiana de feijão
4 PORÇÕES PREPARO: **30 MINUTOS**

7 colheres (sopa) de azeite extravigem
1 cebola pequena picada
2 dentes de alho grandes amassados
1 talo de aipo picadinho
2 pimentas vermelhas picadas
2 colheres (chá) de orégano
250 g de feijão-branco cozido
250 g de feijão-fradinho cozido
6 tomates picados sem sementes
salsa picada
2 colheres (sopa) de suco de limão-siciliano
sal e pimenta-do-reino moída na hora

1 Aqueça 3 colheres (sopa) de azeite numa panela grande e refogue a cebola, o alho, o aipo e a pimenta por 6-8 minutos em fogo baixo, até ficarem macios. Junte o orégano e os feijões e continue a cozinhar por mais 5-6 minutos, mexendo de vez em quando. Retire e deixe esfriar em temperatura ambiente.
2 Misture os tomates e a salsa. Bata o restante do azeite com o suco de limão e tempere bem com sal e pimenta-do-reino. Antes de servir, espalhe o molho sobre os feijões e misture bem.

Salada com abacate
4 PORÇÕES PREPARO: **15 MINUTOS**

2 pés de alface-americana
3 tomates em fatias
½ cebola pequena picadinha
1 dente de alho amassado
1 colher (sopa) de folhas de coentro
4 abacates maduros
suco de 1 limão-siciliano
quatro pitadas de pimenta em flocos
100 g de tomates secos em conserva
   (reserve o óleo)
pimenta-do-reino moída na hora

1 Lave as folhas de alface e disponha-as em quatro pratos. Distribua as fatias de tomate nos pratos e cubra com a cebola, o alho e o coentro.
2 Corte os abacates em fatias. Coloque-as sobre a salada nos pratos. Regue com o limão.
3 Salpique as pimentas. Distribua os tomates secos por cima e regue com 1 colher (chá) do óleo da conserva. Sirva com pão integral.

técnica **especial**
COMO PICAR PIMENTAS

1. Corte a pimenta ao meio no sentido do comprimento. Retire as sementes e o cabo.

2. Pique bem a pimenta e lave bem as mãos, antes de continuar a cozinhar.

saladas | pratos leves

Salada russa
4 PORÇÕES PREPARO: **1 HORA**

2 beterrabas médias
2-3 batatas
100 g de ervilhas frescas
100 g de vagem picada
100 g de minicenouras
½ couve-flor pequena em buquês
3 ovos grandes
2 pepininhos em conserva em cubos
3 colheres (sopa) de maionese
um punhado de dill fresco (opcional)
sal e pimenta-do-reino moída na hora

1 Ferva as beterrabas numa panela com água e sal em fogo médio-alto por 20-30 minutos, até ficarem macias. Deixe esfriar, descasque e corte em cubos.
2 Enquanto isso, descasque e corte as batatas em cubos. Ferva-as em água levemente salgada até ficarem macias, depois deixe as batatas e beterrabas esfriarem por completo.
3 Cozinhe as ervilhas, a vagem, as cenouras e a couve-flor. Ferva uma depois da outra, na mesma panela, deixando a couve-flor por último. As ervilhas e a vagem levam 2-3 minutos, e as cenouras e a couve-flor, 4-5 minutos. Elas devem cozinhar, mas ainda ficar crocantes. Deixe esfriar.
4 Cozinhe os ovos em água fervente com sal por 6-7 minutos. Mergulhe-os em água fria, retire a casca e corte-os ao meio.
5 Misture os pepininhos com os legumes e incorpore a maionese numa tigela. Tempere com sal e pimenta, salpique ramos de dill e espalhe os ovos por cima.

> Este prato é um favorito das famílias russas, que o conhecem como Salat Olivier.

Salada russa

Salada de frutos do mar

6 PORÇÕES PREPARO: **40 MINUTOS**

um punhado de salsa
alguns grãos de pimenta-preta
1 kg de mexilhões (descarte os já abertos e os com conchas quebradas)
500 g de camarões crus limpos com a cauda
300 g de lula fresca cortada em anéis
2 colheres (sopa) de óleo de abacate (ou azeite)
suco de 1 limão-siciliano
1 cebola redondinha picada
100 g de rúcula
sal

Molho
raspas finas de 1 limão-taiti
1 dente de alho
1 pimenta vermelha pequena sem sementes cortada ao meio
um punhado grande de hortelã

1 Despeje 100 ml de água numa panela grande. Retire os talos da salsa (guarde as folhas para o molho) e coloque na água com alguns grãos de pimenta. Deixe ferver em fogo alto, adicione os mexilhões, tampe e cozinhe por 5 minutos, chacoalhando a panela até as conchas abrirem. Retire os mexilhões com uma escumadeira, descartando os que não abriram. Adicione os camarões e as lulas à panela e deixe por 2 minutos, até ficarem cozidos. Retire com a escumadeira. Tire os mexilhões das conchas e misture-os aos camarões e às lulas. Cubra e leve à geladeira.
2 Ferva o líquido da panela até reduzir à metade e coe 3 colheres (sopa) numa tigela. Deixe esfriar. Bata com o óleo de abacate e o limão. Tempere com sal e misture a cebola.
3 Para fazer o molho, bata as raspas de limão, o alho e a pimenta vermelha no liquidificador. Junte a hortelã e as folhas de salsa e bata de novo.
4 Misture os frutos do mar, o molho de cebola e a rúcula. Sirva com o molho por cima.

Salada de frutos do mar

Salada de macarrão com atum
4 PORÇÕES PREPARO: **20 MINUTOS**

225 g de macarrão à sua escolha
1/3 de pepino
100 g de tomates-cereja
2 colheres (chá) de pesto
185 g de atum em lata sem o óleo
4 colheres (sopa) de Vinagrete clássico (p. 33) ou molho pronto tipo French
sal e pimenta-do-reino moída na hora

1 Encha uma panela grande com água, acrescente uma pitada generosa de sal e leve ao fogo alto. Deixe ferver e cozinhe o macarrão (mexa às vezes para soltá-lo). Mantenha o fogo alto, mas tome cuidado para a água não ferver a ponto de espirrar. Cozinhe por 10 minutos ou siga as instruções da embalagem. Para verificar o cozimento, morda um pedaço: deve estar cozido, mas *al dente*.
2 Enquanto isso, pique o pepino em pedaços grandes. Corte os tomates ao meio.
3 Escorra o macarrão, transfira para uma tigela e deixe esfriar um pouco. Misture o pesto para que o macarrão não grude.
4 Desfie o atum e misture ao macarrão, assim como o pepino e os tomates. Tempere com o Vinagrete clássico e pimenta-do-reino. Misture bem.
5 Você pode consumir na hora ou deixar na geladeira por até 2 dias.

> Escolha um atum em lata de boa qualidade, tomates frescos e um pesto caseiro.

Truta defumada com pepino

Truta defumada com pepino
4 PORÇÕES PREPARO: **5 MINUTOS**

1 pepino
½ maço de dill picado
½ colher (chá) de açúcar
1 colher (sopa) de vinagre de arroz
4 filés de truta defumada
batatas cozidas e maionese para servir

1 Corte o pepino no sentido do comprimento e retire as sementes com uma colher (chá). Pique em meias-luas.
2 Numa tigela grande, misture o pepino com o dill, o açúcar e o vinagre para obter um molho agridoce.
3 Distribua a salada em quatro pratos. Separe a truta em pedaços e espalhe sobre o pepino.
4 Sirva com batatas e maionese.

Salada de macarrão com frango e molho de gengibre e amendoim
2 PORÇÕES PREPARO: **1H30**

2 peitos de frango com pele
3 colheres (chá) de gengibre ralado
raspas de 1 limão
2 colheres (sopa) de óleo de girassol
2 dentes de alho amassados
1 pimenta verde sem sementes picada
3 colheres (sopa) de pasta de amendoim crocante
2 colheres (chá) de molho de peixe tailandês ou shoyu
1 folha de limão-kaffir ou raspas de limão (opcional)
2 pedaços de gengibre em conserva picados
suco de limão a gosto
açúcar mascavo a gosto
coentro fresco a gosto
100-120 g de macarrão de arroz
225 g de cenouras cortadas em tiras longas
1 pimentão verde ou vermelho pequeno cortado em tiras
10 cm de pepino cortado em tiras
2-3 colheres (sopa) de amendoins torrados picados

1 Faça talhos nos peitos de frango com uma faca. Misture metade do gengibre ralado, as raspas de limão e 1 colher (sopa) do óleo e esfregue sobre o frango. Cubra e deixe marinar na geladeira pelo menos por 1 hora. Enquanto isso, preaqueça o forno a 160ºC. Asse o frango por 20-25 minutos, até cozinhar bem. Deixe esfriar um pouco e desfie.
2 Enquanto o frango assa, faça o molho. Numa panelinha, aqueça o restante do óleo e refogue em fogo baixo o restante do gengibre com o alho e a pimenta verde por alguns minutos. Não deixe escurecer demais. Retire, misture a pasta de amendoim e deixe derreter. Junte 4-6 colheres (sopa) de água, até obter um molho espesso e cremoso. Recoloque em fogo baixo e acrescente o molho de peixe ou o shoyu, a folha de limão ou as raspas, o gengibre e o limão. Adicione açúcar a gosto. Deixe ferver por alguns minutos. Para deixar o molho menos denso, junte 2-3 colheres (sopa) de água. Pique os talos do coentro e misture ao molho.
3 Cozinhe o macarrão de arroz de acordo com as instruções da embalagem (a forma mais fácil é cozinhar em água fervente por 4-5 minutos). Deixe numa tigela com água gelada até o momento de servir.
4 Retire da água e divida em dois pratos. Espalhe os legumes e as folhas de coentro por cima e, sobre eles, o frango desfiado ainda morno. Cubra com molho e decore com mais coentro e amendoim.

Salada de frango com erva-doce e molho agridoce
4 PORÇÕES PREPARO: **50 MINUTOS**

2 bulbos de erva-doce
4 colheres (sopa) de azeite
3 dentes de alho grandes cortados no sentido do comprimento
3 ramos de alecrim cortados ao meio
4 peitos de frango desossados com pele
150 g de agrião sem os talos maiores

Molho agridoce
2 colheres (sopa) de azeite
1 cebola roxa pequena picada
4 colheres (chá) de açúcar mascavo
3 colheres (sopa) de vinagre
2 colheres (chá) de óleo de gergelim
2 ½ colheres (chá) de shoyu
pimenta-do-reino moída na hora (opcional)

1 Para cozinhar a erva-doce, retire a camada exterior mais dura e divida em partes a partir da raiz. A raiz manterá as folhas de cada parte juntas.
2 Aqueça uma chapa ondulada em fogo alto até ficar bem quente e reduza o fogo para médio. Pincele a erva-doce com metade do azeite, tempere e coloque na chapa para grelhar junto com o alho e metade dos ramos de alecrim. Grelhe por 5 minutos de cada lado, até a erva-doce dourar bem e ficar com as marcas da chapa. Regue com algumas colheres (sopa)

Salada de frango com erva-doce e molho agridoce

de água e continue a grelhar por 3-5 minutos, adicionando mais água de vez em quando para ajudar no cozimento. Quando estiver macia, retire e reserve, mantendo aquecida. Descarte o alho e o alecrim.
3 Faça o molho. Aqueça o azeite numa frigideira antiaderente em fogo médio. Refogue a cebola por 5 minutos. Adicione o açúcar e continue a cozinhar, mexendo, por 1-2 minutos, até o açúcar dissolver e a cebola ficar dourada e macia. Diminua o fogo, acrescente o vinagre e deixe ferver levemente por alguns minutos. Acrescente o óleo de gergelim e o shoyu e salpique pimenta-do-reino, se quiser. Mantenha o molho quente.
4 Aqueça o restante do azeite numa frigideira grande em fogo médio. Tempere o frango e leve à chapa para grelhar junto com o restante do alecrim. Vire o lado com pele para baixo. Grelhe por 6 minutos, até dourar. Vire e grelhe por mais 6-7 minutos, até ficar macio e totalmente cozido. (Pingue água na chapa para acelerar o processo, se quiser.)

5 Descarte o alecrim e passe o frango para uma travessa. Cubra com papel-alumínio e um pano de prato limpo e deixe descansar por 5 minutos. Dessa forma, o frango ficará mais macio e suculento, mantendo o líquido no interior. Transfira para uma tábua e corte em fatias diagonais.
6 Coloque os pedaços de frango, as fatias de erva-doce e o agrião numa tigela e cubra com o molho. Misture bem e divida em quatro pratos. Sirva na hora.

dica **especial**
MOLHO MAIS LÍQUIDO
Se o molho ficar espesso demais, acrescente um pouco do líquido liberado no cozimento do frango ou água morna antes de misturar à salada.

pratos leves **saladas**

Salada quente de domingo

Salada quente de domingo
6 PORÇÕES PREPARO: **2H15**

....

1 perna de cordeiro de 2-2,5 kg
4 dentes de alho em lâminas
ramos de alecrim
450 g de batatas pequenas novas
175 ml de azeite
200 g de vagem
4 colheres (sopa) de vinagre
uma pitada de açúcar
hortelã picada
600 g de tomates-cereja cortados ao meio
350 g de miniespinafre ou minirrúcula
sal e pimenta-do-reino moída na hora

....

1 Preaqueça o forno a 200ºC. Faça cortes no cordeiro com uma faca afiada. Coloque um ramo de alecrim e uma lâmina de alho em cada corte. Asse o cordeiro por 20 minutos e reduza a temperatura do forno para 170ºC. Asse por mais 20 minutos para ficar malpassado ou por 40 se quiser que fique no ponto ou bem-passado.
2 Cozinhe as batatinhas em água fervente com sal por 10-15 minutos. Escorra e disponha numa assadeira. Regue com 2 colheres (sopa) de azeite e tempere com sal e pimenta a gosto. Asse em forno aquecido por 30 minutos.
3 Cozinhe a vagem em água fervente com sal e passe em seguida sob água fria para interromper o cozimento e manter a cor. Reserve.
4 Faça o molho. Bata o restante do azeite com o vinagre, o açúcar e a hortelã. Tempere bem com sal e pimenta.
5 Retire o cordeiro e as batatas do forno. Deixe o cordeiro descansar por 15 minutos e as batatas esfriarem um pouco. Fatie o cordeiro. Misture os tomates, o miniespinafre, a vagem e as batatas numa tigela. Regue com molho e misture. Adicione o cordeiro e sirva com o restante do molho à parte.

Salada de atum e feijão-branco no pão grelhado
4 PORÇÕES PREPARO: **25 MINUTOS**

....

250 g de feijão-branco cozido
300 g de atum em lata em pedaços sem o óleo
1 cebola roxa pequena fatiada
12 tomates-cereja cortados ao meio
salsa picada
3 colheres (sopa) de azeite
2 limões-sicilianos pequenos
1 colher (chá) de mostarda de Dijon
1 dente de alho amassado
4 fatias de pão de centeio
3 colheres (sopa) de pasta de tomate seco
sal e pimenta-do-reino moída na hora

....

1 Misture o feijão, o atum, a cebola, os tomates e a salsa. Reserve.
2 Bata 2 colheres (sopa) de azeite, o suco de 1 limão, a mostarda e o alho. Tempere com sal e pimenta e espalhe sobre o feijão com atum. Misture.
3 Aqueça uma chapa ondulada até ficar bem quente. Pincele os pães dos dois lados com o restante do azeite e grelhe até dourarem bem.
4 Espalhe a pasta de tomate nas fatias e cubra com a mistura de feijão e atum. Sirva com o outro limão cortado em gomos.

Salada de atum e feijão-branco no pão grelhado

Maionese

4-6 PORÇÕES PREPARO: **15 MINUTOS**

2 gemas em temperatura ambiente
1 colher (chá) de mostarda de Dijon
300 ml de azeite
suco de limão-siciliano
sal e pimenta-do-reino moída na hora

1 Coloque a tigela sobre uma toalha de mesa para não escorregar. Coloque as gemas na tigela e junte a mostarda. Tempere com sal e pimenta a gosto e bata até ficar cremoso.
2 Adicione o azeite aos poucos, em filete contínuo, sem parar de bater. Não acelere o processo, pois é importante que fique espumoso. O resultado deve ser uma maionese espessa, que forme picos.
3 Esprema um pouco de limão sobre a maionese e bata de novo. Se ficar espessa demais, pingue gotas de água morna para ficar na consistência certa.

técnica especial
PARA FAZER MAIONESE

1. Para obter um melhor resultado, use gemas em temperatura ambiente. Bata com mostarda, sal e pimenta-do-reino fresca.

2. Com a mão firme, adicione azeite aos poucos, sem parar de bater com a outra mão, mantendo o filete de azeite constante.

3. Continue a adicionar o azeite com uma mão e a bater com a outra, mantendo a emulsão estável. O creme vai começar a espessar.

4. Após incorporar todo o azeite, adicione o limão e bata um pouco. Verifique e ajuste o tempero, se preciso.

Aïoli

6-8 PORÇÕES PREPARO: **10 MINUTOS**

6 dentes de alho amassados
3 gemas
3 colheres (sopa) de farinha de rosca
4 colheres (sopa) de vinagre de vinho branco
300 ml de azeite de boa qualidade
sal e pimenta-do-reino moída na hora

1 Coloque o alho, as gemas, a farinha de rosca, o vinagre e um pouco de sal e pimenta numa tigela e bata com o batedor manual (ou no liquidificador), até ficar homogêneo.
2 Incorpore aos poucos o azeite, em filete contínuo, sem parar de bater. Não acelere o processo para obter o ponto certo da emulsão.
3 Misture 1 colher (sopa) de água morna e ajuste o tempero a gosto.

Molho de gorgonzola

4 PORÇÕES PREPARO: **10 MINUTOS**

50 g de gorgonzola
2 colheres (sopa) de leite
1 colher (sopa) de vinagre de vinho branco
6 colheres (sopa) de azeite
sal e pimenta-do-reino moída na hora

1 Coloque o queijo no liquidificador ou processador com todos os ingredientes. Tempere com sal e pimenta e bata até ficar cremoso.
2 Adicione gotas de água morna se ficar espesso.

Molho de azeite, vinagre balsâmico e missô de cevada

10 PORÇÕES PREPARO: **10 MINUTOS**

100 ml de azeite extravirgem
300 ml de água
50 ml de vinagre balsâmico
3 colheres (sopa) de missô de cevada
uma pitada de sal e pimenta-do-reino
    moída na hora

1 Coloque o azeite, a água e o vinagre balsâmico num recipiente de vidro próprio para molhos. Assim você economiza louça e armazena o molho de maneira prática.
2 Adicione a pasta de missô e tempere com uma pitada de sal e pimenta-do-reino. Feche o recipiente e agite para misturar bem, criando uma emulsão.
3 Sirva imediatamente na salada – vai bem com especialidades asiáticas – ou tampe hermeticamente e deixe na geladeira por até 1 mês. Agite antes de usar.

Molho de gorgonzola

Vinagrete clássico
4 PORÇÕES PREPARO: **5 MINUTOS**

1 colher (sopa) de vinagre de vinho branco
1 colher (chá) de mostarda em grãos
uma pitada de açúcar
3 colheres (sopa) de azeite extravirgem
sal e pimenta-do-reino moída na hora

1 Coloque o vinagre, a mostarda e o açúcar numa tigela grande e tempere a gosto. Bata até ficar homogêneo.
2 Adicione o azeite aos poucos, batendo sem parar, até mudar de cor e ficar mais espesso.

Salada de ervas
4-6 PORÇÕES PREPARO: **10 MINUTOS**

50 g de salsa lisa sem os talos
50 g de cebolinha em tirinhas
50 g de folhas de estragão sem os talos
50 g de folhas de manjericão
2 colheres (chá) de vinagre de vinho tinto
1-2 colheres (sopa) de azeite extravirgem
sal marinho

1 Lave todas as ervas com cuidado e seque-as na centrífuga ou sobre papel-toalha. Passe para uma tigela grande.
2 Bata o vinagre e o azeite e tempere com sal marinho. Prove e ajuste o tempero, lembrando que não deve se sobrepor ao sabor das ervas. Antes de servir, regue as folhas com o molho e misture.

Vinagrete clássico

lanches e entradas

Sanduíche de homus com cenoura
1 PORÇÃO PREPARO: **5 MINUTOS**

1 pão integral redondo
2 colheres (sopa) de homus
1 cenoura média ralada
¼ de maço de mostarda ou agrião

1 Com uma faca serrilhada, abra o pão ao meio. Espalhe o homus nas duas metades, cobrindo toda a superfície.
2 Rale a cenoura (para ficar mais crocante, use o lado serrilhado do ralador). Espalhe sobre o homus e coloque por cima a mostarda. Feche o sanduíche.

Sanduíche de atum com abacate
1 PORÇÃO PREPARO: **5 MINUTOS**

1 pão salgado de consistência firme
70 g de atum em lata sem o óleo
2 colheres (sopa) de abacate
algumas folhas de alface-americana

1 Corte o pão ao meio. Misture o atum e o abacate, até ficar homogêneo.
2 Espalhe a pasta numa metade do pão e cubra com as folhas. Feche o sanduíche e pressione.

Torradas com couve-flor e queijo
4 PORÇÕES PREPARO: **35 MINUTOS**

500 g de couve-flor em buquês pequenos
30 g de manteiga, mais um pouco para passar no pão
2 colheres (sopa) de farinha de trigo
400 ml de leite
200 g de queijo prato ou do reino em cubos
noz-moscada ralada
1 gema de ovo
4 fatias de pão de centeio
sal e pimenta-do-reino moída na hora

1 Cozinhe a couve-flor em água fervente por 8-10 minutos, até começar a amolecer mas mantendo-se firme. Escorra e reserve.
2 Aqueça a manteiga numa panelinha e junte a farinha. Cozinhe por 2-3 minutos, mexendo sem parar, e retire. Adicione o leite aos poucos, mexendo depois de cada adição. Recoloque a panela no fogo e cozinhe por 8-10 minutos, até engrossar.
3 Misture o queijo, a noz-moscada e, por último, a couve-flor e tempere com sal e pimenta a gosto. Retire e incorpore a gema.
4 Preaqueça uma chapa frisada e grelhe os pães. Deixe esfriar um pouco e espalhe a manteiga. Cubra as fatias com a couve-flor e leve-as ao forno para dourar.

Tostex de salmão defumado
4 PORÇÕES PREPARO: **20 MINUTOS**

2 colheres (sopa) de manteiga em temperatura ambiente
8 fatias de pão de fôrma
pimenta-do-reino
300 g de salmão defumado em tiras
4 colheres (sopa) de chucrute escorrido (ou repolho cru, se preferir)
150 g de queijo prato ou gruyère ralado

1 Passe manteiga nas fatias de pão dos dois lados e tempere com pimenta-do-reino. Distribua o salmão, o chucrute e o queijo e feche os sanduíches.
2 Aqueça uma chapa antiaderente e grelhe bem dos dois lados, até o queijo começar a derreter. Mantenha o fogo baixo para não queimar o pão.
3 Sirva na hora com cerveja gelada.

lanches e entradas · **pratos leves**

Bruschetta de frango e cogumelo
4 PORÇÕES PREPARO: **25 MINUTOS**

2 peitos de frango
2 colheres (sopa) de azeite extravirgem, mais um pouco para regar
folhas de 2 ramos frescos de tomilho
50 g de pinholes
8 champignons frescos
suco de ½ limão-siciliano
4 fatias de ciabatta
1 dente de alho cortado ao meio
alface-crespa ou romana
sal e pimenta-do-reino moída na hora

1 Preaqueça o forno em temperatura alta. Pincele os peitos de frango com metade do azeite, as folhas de tomilho e sal e pimenta a gosto. Coloque numa pequena assadeira e cozinhe por 15 minutos, até dourar e cozinhar por completo. Reserve e deixe esfriar um pouco.
2 Enquanto isso, coloque os pinholes numa assadeira e torre no forno quente por 2-3 minutos. Chacoalhe a assadeira às vezes. Retire do forno quando estiverem bem dourados e liberando um aroma acentuado. Reserve.
3 Corte os cogumelos em fatias finas, espalhe-os numa travessa e esprema limão por cima. Regue com azeite e misture.
4 Coloque as fatias de ciabatta numa assadeira, regue com azeite e leve ao forno aquecido por 5 minutos, virando-as na metade do tempo (têm de ficar crocantes mas sem queimar). Retire e esfregue o dente de alho nas fatias. O pão funcionará quase como um ralador do alho.
5 Corte o frango em fatias finas, reservando o líquido liberado. Misture o frango, os cogumelos e a alface com esse líquido, prove e ajuste o tempero.
6 Distribua o recheio sobre as fatias de pão e salpique pinholes por cima. Regue com um pouco de azeite. Se quiser, cubra com parmesão ralado.

Tostex de salmão defumado

Sanduíche de homus com cenoura

pratos leves | lanches e entradas

Croissant com queijo
1 PORÇÃO PREPARO: **15 MINUTOS**

1 croissant (escolha um longo e menos curvado)
molho quatro queijos fresco (300 g
   são suficientes para 8 croissants)
fatias de tomate
1 fatia de presunto de boa qualidade
queijo prato ralado
pimenta-do-reino moída na hora
cebolinha picada

1 Preaqueça o forno a 160ºC.
2 Abra o croissant no sentido do comprimento. Recheie com algumas colheres (sopa) do molho de queijo, algumas fatias de tomate, o presunto e, por último, bastante queijo. Tempere com pimenta.
3 Coloque numa assadeira e leve ao forno quente por 10-12 minutos, até o queijo borbulhar.
4 Salpique a cebolinha e sirva.

Falafel com molho de iogurte
4-6 PORÇÕES PREPARO: **25 MINUTOS**

1 colher (chá) de sementes de cominho
1 colher (chá) de sementes de coentro
500 g de grão-de-bico cozido
1½ colher (chá) de fermento em pó
2 colheres (sopa) de farinha de trigo
1 pimenta vermelha sem sementes picada
1 dente de alho amassado
3 colheres (sopa) de salsa picada
raspas de 1 limão
óleo para fritar
sal e pimenta-do-reino moída na hora
pão sírio grelhado
gomos de limão para servir

Molho
100 ml de iogurte natural
1 colher (sopa) de coentro picado
1 colher (sopa) de hortelã picada mais
   alguns raminhos para decorar
suco de 1 limão

Falafel com molho de iogurte

lanches e entradas — pratos leves

Panquecas perfeitas

1 Torre as sementes de cominho e coentro em fogo médio até liberarem o aroma. Moa as sementes no pilão e bata-as no processador com o grão-de-bico, o fermento, a farinha, a pimenta vermelha, o alho, a salsa e as raspas de limão. Tempere com sal e pimenta-do-reino e bata para ficar homogêneo. Molde 24 bolinhas.
2 Aqueça um pouco de óleo e frite as bolinhas em levas, virando-as uma vez, por cerca de 3 minutos, até dourarem. Seque em papel-toalha.
3 Misture o iogurte com as ervas e o limão e sirva com o falafel quente acompanhado de pão sírio e gomos de limão. Decore com hortelã.

Panquecas perfeitas
4 PORÇÕES PREPARO: **30 MINUTOS**

125 g de farinha de trigo
1 ovo batido
275-300 ml de leite semidesnatado
óleo para fritar
sal

1 Para fazer a massa, peneire a farinha e uma pitada de sal numa tigela. Abra uma cova no centro e coloque o ovo batido. Bata o leite com o ovo e, aos poucos, incorpore a farinha, até obter uma massa leve e cremosa. Cubra com um pano de prato limpo e deixe descansar por 20 minutos.
2 Aqueça uma frigideira plana de 28 cm de diâmetro em fogo médio. Unte-a com papel-toalha embebido em óleo. Despeje a massa com uma concha pequena e vire a panela para que a massa se espalhe, ficando bem fina e homogênea. Deixe por 1-2 minutos, até dourar o lado de baixo.
3 Solte a panqueca da panela com uma espátula, vire e deixe por mais 1 minuto, até dourar. (É comum a primeira panqueca quebrar, não se preocupe!) Passe para um prato e unte de novo a frigideira. Vá empilhando as panquecas conforme forem ficando prontas. Coloque papel-manteiga entre elas para que não grudem.
4 Sirva as panquecas com gomos de limão-siciliano e salpicadas com açúcar.

pratos leves   lanches e entradas

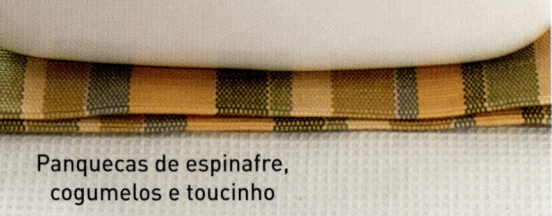

Panquecas de espinafre, cogumelos e toucinho
2 PORÇÕES PREPARO: **30 MINUTOS**

75 g de toucinho em cubos
150 g de champignons em fatias
2 dentes de alho amassados
500 ml de molho quatro queijos
um punhado de miniespinafre
4 Panquecas perfeitas (p. 37)
25 g de parmesão ralado
salsa picada
sal e pimenta-do-reino moída na hora

1 Preaqueça o forno a 180ºC.
2 Numa frigideira média, frite o toucinho por 5 minutos até dourar. Acrescente os cogumelos e o alho e cozinhe por mais 3 minutos. Junte ¾ do molho quatro queijos e aqueça, até borbulhar. Misture o espinafre, tempere com sal e pimenta e cozinhe por mais 1 minuto, até murchar. Reserve.
3 Coloque ¼ do recheio no centro de uma panqueca e enrole-a. Coloque-a numa travessa e enrole as outras panquecas.
4 Cubra as panquecas com o restante do molho quatro queijos. Polvilhe com o parmesão e prove. Asse por 15 minutos, até borbulhar e dourar.
5 Decore com salsa e sirva com salada verde.

Panquecas de espinafre, cogumelos e toucinho

> Estas panquecas leves agradam a adultos e crianças.

Wraps de frango com linguiça
4 PORÇÕES PREPARO: **25 MINUTOS** MAIS A **MARINADA**

2 peitos de frango grandes sem pele
½ colher (chá) de páprica picante defumada
1 dente de alho amassado

Wraps de frango com linguiça

lanches e entradas — pratos leves

raspas e suco de 1 limão-siciliano
1 colher (sopa) de azeite
tortilhas (ou pães sírios) quentes para servir
140 ml de creme de leite fresco com
  gotas de limão para servir
sal e pimenta-do-reino moída na hora

Molho
280 g de pimentões vermelhos em conserva
1 cebola pequena fatiada
75 g de linguiça em cubos

1 Corte o frango em cubos e coloque numa tigela não metálica com a páprica, o alho, as raspas e o suco de limão e o azeite. Tempere com sal e pimenta, misture, cubra e leve à geladeira pelo menos por 30 minutos (e no máximo 3 horas).
2 Enquanto isso, faça o molho. Retire os pimentões do óleo da conserva e pique. Reserve 2 colheres (sopa) desse óleo e refogue com ele a cebola, em fogo médio, por 5 minutos, até ficar macia. Junte os pimentões, a linguiça e algumas gotas de água. Tampe e deixe cozinhar por 5 minutos. Tempere, cubra e mantenha quente.
3 Preaqueça o forno a 200ºC. Coloque os cubos de frango em espetos de metal e asse no forno aquecido por 10 minutos, virando na metade do tempo, até cozinhar por completo.
4 Retire o frango dos espetos e recheie as tortilhas ou pães, cobrindo com o molho de linguiça. Enrole e sirva com creme de leite com limão.

Folhado à moda do Mediterrâneo
4 PORÇÕES PREPARO: **30 MINUTOS**

375 g de massa folhada
100 g de miniespinafre
150 g de ricota
1 ovo batido, mais um pouco para pincelar
20 g de parmesão ralado
390 g de legumes diversos refogados
sal e pimenta-do-reino moída na hora
salada verde para servir

1 Preaqueça o forno a 200ºC. Corte a massa em quatro retângulos.
2 Coloque o espinafre num escorredor e jogue água quente para murchar. Passe em seguida na água fria e esprema bem. Transfira para uma tigela e misture com a ricota, o ovo e o parmesão ralado. Junte os legumes e tempere.
3 Espalhe o recheio no centro dos retângulos de massa, feche-os para formar folhados e pincele as bordas com ovo batido. Pressione as bordas com um garfo para selar bem e coloque os folhados numa assadeira. Pincele-os com ovo batido e leve ao forno por 15-20 minutos, até crescerem e dourarem. Sirva com a salada verde.

Quesadillas de frango com queijo
4 PORÇÕES PREPARO: **20 MINUTOS**

2 peitos de frango cozidos em cubos
½ pimentão vermelho pequeno em cubos
4 cebolinhas picadas
200 g de mussarela defumada em cubos
sálvia picada
8 tortilhas (ou pães sírios)
azeite
agrião e tomates-cereja para servir
sal e pimenta-do-reino moída na hora

1 Coloque o frango, o pimentão, a cebolinha, a mussarela e a sálvia numa tigela. Tempere com sal e pimenta e misture.
2 Espalhe ¼ de recheio sobre uma tortilha ou pão sírio, cubra com outra tortilha ou pão e pressione. Faça as outras três quesadillas.
3 Unte duas frigideiras grandes com azeite e leve ao fogo médio. Coloque uma quesadilla em cada uma e grelhe por 2 minutos, até dourarem. Vire-as com a ajuda de um prato e grelhe o outro lado por mais 2 minutos, até o queijo começar a derreter.
4 Corte cada uma em quatro partes e sirva com agrião e tomates-cereja.

> **dica especial**
> **MUSSARELA DEFUMADA**
> Ela possui um sabor acentuado e quase amendoado. Pode ser encontrada em empórios, mas substitua por outro queijo se não encontrar.

pratos leves   lanches e entradas

Pizza de pão naan
2 PORÇÕES PREPARO: **15 MINUTOS**

4 linguiças
uma pitada de pimenta em flocos
2 pães tipo naan (ou sírios) pequenos temperados
4 colheres (sopa) de creme de leite
½ cebola roxa fatiada
hortelã picada
folhas de rúcula
azeite para regar
sal

1 Preaqueça o forno a 180°C. Retire a pele das linguiças e remova a carne. Refogue a carne numa frigideira em fogo médio com sal e pimenta, usando uma colher de pau para quebrar pedaços maiores.
2 Coloque os pães numa assadeira e distribua a linguiça e o creme de leite sobre eles. Espalhe por cima a cebola e a hortelã. Asse por 3-4 minutos.
3 Retire, cubra com a rúcula e regue com azeite.

Muffins de espinafre com queijo de cabra
9 PORÇÕES PREPARO: **45 MINUTOS**

25 g de manteiga mais um pouco para untar
200 ml de leite
100 g de espinafre
250 g de farinha de trigo
1 colher (sopa) de fermento em pó
1 colher (chá) de bicarbonato de sódio
uma pitada de pimenta
50 g de parmesão ralado
1 ovo levemente batido
200 g de queijo de cabra picado
sal

1 Preaqueça o forno a 170°C. Unte nove formas para bolinhos com a manteiga.
2 Coloque o leite e a manteiga numa panela grande em fogo alto. Quando a manteiga tiver derretido, junte o espinafre e deixe ferver. Retire e bata no liquidificador ou processador até o espinafre ficar bem picado. Deixe esfriar por 5 minutos.
3 Peneire a farinha, o fermento em pó e o bicarbonato numa tigela grande. Junte a pimenta, o sal e o parmesão. Adicione o ovo e o espinafre batido e misture bem com uma colher de pau. Distribua metade da massa nas nove forminhas.
4 Espalhe metade do queijo de cabra picado sobre a massa, cubra com o restante da massa e polvilhe com a outra metade de queijo, pressionando um pouco. Asse por 20-25 minutos, até crescerem e firmarem. Deixe esfriar por 5 minutos e sirva os muffins quentes ou frios.

Minimuffins de queijo e presunto
40-45 UNIDADES PREPARO: **25 MINUTOS**

225 g de farinha de trigo com fermento
1 colher (chá) de fermento em pó
3 fatias de presunto cru picado
6 folhas de sálvia picadas
75 g de queijo prato ralado
50 g de manteiga derretida
1 ovo levemente batido
1½ colher (sopa) de mostarda em grãos
150 ml de leite semidesnatado
sal e pimenta-do-reino moída na hora

1 Preaqueça o forno a 180°C. Peneire a farinha e o fermento numa tigela grande e adicione uma pitada de sal.
2 Misture o presunto, a sálvia e o queijo na farinha. Abra uma cova no meio e coloque a manteiga, o ovo, o leite e a mostarda. Misture, incorporando a farinha, até formar uma massa. Não é preciso bater.
3 Coloque colheres (chá) da massa em forminhas de papel, de modo a preencher ¾ dela. Coloque em duas assadeiras grandes e leve ao forno aquecido por 8-10 minutos, até crescerem e dourarem. Cuidado para não deixar queimar. Retire do forno e espere esfriar um pouco.
4 Retire os muffins das forminhas e consuma-os quentes ou em temperatura ambiente. Ficam deliciosos servidos com o molho de sua preferência. Você pode armazená-los em recipiente hermético, mas só por alguns dias.

Pizza de pão naan

pratos leves lanches e entradas

Bolinhos de milho
5 PORÇÕES PREPARO: **15–20 MINUTOS**

40 g de farinha de milho
30 g de farinha de trigo peneirada
½ colher (chá) de fermento em pó
3 ovos grandes batidos
100 ml de creme de leite fresco
200 g de milho-verde em lata escorrido
cebolinha picada
2 pimentas vermelhas sem sementes em cubos
1-2 colheres (sopa) de azeite
sal e pimenta-do-reino moída na hora

1 Coloque a farinha de milho, a farinha de trigo e o fermento numa tigela e faça um buraco no centro. Coloque os ovos batidos e incorpore aos poucos as farinhas, até obter uma massa homogênea.
2 Junte o creme de leite, o milho, a cebolinha e as pimentas vermelhas e tempere com sal e pimenta-do-reino.
3 Aqueça o azeite numa frigideira grande em fogo médio-alto. Coloque colheres (sopa) de massa no óleo para fritar. Pressione-as um pouco para formar os bolinhos. Frite por 2-3 minutos de cada lado, até dourarem e ficarem crocantes. Sirva com um molho.

Batata-doce de micro-ondas
1 PORÇÃO PREPARO: **10 MINUTOS**

1 batata-doce de cerca de 175 g
azeite para untar

1 Lave a batata-doce e fure a casca várias vezes com um garfo. Não deixe de fazer isso, pois a batata pode explodir no micro-ondas.
2 Pincele um pouco de azeite em toda a batata para que a casca fique crocante. Coloque sobre papel-toalha no prato do micro-ondas.
3 A batata leva cerca de 4-5 minutos em potência alta para ficar pronta. Se quiser cozinhar outras batatas: duas de 175 g levam 6-7 minutos; três levam 12-14 minutos.

Batata assada com legumes
2 PORÇÕES PREPARO: **45 MINUTOS**

2 batatas grandes para assar
2 colheres (sopa) de azeite
1 cebola em cubos
1 pimentão vermelho em cubos
1 abobrinha em cubos
1 colher (chá) de pimenta em pó
½ colher (chá) de páprica
coentro picado
2 colheres (sopa) de creme de leite fresco
sal

1 Preaqueça o forno a 180ºC. Pincele as batatas inteiras e com casca com um pouco de azeite e sal; fure-as várias vezes com um garfo.
2 Coloque as batatas sobre papel-toalha no prato do micro-ondas e cozinhe em potência alta por 10 minutos. Depois asse em forno aquecido por 20 minutos, até ficarem macias por dentro e crocantes por fora.
3 Enquanto isso, aqueça o restante do azeite numa frigideira. Refogue a cebola em fogo baixo por 5 minutos, até ficar macia e transparente. Junte o pimentão e a abobrinha e tempere com a pimenta e a páprica. Misture.
4 Refogue por mais 8 minutos, até os legumes ficarem macios. Mexa para que não grudem na panela. Retire as batatas do forno e abra-as com cuidado.
5 Coloque o recheio, salpique com coentro e cubra com um pouco de creme de leite. Sirva com salada.

> A batata assada é uma ótima opção de almoço para os dias frios.

lanches e entradas   pratos leves

Camarões picantes
2 PORÇÕES PREPARO: **20 MINUTOS**

Molho
1 colher (sopa) de azeite
1 cebola picada
1 dente de alho picado
1 lata de 400 g de tomates pelados
uma pitada de açúcar
sal

Para os camarões
1 cebola fatiada
1 colher (sopa) de azeite
2 colheres (chá) de gengibre ralado
½ colher (chá) de sementes de cominho moídas
½ colher (chá) de sementes de coentro moídas
½ colher (chá) de açafrão
uma pitada de pimenta
250 g de camarões grandes sem casca
coentro picado

1 Faça o molho. Aqueça o azeite numa frigideira grande em fogo médio e refogue a cebola e o alho por 3-4 minutos, até ficarem macios.
2 Junte os tomates (coloque um pouco de água na lata e adicione também), o açúcar, tempere com sal e deixe cozinhar por 6-8 minutos até engrossar.
3 À parte, refogue a cebola no azeite por 5 minutos em fogo médio até dourar.
4 Junte o gengibre, o cominho e o coentro. Depois de 1-2 minutos, acrescente o açafrão, a pimenta e os camarões. Refogue por 2-3 minutos, até ficarem rosados.
5 Cubra os camarões com o molho. Salpique o coentro e sirva acompanhado de arroz.

dica especial
MOLHO DE TOMATE NATURAL
Os camarões picantes podem servir como uma boa entrada, ainda mais se você os preparar com molho de tomate natural. Coloque 150 g de tomates-cereja e um pouco de alho picado numa assadeira, regue com azeite, tempere com sal e asse a 170ºC por 1 hora. Retire e amasse o tomate para obter um delicioso molho.

Batata assada com legumes

Camarões picantes

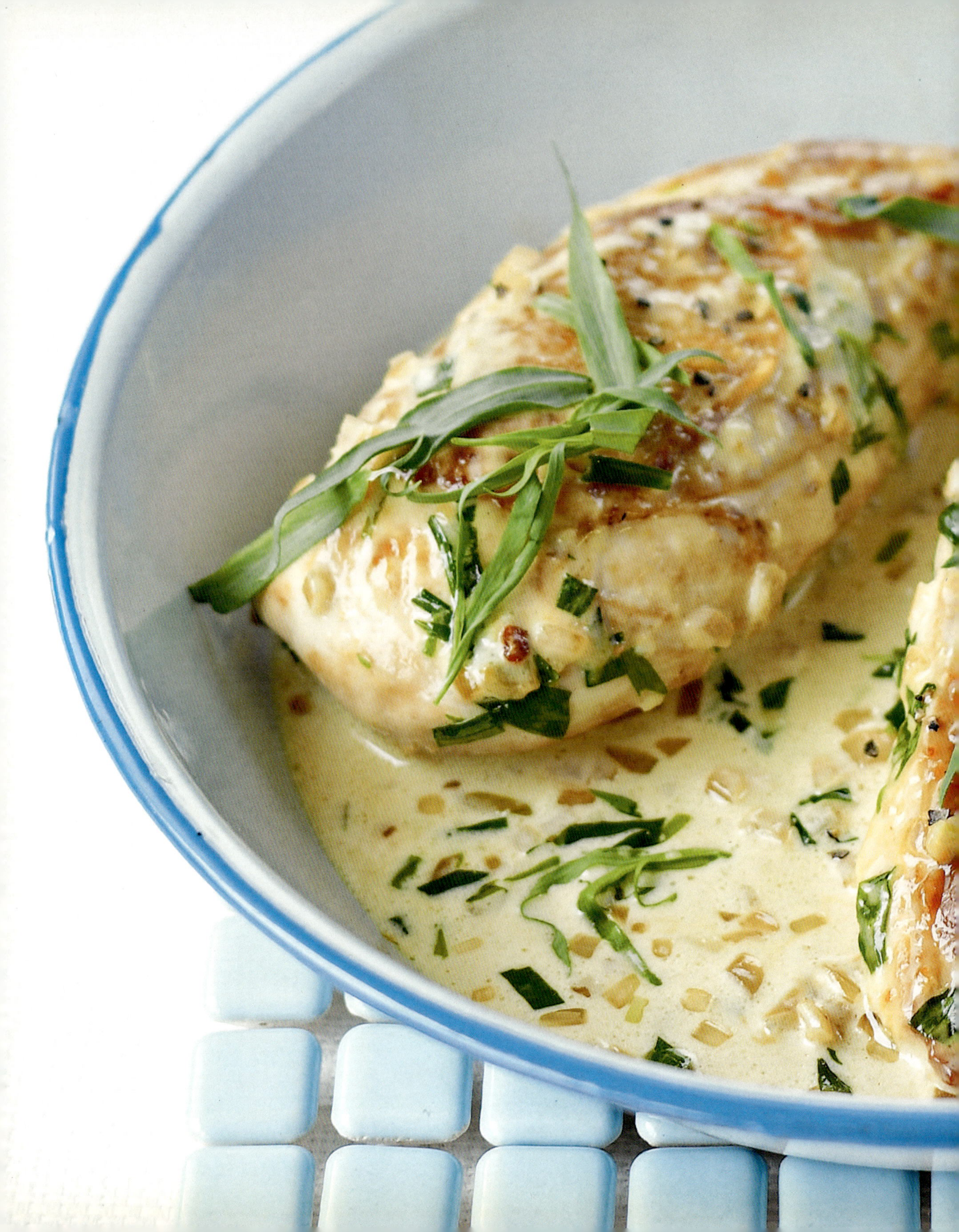

dia a dia

2

- almoço e jantar
- cozidos e ensopados
- vegetarianos e acompanhamentos
- alimentos frugais
- pratos rápidos
- para congelar

almoço e jantar

Risoto à milanesa
4 PORÇÕES PREPARO: **30 MINUTOS**

1 colher (sopa) de azeite
50 g de manteiga
1 cebola picadinha
½ colher (chá) de filetes de açafrão
300 g de arroz arbório
150 ml de vinho branco seco
1 litro de caldo de legumes ou de galinha
75 g de parmesão ralado, mais lascas para servir
salsa picada

1 Prepare todos os ingredientes. Aqueça o azeite e metade da manteiga numa frigideira antiaderente grande ou wok em fogo médio. Refogue a cebola por 5 minutos, até ficar macia. Junte o açafrão e refogue. Quando ele começar a perder a cor, adicione o arroz. Misture por 1 minuto para cobrir bem com a manteiga e despeje o vinho. Deixe ferver até absorver.
2 Enquanto isso, aqueça o caldo de legumes ou de galinha numa caçarola pequena e mantenha em fervura leve. Despeje sobre o arroz uma concha por vez, mexendo sempre e esperando absorver o líquido após cada adição, até o arroz ficar *al dente*. Levará cerca de 20 minutos, e pode ser que você não use todo o caldo.
3 Misture o restante da manteiga ao arroz, tampe a panela e deixe descansar por 2 minutos.
4 Acrescente o parmesão e a salsa e misture bem. Distribua nos pratos, ponha as lascas de parmesão por cima e sirva na hora.

Risoto de limão com camarões ao alho
4 PORÇÕES PREPARO: **35 MINUTOS**

20 camarões grandes sem casca com a cauda
1 colher (chá) de gengibre ralado
2 dentes de alho amassados
4 colheres (sopa) de molho de pimenta
raspas e suco de 1 limão-siciliano grande
1,2 litro de caldo de legumes quente
uma pitada de filetes de açafrão
1 colher (sopa) de margarina light
cebolinha picada
300 g de arroz arbório
salsa para decorar

1 Coloque os camarões numa tigela com o gengibre, 1 dente de alho amassado, o molho de pimenta e 1 colher (sopa) de suco de limão. Misture e reserve enquanto faz o risoto.
2 Despeje o caldo numa panela, junte o açafrão e mantenha em fervura leve em fogo baixo. Derreta a margarina numa panela pesada e refogue a

técnica especial
COMO FAZER RISOTO

1. Refogue a cebola em azeite, junte o arroz arbório e misture para cobrir bem.

2. Adicione caldo, deixando o líquido ser absorvido. Mexa sempre.

3. Com o risoto cremoso, mexa devagar, trazendo o arroz do fundo da panela à superfície.

4. O resultado final deve ser cremoso, mas com arroz al dente.

cebolinha e o outro dente de alho por 2 minutos. Junte o arroz e as raspas de limão e cozinhe por mais 1 minuto. Adicione o caldo de legumes, uma concha por vez, mexendo e deixando o líquido ser absorvido, antes de adicionar outra. Isso levará cerca de 20 minutos, até o arroz cozinhar. Retire, misture o suco de limão e reserve.
3 Aqueça uma wok ou frigideira antiaderente grande em fogo alto. Quando estiver bem quente, coloque os camarões e cozinhe por 2-3 minutos, até ficarem rosados e o molho borbulhar e ficar espesso.
4 Distribua o risoto em pratos aquecidos, espalhe os camarões por cima e decore com salsa. Sirva na hora.

Espaguete com camarão e rúcula
4 PORÇÕES PREPARO: **20 MINUTOS**

400 g de espaguete
6 colheres (sopa) de azeite
3 dentes de alho amassados
2 pimentas vermelhas sem sementes picadas
150 g de tomates picados
raspas de ½ limão-siciliano, mais 2 colheres (sopa) de suco
300-400 g de camarões médios cozidos sem casca
150 g de folhas de rúcula
sal

1 Ferva água numa panela grande e cozinhe o espaguete conforme as instruções da embalagem, até ficar *al dente*.
2 Pouco antes de o espaguete ficar pronto, coloque o azeite e o alho numa frigideira grande em fogo médio-alto. Assim que começar a espirrar, acrescente a pimenta e frite por 1 minuto. Junte os tomates e frite por mais 1 minuto. Junte as raspas e o suco de limão e o camarão e tempere com sal. Cozinhe por 1-2 minutos, até aquecer bem os camarões.
3 Escorra o espaguete e misture aos camarões e à rúcula. Distribua em quatro pratos próprios para macarrão e sirva.

Risoto à milanesa

Espaguete com camarão e rúcula

dia a dia | **almoço e jantar**

Espaguete à carbonara com frango e limão
4 PORÇÕES PREPARO: **25 MINUTOS**

2 colheres (sopa) de azeite extravirgem
2 peitos de frango desossados com pele
450 g de espaguete
175 g de bacon em tiras
4 folhas de sálvia picadas
2 ovos grandes mais 2 gemas grandes
100 ml de creme de leite
raspas de 1 limão-siciliano
100 g de parmesão ralado
50 g de manteiga
sal e pimenta-do-reino moída na hora

1 Ferva água com sal numa panela grande. Enquanto isso, aqueça metade do azeite numa frigideira pequena em fogo médio. Tempere o frango com sal e pimenta e grelhe na frigideira, com o lado da pele para baixo, por 6 minutos de cada lado, até cozinhar por completo. Transfira para uma travessa e deixe esfriar um pouco.

2 Cozinhe o espaguete em água fervente por 12 minutos, até ficar *al dente*. Enquanto isso, retire a pele do frango e desfie a carne. Coloque o azeite restante na panela em fogo médio-alto. Frite o bacon por 3-4 minutos até dourar. Junte a sálvia e retire do fogo.

3 Bata levemente os ovos e as gemas, o creme de leite e as raspas de limão numa tigelinha. Escorra o espaguete, recoloque na panela e junte o bacon, o frango, o preparado de ovos, 2/3 do parmesão ralado, a manteiga e pimenta. Misture bem, mas não leve mais ao fogo. O calor do espaguete é suficiente para cozinhar os ovos mantendo-os cremosos. Sirva com o restante do parmesão.

Tagliatelle ao pesto de tomate com almôndegas
4-6 PORÇÕES PREPARO: **35 MINUTOS**

50 g de pinholes
500 g de carne moída
2 dentes de alho amassados
2 cebolas redondinhas picadas
manjericão picado
500 g de tagliatelle
5 colheres (sopa) de pesto (ou purê) de tomate seco
sal e pimenta-do-reino moída na hora

1 Preaqueça o forno a 180ºC. Forre uma assadeira grande com papel-manteiga.
2 Coloque os pinholes numa panela antiaderente e torre-os em fogo alto por 1-2 minutos, mexendo até dourar bem. Passe para uma tábua e deixe esfriar um pouco. Pique e reserve.
3 Coloque a carne moída numa tigela grande e tempere bem com sal e pimenta. Junte os pinholes, o alho, as cebolas e o manjericão. Misture com as mãos e molde 24 almôndegas. Coloque-as na assadeira forrada e asse por 15 minutos, até cozinharem por completo.
4 Enquanto isso, ferva água com sal numa panela grande e cozinhe o tagliatelle de acordo com as instruções da embalagem. Escorra reservando um pouco da água do cozimento. Recoloque na panela com a água reservada e o pesto de tomate seco. Tempere, misture as almôndegas e sirva.

Espaguete à carbonara com frango e limão

almoço e jantar dia a dia

Penne picante com cogumelos e bacon
2 PORÇÕES PREPARO: **15 MINUTOS**

200 g de penne
125 g de bacon em tirinhas
4 cogumelos frescos fatiados
1 pimenta vermelha sem sementes picada
azeite para regar
150 g de queijo temperado com alho e ervas
bastante manjericão
sal e pimenta-do-reino moída na hora

1 Cozinhe o penne de acordo com as instruções da embalagem e escorra.
2 Enquanto isso, aqueça uma frigideira em fogo alto. Frite o bacon por 5 minutos, mexendo até dourar. Junte os cogumelos e a pimenta vermelha. Acrescente um pouco de azeite e cozinhe por 4-5 minutos, depois abaixe o fogo.
3 Misture o queijo e um pouco de água. Mexa até derreter e deixe ferver. Cozinhe por 1 minuto até engrossar e tempere com sal e pimenta a gosto.
4 Incorpore o penne ao molho e adicione folhas de manjericão. Sirva decorado com manjericão.

Espaguete com toucinho e feijão-manteiga
2 PORÇÕES PREPARO: **20 MINUTOS**

200 g de espaguete
75 g de toucinho em cubos
6 colheres (sopa) de azeite
1 cebola pequena picada
1 dente de alho amassado
1 colher (chá) de alecrim picado
250 g de feijão-manteiga cozido
raspas e suco de ½ limão-siciliano
salsa picada
lascas de parmesão para servir
sal e pimenta-do-reino moída na hora

1 Ferva água numa panela grande e cozinhe o espaguete até ficar *al dente*.
2 Enquanto isso, aqueça uma frigideira antiaderente e frite o toucinho por 3-4 minutos, até dourar e ficar crocante. Junte o azeite, a cebola, o alho e o alecrim e refogue por 6-7 minutos, até ficarem macios. Adicione o feijão e misture para aquecê-lo. Salpique as raspas e o suco de limão e a salsa. Tempere com sal e pimenta.
3 Escorra o espaguete e recoloque na panela. Junte o toucinho com feijão e misture. Divida em dois pratos e sirva com lascas de parmesão.

Espaguete com toucinho e feijão-manteiga

Um prato simples de fazer, perfeito para um dia corrido ou cansativo.

Nhoque ao pesto com bacon
2 PORÇÕES PREPARO: **12 MINUTOS**

6 fatias de bacon
25 g de pinholes
500 g de nhoque
3 colheres (sopa) de pesto fresco
100 ml de creme de leite fresco
sal e pimenta-do-reino moída na hora

1 Aqueça uma frigideira antiaderente. Frite o bacon por 5 minutos, mexendo até ficar dourado e crocante. Retire, deixe esfriar e quebre em pedaços.
2 Coloque os pinholes na panela quente e mexa por 1 minuto, até dourarem. Retire e reserve.
3 Cozinhe o nhoque de acordo com as instruções da embalagem, escorra e recoloque na panela. Misture o pesto e o creme de leite, tempere e aqueça bem.
4 Junte metade do bacon e dos pinholes e divida em dois pratos. Salpique o restante do bacon e dos pinholes por cima das porções.

Lasanha ao forno
6 PORÇÕES PREPARO: **3H30**

750 g de carne moída
2 colheres (sopa) de azeite
1 cenoura grande em cubinhos
1 talo de aipo em cubinhos
1 cebola picada
2 dentes de alho amassados
1 colher (sopa) de extrato de tomate
50 g de manteiga
50 g de farinha de trigo
600 ml de leite
100 g de parmesão ralado
9 folhas de lasanha
manjericão
sal e pimenta-do-reino moída na hora

1 Aqueça o azeite numa panela e refogue a cenoura, o aipo, a cebola e o alho por 5 minutos em fogo médio, até a cebola ficar translúcida. Junte a carne e cozinhe por 5 minutos, mexendo até ganhar cor. Adicione o extrato de tomate e cozinhe por mais 1 minuto. Despeje água suficiente para cobrir a carne e deixe ferver. Tampe a panela e cozinhe por 1h30. Acrescente mais água, se preciso. Tire a tampa e cozinhe em fogo baixo por mais 25-30 minutos, até obter um belo molho bolonhesa.
2 Faça o molho branco. Derreta a manteiga numa panela em fogo médio. Junte a farinha e cozinhe por 1 minuto. Retire e adicione aos poucos o leite, batendo sem parar. Leve de volta ao fogo e deixe ferver sem parar de mexer. Abaixe o fogo e cozinhe por mais 5 minutos, mexendo até engrossar. Adicione 2 colheres (sopa) de parmesão, tempere e reserve.
3 Se usar folhas de lasanha que não precisam ser pré-cozidas, vá ao passo 4. Se não, ferva as folhas em água com sal, colocando uma por vez e deixando cozinhar por alguns minutos. Retire com uma escumadeira e mergulhe em água fria.
4 Preaqueça o forno a 180ºC. Monte a lasanha. Espalhe um pouco do molho branco no fundo de uma travessa de 2,25 litros própria para forno. Faça a primeira camada acomodando 3 folhas de lasanha. Corte as bordas para ajustar, se preciso. Espalhe por cima ⅓ do molho branco e cubra com metade da carne. Salpique com folhas de manjericão rasgadas e parmesão. Faça outra camada com 3 folhas de lasanha e espalhe por cima mais ⅓ do molho branco. Cubra com o restante da carne e salpique de novo manjericão e parmesão por cima. Faça a última camada de lasanha e finalize com o molho branco restante. Espalhe o restante do parmesão por cima. Cubra com papel-alumínio, sem deixar tocar no queijo para não grudar, e asse por 40 minutos. Tire o papel e asse por 8-10 minutos até dourar bem.
SUGESTÃO DE BEBIDA Experimente um vinho tinto frutado italiano, como o Barbera ou o Dolcetto, ou um francês como o Côtes-du-Rhône.

dica especial
TOQUE DE SABOR
Se tiver uma garrafa de vinho tinto aberta, adicione um pouco de vinho depois do extrato de tomate no passo 1. Ele acentuará os sabores do prato.

Lasanha ao forno

Macarrão tailandês com camarão

4 PORÇÕES PREPARO: **35 MINUTOS**

300 g de macarrão de arroz
2-3 colheres (sopa) de camarão seco
3 colheres (sopa) de pasta de tamarindo
3 colheres (sopa) de molho de peixe tailandês
3 colheres (sopa) de açúcar
2 colheres (sopa) de óleo
3 dentes de alho picados
2 cebolas redondinhas picadas
1-2 colheres (chá) de pimenta em flocos
2 ovos grandes batidos
500 g de camarões miúdos cozidos
dois punhados de brotos de feijão
cebolinha em tiras
amendoim picado
coentro picado
gomos de 2 limões

1 Coloque o macarrão numa tigela grande e despeje água morna até cobrir. Coloque o camarão seco em outra tigela e cubra com água morna também. Deixe os dois de molho por 20 minutos, até amolecerem. Escorra.

2 Enquanto isso, faça um molho agridoce misturando a pasta de tamarindo e um pouco de água quente. Adicione o molho de peixe e o açúcar, misture e prove. Ajuste para que fique uma combinação perfeita de sabores.

3 Aqueça o óleo numa wok e, quando estiver quente, refogue as cebolas e o alho por 30 segundos. Acrescente o camarão seco e a pimenta em flocos e mexa. Misture o macarrão e refogue por alguns minutos, depois empurre para a lateral da wok. Coloque os ovos no espaço aberto e deixe cozinhar um pouco. Mexa depois e misture ao macarrão.

4 Adicione o molho agridoce e misture bem. Incorpore os camarões cozidos, os brotos de feijão, a cebolinha e metade do amendoim. Misture e refogue por alguns minutos.

5 Divida em quatro tigelinhas, salpique o coentro e o restante do amendoim e sirva com os gomos de limão.

Macarrão tailandês com camarão

Salmão com batata ao curry
3 PORÇÕES PREPARO: **30 MINUTOS**

2 batatas médias em cubos
1 colher (sopa) de óleo
1 cebola fatiada
3 porções de molho de curry básico (p. 167)
2 filés de salmão sem pele cortados em cubos
dois punhados de tomates-cereja
   cortados ao meio
coentro fresco para decorar
sal e pimenta-do-reino moída na hora

1 Cozinhe a batata em água fervente por 8 minutos, até começar a ficar macia. Escorra.
2 Aqueça 1 colher (sopa) de óleo numa frigideira larga e funda em fogo médio. Refogue a cebola por 3-4 minutos.
3 Acrescente o molho de curry. Pingue algumas gotas de água na frigideira. Junte as batatas, misture e acrescente o salmão aos poucos. Mantenha em fervura leve por 5 minutos.
4 Acrescente os tomates-cereja e cozinhe por mais 5 minutos, até ficarem macios e o salmão, totalmente cozido. Tempere com sal e pimenta a gosto, distribua nos pratos e decore com coentro. Sirva com arroz.

Filés de salmão com manteiga de azeitona
4 PORÇÕES PREPARO: **20 MINUTOS**

um punhado grande de manjericão
1 limão-siciliano grande
4 azeitonas pretas sem caroço picadas
50 g de manteiga em temperatura ambiente
4 filés de salmão (175 g cada)
sal e pimenta-do-reino moída na hora

1 Preaqueça o forno a 180ºC. Pique o manjericão e coloque numa tigela grande. Raspe metade do limão e adicione as raspas à tigela. Junte também as azeitonas e a manteiga. Bata bem com uma colher de pau, até ficar homogêneo. Reserve.
2 Distribua os filés de salmão no fundo de um refratário. Raspe a outra metade do limão (use uma faca decorativa, se tiver, pois ficará mais bonito). Corte essa metade do limão em quatro rodelas e coloque uma sobre cada filé. Divida a manteiga em quatro partes e espalhe sobre as rodelas de limão. Cubra o refratário com papel-alumínio e asse por 12 minutos, até o peixe ficar macio.
3 Distribua nos pratos para servir e espalhe a manteiga por cima. Tempere com sal e pimenta a gosto e sirva com batatas cozidas e alho-poró no vapor.

Salmão com batata ao curry

A manteiga temperada dá um sabor especial a peixes grelhados e assados.

almoço e jantar

Pescada com manteiga de salsa e batatinhas

Pescada com manteiga de salsa e batatinhas
2 PORÇÕES PREPARO: **15 MINUTOS**

300 g de batatinhas cortadas ao meio
3 colheres (sopa) de azeite
dois punhados de salsa picada
2 filés de pescada com a pele (150 g cada)
2 colheres (sopa) de farinha de trigo
25 g de manteiga
1 limão-siciliano
sal e pimenta-do-reino moída na hora

1 Ferva as batatinhas em água com sal por cerca de 10 minutos, até ficarem macias. Escorra, recoloque-as na panela e amasse-as um pouco com o garfo. Tempere e misture 2 colheres (sopa) de azeite e um punhado de salsa picada.
2 Enquanto isso, tempere a pescada e polvilhe a farinha por cima. Aqueça 1 colher (sopa) de azeite numa frigideira grande em fogo alto. Coloque o peixe com a pele para baixo e grelhe por 2 minutos. Vire o peixe e grelhe por mais 2 minutos, até cozinhar por completo. Transfira para dois pratos.
3 Derreta a manteiga numa panela quente e junte o suco de ½ limão, o outro punhado de salsa e sal e pimenta a gosto. Regue a pescada com a manteiga derretida e sirva com as batatas e a outra metade de limão cortada em gomos.

Bolinhos tailandeses de peixe
4 PORÇÕES PREPARO: **25 MINUTOS**

500 g de peixe branco picado
  (pescada ou saint-peter, por exemplo)
1 talo de capim-limão sem a
  parte externa (mais dura) picadinho
2,5 cm de gengibre ralado
2 dentes de alho amassados
coentro fresco picado
raspas de 1 limão, mais
  alguns gomos para servir
½ pimentão vermelho picado
1 pimenta vermelha picadinha
2 colheres (sopa) de farinha de trigo
2 colheres (sopa) de shoyu
1 clara de ovo grande
3 colheres (sopa) de óleo de amendoim
400 g de arroz basmati cozido

1 No liquidificador, bata o peixe, o capim-limão, o gengibre e o alho, até formar uma pasta. Transfira para uma tigela e misture o coentro, as raspas de limão, o pimentão e a pimenta, a farinha, o shoyu e a clara para obter uma massa.
2 Molde bolinhas chatas. Aqueça o óleo numa frigideira e frite as bolinhas, um pouco por vez, por 2-3 minutos de cada lado, até dourarem bem.
3 Sirva os bolinhos com o arroz, os gomos de limão e, se quiser, molho de pimenta.

O azedinho do limão acentua o sabor dos temperos tailandeses.

Torta cremosa de peixe
4 PORÇÕES PREPARO: **1H10**

1,25 kg de batatas cortadas em pedaços iguais
50 g de manteiga
225 g de miniespinafre
2 cebolas redondinhas picadas
2 folhas de louro
azeite para regar
280 ml de creme de leite
125 g de parmesão ralado
suco de ½ limão-siciliano
salsa picada
450 g de peixe branco de sua preferência limpo
250 g de camarões grandes sem casca
sal e pimenta-do-reino moída na hora

1 Preaqueça o forno a 180ºC. Cozinhe as batatas em água fervente com sal por 10-12 minutos, até ficarem macias. Escorra e recoloque na panela em fogo médio. Cozinhe as batatas a seco por 1 minuto, agitando a panela. Amasse as batatas e tempere bem com sal e pimenta. Misture metade da manteiga e reserve.
2 Enquanto isso, lave o miniespinafre e coloque numa panela ainda molhado. Cozinhe até murchar. Escorra e amasse para retirar o excesso de água.
3 Em outra panela, refogue a cebola e as folhas de louro no azeite por 6-8 minutos, até a cebola ficar macia. Acrescente o creme de leite e deixe ferver. Retire e misture o parmesão, o limão e a salsa a gosto.
4 Corte o peixe em cubos e coloque junto com os camarões num refratário de 1,8 litro. Pique o espinafre e misture também. Retire as folhas de louro do molho e despeje no refratário, chacoalhando um pouco para que se espalhe por igual. Cubra com o purê de batata e espalhe o restante da manteiga por cima. Leve ao forno por 25-30 minutos, até dourar e borbulhar.

dica especial
SABOR A MAIS
Use na torta o peixe branco de sua preferência, desde que tenha consistência firme. Um punhado de mexilhões confere ainda mais sabor ao prato.

Bolinhos tailandeses de peixe

Torta cremosa de peixe

Sardinha grelhada com batata e linguiça
2 PORÇÕES PREPARO: **35 MINUTOS**

450 g de batata
2 sardinhas separadas em 4 filés
  (peça para separarem na peixaria)
2 colheres (sopa) de azeite
suco de 1 limão-siciliano pequeno
1 dente de alho amassado
salsa picada
100 g de linguiça picada
rúcula para servir
sal e pimenta-do-reino moída na hora

1 Ferva as batatas (com a casca) em água com sal até ficarem macias, mas sem amolecerem. Escorra e deixe esfriar um pouco.
2 Coloque os filés de sardinha numa travessa. Misture o azeite, o limão, o alho e a salsa e espalhe sobre os filés. Tempere a gosto com sal e pimenta e misture bem. Descasque as batatas e corte em cubos.
3 Preaqueça uma chapa ou frigideira grande. Aqueça outra frigideira grande e grelhe a linguiça em fogo alto por 2 minutos, até começar a soltar a gordura. Misture as batatas e cozinhe por 8-10 minutos, mexendo até dourarem.
4 Asse as sardinhas na grelha preaquecida e tempere de novo a gosto. Deixe por 5-8 minutos, até a pele escurecer e ficar crocante e a carne cozinhar bem. Sirva com salada de rúcula.

Peixe assado com crosta de limão e ervas
4 PORÇÕES PREPARO: **25 MINUTOS**

1 colher (sopa) de azeite extravirgem,
  mais um pouco para untar
4 filés grandes e limpos do peixe branco
  de sua preferência (175 g cada)
4 fatias de pão branco torrado sem a casca
1 dente de alho amassado
raspas e suco de 1 limão-siciliano pequeno
15 g de estragão
15 g de cebolinha
15 g de salsa
sal e pimenta-do-reino moída na hora

Molho tártaro
4 colheres (sopa) de maionese
3 colheres (sopa) de iogurte natural
½ colher (chá) de mostarda de Dijon
4 minipepinos em conserva picados
1 colher (sopa) de alcaparras escorridas picadas

1 Preaqueça o forno a 210ºC. Forre uma assadeira com papel-manteiga e unte-o com azeite. Tempere o peixe e coloque os filés sobre o papel.
2 Bata o pão torrado no processador, acrescente o alho e as raspas do limão. Bata de novo para obter uma farofa fina. Reserve uma parte da cebolinha e misture o restante com o estragão e a salsa. Junte 25 g das ervas à farofa no processador e bata de novo para picá-las. Adicione o azeite, tempere a gosto com sal e pimenta e 1 colher (chá) de limão. Bata de novo.
3 Coloque a farofa de ervas sobre os filés de peixe. Coloque a assadeira na grelha mais alta do fogão e asse por 10-12 minutos, até a crosta dourar e o peixe cozinhar bem.

Sardinha grelhada com batata e linguiça

almoço e jantar **dia a dia**

Fornada de salmão

4 Enquanto isso, faça o molho tártaro. Pique o restante das ervas (exceto a cebolinha reservada) e misture com a maionese, o iogurte, a mostarda, os minipepinos, as alcaparras e um pouco de sal. Sirva em pratos aquecidos com a cebolinha.

Fornada de salmão
2 PORÇÕES PREPARO: **30 MINUTOS**

250 g de filé de salmão sem pele cortado em cubos
100 g de miniespinafre
200 g de ricota
20 g de parmesão ralado
suco e raspas de 1 limão-siciliano pequeno
50 ml de caldo de legumes
1 colher (sopa) de dill picado
2 rostis de batata (batata ralada e grelhada em formato de panqueca) prontos
sal e pimenta-do-reino moída na hora

1 Preaqueça o forno a 180ºC. Forre dois refratários de 500 ml com o salmão.
2 Regue o miniespinafre com água fervente até murchar. Passe por água fria, esprema para retirar o excesso de água e pique. Coloque numa tigela com a ricota, o parmesão, as raspas e o suco do limão, o caldo de legumes e o dill. Misture, tempere bem e distribua nos dois refratários.
3 Cubra cada refratário com um rosti de batata. Leve ao forno por 15-20 minutos, cobrindo com papel-alumínio após 10 minutos. Asse até o salmão cozinhar bem.

técnica **especial**
COMO RETIRAR A PELE DO PEIXE

1. Abra espaço entre a pele e a carne numa das extremidades do filé. Segure essa ponta da pele com o dedão e o indicador. Com a outra mão, coloque a faca nessa brecha e vá separando a pele da carne até chegar à outra extremidade.

57

Peixe assado prático

4 PORÇÕES PREPARO: **40 MINUTOS**

450 g de batata grande
azeite para regar, mais 1 colher (chá)
um pouco de manteiga
2 cebolas roxas em quartos
2 dentes de alho em lâminas
4 tomates em fatias
1 colher (sopa) de salsa picada
2 talos de estragão fresco sem as folhas
4 postas de peixe branco (hadoque ou cação)
2 limões-sicilianos
sal e pimenta-do-reino moída na hora

1 Preaqueça o forno a 160ºC. Descasque e fatie as batatas e forre com elas o fundo de uma assadeira. Regue com azeite, espalhe a manteiga e tempere com sal e pimenta a gosto. Asse por 25 minutos.
2 Enquanto isso, aqueça 1 colher (chá) de azeite em fogo baixo e refogue a cebola por 5 minutos. Junte o alho e refogue por mais 2 minutos. Quando as batatas estiverem prontas, ponha uma camada do refogado sobre elas com as fatias de tomate por cima, assim como a salsa e o estragão. Disponha as postas de peixe sobre essas camadas e regue com azeite e suco de 1 limão. Tempere bem, coloque rodelas de limão sobre os peixes e leve ao forno por 10-12 minutos, até que estejam bem assados.

Frango com estragão

2 PORÇÕES PREPARO: **25 MINUTOS**

2 peitos de frango
um pouco de azeite
um pouco de manteiga
1 cebola redondinha picada
1 dente de alho picado
um punhado de estragão picado,
    mais algumas folhas para decorar
3 colheres (sopa) de creme de leite fresco
sal e pimenta-do-reino moída na hora
batatinhas sauté para servir

1 Aqueça o azeite e a manteiga numa frigideira grande e grelhe os peitos de frango até dourarem. Tampe a panela, diminua o fogo e cozinhe por 8-10 minutos.
2 Empurre o frango para a lateral da panela e coloque a cebola e o alho no centro. Refogue-os por 1-2 minutos, até ficarem macios. Junte o estragão e o creme de leite fresco e cozinhe por 1 minuto.
3 Tempere a gosto com sal e pimenta e decore com folhas de estragão. Sirva com as batatinhas.

Frango com especiarias

4 PORÇÕES PREPARO: **1 HORA**

1 frango de 1,8 kg
30 g de manteiga
1 colher (sopa) de azeite
6 echalotas (ou cebolas redondinhas) em cubos
3 colheres (sopa) de curry em pó
250 ml de vinho branco seco
1 colher (sopa) de extrato de tomate
½ pau de canela
1 folha de louro

1 litro de caldo de galinha
2 gemas grandes
suco de ½ limão-siciliano
200 ml de óleo vegetal
folhas de coentro para decorar (opcional)
sal e pimenta-do-reino moída na hora

1 Corte o frango em pedaços (p. 204) ou compre já separado. Tempere com sal e pimenta fresca.
2 Aqueça a manteiga e o azeite numa panela grande em fogo alto. Coloque o frango, alguns pedaços por vez, e doure de todos os lados por cerca de 10 minutos. Retire. Refogue as echalotas ou cebolas na mesma panela e polvilhe o curry por cima. Assim que começarem a amolecer, acrescente o vinho e deixe em fervura leve até evaporar. Retire 3 colheres (sopa) desse refogado e reserve.
3 Adicione o extrato de tomate, a canela e a folha de louro. Recoloque os pedaços de frango, cobrindo-os com o caldo de galinha. Deixe ferver levemente, tampe a panela e cozinhe o frango por cerca de 40 minutos, até ficar macio e bem cozido.
4 Enquanto isso, prepare o molho de acompanhamento. Coloque as gemas, o refogado reservado e o suco de limão no processador. Bata e adicione aos poucos o óleo vegetal em filete contínuo, até obter um creme brilhante.
5 Transfira o frango para uma travessa ou distribua em pratos para servir com bastante caldo da panela e uma porção do molho. Decore com as folhas de coentro, se desejar.

O frango de panela cozido em caldo mantém a umidade, a maciez e o sabor.

Frango com estragão

dia a dia — almoço e jantar

Frango agridoce ao limão
2 PORÇÕES PREPARO: **25 MINUTOS**

1 colher (sopa) de óleo de amendoim
2 peitos de frango sem pele
2 repolhos japoneses
um punhado de castanhas de caju tostadas
120 g de molho japonês de limão para refogar
1 colher (sopa) de mel
250 g de arroz basmati cozido
1 ovo grande batido
um punhado de coentro picado
raspas e suco de ½ limão-siciliano
sal e pimenta-do-reino moída na hora

1 Corte os peitos de frango em tiras. Aqueça o óleo numa wok ou frigideira grande e tempere com sal e pimenta. Refogue as tiras de frango até dourarem.
2 Corte os repolhos em quartos e refogue com o frango até murcharem. Adicione as castanhas, o molho de limão e o mel, e refogue até o frango cozinhar.
3 Enquanto isso, aqueça em outra frigideira o arroz cozido. Abra um buraco no centro da panela e despeje o ovo batido. Deixe cozinhar um pouco e mexa, incorporando ao arroz. Junte o coentro e esprema o limão por cima.
4 Distribua o arroz em duas tigelinhas para servir, cubra com o frango e salpique as raspas de limão.

Laksa de frango
4 PORÇÕES PREPARO: **25 MINUTOS**

2 cebolas redondinhas em fatias
2 pimentas vermelhas picadas
5 cm de gengibre em fatias
1 colher (chá) de óleo
2 talos de capim-limão picados
2-3 peitos de frango em fatias
600 ml de caldo de galinha
2 colheres (sopa) de molho de peixe tailandês
1 colher (sopa) de açúcar mascavo
vários punhados de espinafre
200 ml de leite de coco
3 limões
2 porções de macarrão de arroz
folhas de coentro

1 Numa panela, aqueça o óleo e refogue as cebolas, as pimentas vermelhas e o gengibre por 2 minutos.
2 Junte o capim-limão, o frango e o caldo de galinha e ferva levemente. Adicione o molho de peixe e o açúcar e deixe por 10 minutos, até cozinhar bem o frango. Acrescente o espinafre, o leite de coco e o suco de 2 limões. Aqueça bem até o espinafre murchar.
3 Ferva o macarrão de arroz em bastante água, até amolecer (cerca de 3-4 minutos). Junte o macarrão aos outros ingredientes. Distribua em tigelinhas para sopa e decore com coentro e gomos de limão.

dica especial

TRANSFORME O PRATO
Para transformar a sopa num frango ao curry ao estilo tailandês, junte 2-3 colheres (sopa) de pasta de curry ao dourar o frango. E substitua metade do caldo de galinha por 400 ml de leite de coco.

Frango agridoce ao limão

Laksa de frango

dia a dia   almoço e jantar

Torta cremosa de frango com milho
6 PORÇÕES PREPARO: **1H30**

4 peitos de frango
1 cebola cortada ao meio
2 cenouras cortadas ao meio
50 g de alho-poró cortado ao meio
50 g de brócolis em buquês
2 folhas de louro
400 g de batata cortada em quartos
300 g de mandioquinha cortada em quartos
300 g de batata-doce cortada em quartos
400 ml de leite
40 g de manteiga
25 g de farinha de trigo
1 lata de milho-verde escorrido
sal e pimenta-do-reino moída na hora

1 Coloque os peitos de frango numa panela grande com a cebola, as cenouras, o alho-poró, o brócolis e o louro. Cubra com 750 ml de água fria. Deixe ferver, tampe a panela e diminua o fogo. Mantenha em fervura leve por 15 minutos, até o frango e os legumes ficarem macios.
2 Enquanto isso, ferva a batata, a mandioquinha e a batata-doce em outra panela por 20 minutos, até ficarem macias. Escorra bem. Amasse com 100 ml de leite e um pouco de manteiga para formar um purê.
3 Retire o frango da panela e desfie a carne. Escorra 300 ml do caldo da panela e reserve ou congele para outra receita. Bata os legumes e o restante do caldo no liquidificador ou processador.
4 Aqueça o restante da manteiga numa panela, acrescente a farinha e cozinhe por 1 minuto. Adicione o leite aos poucos e bata devagar, até obter um molho espesso. Tempere com sal e pimenta. (Se empelotar, bata para deixar cremoso.) Misture aos poucos com os legumes batidos e junte o frango desfiado e o milho.
5 Preaqueça o forno a 180°C. Coloque o recheio de frango num refratário ou distribua em potes individuais. Cubra com o purê e alise com um garfo. Asse os potes individuais por 20 minutos ou o refratário grande por 30 minutos, até borbulhar.

Torta de frango com ervilhas e bacon
4 PORÇÕES PREPARO: **35 MINUTOS**

6 fatias de bacon
1 receita de Frango ao molho branco descongelada (p. 162)
4 colheres (sopa) de creme de leite fresco
um punhado de ervilhas congeladas
375 g de massa folhada pronta
ovo batido ou leite para pincelar

1 Preaqueça o forno a 180°C. Pique o bacon e frite numa frigideira grande até ficar crocante. Escorra e reserve.
2 Coloque o frango com seu molho numa tigela e misture o creme de leite, as ervilhas congeladas (não precisa descongelar) e o bacon. Distribua em quatro potes individuais (300 ml cada), próprios para ir ao forno, ou coloque]num refratário de 1 litro.
3 Abra a massa e forre os potes ou o refratário (use retalhos de massa para forrar a borda interna). Pincele com o ovo batido ou o leite e asse por 25 minutos. Sirva com salada.

Frango ao curry
6 PORÇÕES PREPARO: **55 MINUTOS**

4 colheres (sopa) de óleo
2 cebolas cortadas ao meio e fatiadas
4 dentes de alho amassados
3 cm de gengibre ralado
150 g de pasta de curry
8 folhas frescas ou 4 folhas secas de curry (opcional)
12 filés de frango sem pele
500 g de batata sem casca em pedaços grandes
2 berinjelas pequenas em pedaços grandes
1 lata de 400 g de tomates pelados
750 ml de caldo de galinha quente
200 g de vagem
sal e pimenta-do-reino moída na hora

1 Aqueça o óleo numa panela grande e refogue as cebolas por 5 minutos. Acrescente o alho e o gengibre e cozinhe por 30 segundos. Junte a pasta e as folhas de curry e refogue por 1 minuto.

almoço e jantar dia a dia

Adicione o frango e cozinhe por mais 10 minutos, mexendo às vezes.
2 Junte as batatas e as berinjelas e cubra com os tomates e o caldo de galinha. Tempere com sal e pimenta. Tampe a panela e cozinhe por 15 minutos.
3 Destampe e cozinhe por mais 10 minutos. Antes de servir, junte as vagens e cozinhe por 3-4 minutos. Sirva com Arroz pulao (abaixo).

Arroz pulao
4 PORÇÕES PREPARO: **25 MINUTOS**

1 colher (sopa) de óleo de amendoim
1 cebola pequena picadinha
1 pau de canela cortado ao meio no sentido do comprimento
¾ de colher (chá) de sementes de cominho
2 bagas de cardamomo
6 cravos-da-índia
2 colheres (chá) de açafrão
alguns ramos de tomilho fresco
2 folhas de louro
300 g de arroz de grão longo
sal

1 Aqueça o óleo numa panela grande com tampa hermética. Refogue a cebola até ficar macia.
2 Torre as sementes de cominho a seco em fogo médio por 30 segundos e moa no pilão. Adicione as especiarias e as ervas à panela com a cebola e cozinhe por 1 minuto. Junte o arroz e misture.
3 Acrescente 600 ml de água fervente e sal. Tampe e deixe ferver em fogo baixo por 12-15 minutos. Deixe sair o vapor e solte os grãos com um garfo.

A fragrância do arroz pulao e o curry oferecem uma experiência deliciosa e exótica.

Torta de frango com ervilhas e bacon

Arroz pulao

dia a dia almoço e jantar

Macarrão com frango
2 PORÇÕES PREPARO: **15 MINUTOS**

100 g de macarrão oriental
200 g de frango preparado à moda oriental
2 cebolinhas picadas
2 sachês de missoshiru instantâneo
2 colheres (sopa) de shoyu

1 Cozinhe o macarrão em bastante água fervente até ficar no ponto (cerca de 3-4 minutos), escorra e reserve.
2 Corte o frango em tiras.
3 Faça o missoshiru conforme as instruções da embalagem e misture ao shoyu.
4 Recoloque o macarrão na panela e separe os fios com um garfo. Junte o frango e a cebolinha e despeje o missoshiru por cima. Cozinhe por 2 minutos.
5 Distribua em duas tigelinhas para servir e coma na hora.

Frango oriental com castanhas de caju
4 PORÇÕES PREPARO: **30 MINUTOS**

1 colher (sopa) de óleo de amendoim
450 g de peitos de frango sem pele em cubos
1 cenoura grande cortada em pequenos bastões
2 talos de aipo picados
1 pimentão vermelho picado
1 pimenta vermelha picada
2 cm de gengibre ralado
1 dente de alho grande picado
2 repolhos japoneses picados
   (talos e folhas separados)
um punhado de cebolinha picada
300 g de brotos de feijão
100 g de castanhas de caju
200 g de macarrão oriental para servir

Molho
1 colher (sopa) de farinha de milho
3 colheres (sopa) de shoyu
3 colheres (sopa) de vinagre de arroz
1 colher (sopa) de óleo de gergelim
pimenta-do-reino moída na hora

almoço e jantar **dia a dia**

1 Misture todos os ingredientes do molho, tempere com pimenta-do-reino e reserve.
2 Aqueça uma wok em fogo alto por 1 minuto. Refogue o frango no óleo por 4-5 minutos, mexendo até quase cozinhar. Retire com uma escumadeira e reserve.
3 Cozinhe o macarrão em água fervente por 3-4 minutos, até ficar no ponto, escorra e reserve.
4 Enquanto isso, refogue a cenoura, o aipo, o pimentão e a pimenta na wok por 3-4 minutos. Acrescente o gengibre, o alho e os talos de repolho e refogue por mais 2-3 minutos. Junte a cebolinha e os brotos de feijão e deixe por mais 2 minutos.
5 Recoloque o frango na wok com as folhas de repolho picadas. Refogue por 1 minuto, junte o molho e mexa por mais 1-2 minutos, até o molho engrossar. Salpique as castanhas e sirva com o macarrão.

Torta inglesa de frango com alho-poró
4 PORÇÕES PREPARO: **1H15**

2 colheres (sopa) de óleo
1 cebola picada
2 alhos-porós médios em fatias finas
4 peitos de frango sem pele cortados em cubos
1 dente de alho amassado
150 ml de vinho branco
150 ml de caldo de galinha quente
140 ml de creme de leite fresco
talos de estragão picados (folhas à parte)
375 g de massa folhada pronta
1 ovo
sal e pimenta-do-reino moída na hora

1 Aqueça o óleo numa frigideira grande em fogo médio. Junte a cebola e o alho-poró e cozinhe por 4-5 minutos, até ficarem macios.
2 Adicione os cubos de frango e refogue por mais 4-5 minutos. Acrescente o alho e o vinho e deixe ferver e reduzir a ⅓.
3 Despeje o caldo de galinha e mantenha em fervura leve até reduzir à metade. Adicione o creme de leite e as folhas de estragão, deixe ferver e cozinhe por 5-6 minutos em fogo baixo, até engrossar. Tempere com sal e pimenta.

Transfira para um refratário de 2,5 litros ou distribua em quatro cumbucas individuais (300 ml cada) próprias para ir ao forno. Deixe esfriar.
4 Pincele água na borda do refratário ou das cumbucas. Abra a massa e corte um pedaço suficiente para cobrir o refratário ou as cumbucas. Cubra o recheio com a massa e pressione nas bordas, retirando o excesso de massa (faça isso pondo a massa sobre o recheio e passando o rolo por cima, pois assim as rebarbas de massa saem facilmente). Faça um buraquinho no meio para deixar escapar o vapor. Leve à geladeira por 15 minutos. Enquanto isso, preaqueça o forno a 200ºC.
5 Bata o ovo com um pouco de sal e use para pincelar a massa. Asse por 40-45 minutos (ou por 20-25 minutos, no caso de porções individuais), até dourar.
SUGESTÃO DE BEBIDA Equilibre a riqueza de sabores com um vinho branco seco de boa qualidade, como Riesling ou Vouvray.

Torta inglesa de frango com alho-poró

dia a dia   almoço e jantar

Frango tandoori com molho de manga
4 PORÇÕES PREPARO: **1 HORA**

4 colheres (sopa) de pasta tandoori
250 ml de iogurte natural desnatado
suco de ½ limão-siciliano
4 peitos de frango sem pele em tiras
2 colheres (sopa) de óleo de amendoim
sal

Molho
1 manga firme picada
2 colheres (sopa) de coentro fresco
1 colher (chá) de coentro em pó
1 pimenta verde picada
½ colher (chá) de molho de hortelã
250 ml de iogurte natural desnatado
½ pepino picado

1 Coloque a pasta, o iogurte e o limão numa tigela e junte o frango. Misture, cubra e leve à geladeira pelo menos por 30 minutos.
2 Enquanto isso, faça o molho. Bata a manga, o coentro fresco e em pó, a pimenta verde e o molho de hortelã no liquidificador ou processador, até ficar cremoso. Adicione o iogurte e sal e bata por mais alguns segundos. Passe para uma tigela e misture o pepino. Cubra e leve à geladeira.
3 Preaqueça o forno a 200°C. Coloque o frango numa assadeira e regue com o óleo. Asse por 20 minutos, até cozinhar. Sirva com o molho e gomos de limão, se quiser.

Frango com erva-doce e tomilho
6 PORÇÕES PREPARO: **40 MINUTOS**

4 colheres (sopa) de azeite
4 dentes de alho em lâminas
20 g de tomilho (folhas à parte)
6 filés de frango sem pele
200 g de bacon picado
2 bulbos de erva-doce cortados em 12 fatias
1 cebola roxa cortada em 12
300 ml de vinho branco seco
sal marinho e pimenta-do-reino moída na hora

1 Preaqueça o forno a 180°C. Coloque 2 colheres (sopa) de azeite numa assadeira antiaderente. Coloque o alho, o tomilho, 1 colher (sopa) de sal marinho e 2 colheres (chá) de pimenta-do-reino e misture. Acrescente o frango e misture para cobrir com os temperos. Salpique o bacon picado e junte a erva-doce e a cebola. Regue com o restante do azeite. Cozinhe por 15 minutos e aumente a temperatura do forno para 210°C.
2 Despeje o vinho na assadeira e leve ao forno por mais 10 minutos, até o frango dourar e os legumes ficarem macios.

Linguiça com batata ao forno

O gostinho salgado do bacon faz toda a diferença neste prato de sabores leves.

almoço e jantar — dia a dia

Refogado de linguiça com maçã

Refogado de linguiça com maçã
4 PORÇÕES PREPARO: **1H15**

3 alhos-porós cortados em tiras de 2,5 cm
2 maçãs fatiadas
8 linguiças
3 colheres (sopa) de azeite
25 g de manteiga
250 ml de champanhe ou vinho branco
2 colheres (sopa) de mostarda
sal e pimenta-do-reino moída na hora

1 Preaqueça o forno a 170ºC. Coloque o alho-poró e a maçã numa assadeira e distribua as linguiças por cima. Regue com azeite. Tempere com sal e pimenta a gosto e misture. Espalhe a manteiga por cima e despeje o champanhe ou vinho. Asse por 50 minutos.
2 Retire do forno e acrescente a mostarda. Leve de volta ao forno e asse por mais 15 minutos.
3 Sirva as linguiças e o alho-poró com o refogado por cima, acompanhados por purê de batata ou batata assada com alecrim.

SUGESTÃO DE BEBIDA Um bom champanhe é o complemento ideal para este prato.

Linguiça com batata ao forno
4 PORÇÕES PREPARO: **45 MINUTOS**

8 linguiças
azeite para regar
500 g de batatinhas cortadas ao meio
3 cebolas roxas em fatias
12 folhas de sálvia fresca
salada verde para servir
sal e pimenta-do-reino moída na hora

1 Preaqueça o forno a 180ºC. Coloque as linguiças numa assadeira e regue com azeite. Leve ao forno por 10 minutos.
2 Junte as batatinhas, a cebola e a sálvia, tempere com sal e pimenta e asse por 25-30 minutos, até cozinhar bem. Sirva quente com salada.

dia a dia   **almoço e jantar**

Bolinhos de presunto com abacate

Linguiça e maçã ao molho de mostarda
4 PORÇÕES PREPARO: **50 MINUTOS**

1 colher (sopa) de óleo
8 linguiças temperadas
700 g de batata
2 maçãs
1 cebola roxa em fatias
2 colheres (sopa) de farinha de trigo
150 ml de vinho tinto
1 colher (chá) de mostarda em grãos
1 colher (sopa) de molho inglês
50 g de manteiga
50 ml de leite
sal

1 Aqueça o óleo numa frigideira grande em fogo alto. Grelhe as linguiças por 15 minutos, até dourarem de todos os lados.
2 Enquanto isso, fatie as batatas e coloque numa panela com água e sal. Deixe ferver em fogo brando por 15 minutos, até ficarem macias.
3 Corte as maçãs em fatias. Empurre as linguiças para a lateral da panela e coloque as maçãs no centro. Grelhe por 2 minutos de cada lado até ficarem douradas. Retire as maçãs com uma escumadeira e ponha sobre papel-toalha.
4 Coloque a cebola na panela e refogue por 6-8 minutos, mexendo até ficar macia. Junte a farinha e cozinhe por mais 1 minuto. Adicione aos poucos o vinho, a mostarda e o molho inglês. Despeje 120 ml de água quente e deixe ferver por alguns minutos para engrossar o molho. Coloque a maçã de novo na panela.
5 Escorra as batatas e coloque-as de novo na panela. Aqueça por 30 segundos para secarem bem. Amasse bem com a manteiga e o leite para formar um purê.
6 Distribua o purê em quatro pratos e cubra com a linguiça. Espalhe por cima uma porção de maçã e molho.

Bolinhos de presunto com abacate
4 PORÇÕES PREPARO: **20 MINUTOS**

3 batatas médias cozidas (cerca de 375 g)
325 g de legumes cozidos (como mandioquinha e cenoura)
200 g de presunto em cubinhos
2 ovos batidos
azeite para fritar e regar
um pouco de manteiga
rúcula
2 abacates em fatias
sal e pimenta-do-reino moída na hora
limão-siciliano para servir

1 Corte as batatas e os outros legumes em pedaços. Ponha tudo numa tigela e misture bem com o presunto e os ovos. Tempere com sal e pimenta a gosto. Molde quatro bolinhos (não precisam ficar lisinhos).
2 Aqueça um pouco de azeite com a manteiga numa frigideira e frite os bolinhos por 8-10 minutos, virando na metade do tempo, até ficarem dourados e crocantes.
3 Divida a rúcula em quatro pratos. Cubra cada bolinho com metade de um abacate fatiado. Regue com azeite e esprema limão por cima.

Linguiça e maçã ao molho de mostarda

dia a dia almoço e jantar

Refogado de carne de porco com gergelim

Refogado de carne de porco com gergelim
4 PORÇÕES PREPARO: **20 MINUTOS**

4 colheres (sopa) de shoyu, mais um pouco para servir
1 colher (sopa) de óleo de gergelim
5 cm de gengibre picadinho
500 g de lombo de porco sem gordura
1 colher (sopa) de gergelim
300 g de legumes para yakissoba (cenoura, ervilha-torta, repolho)
pimenta-do-reino moída na hora
macarrão oriental para servir

1 Misture o shoyu, o óleo de gergelim e o gengibre. Corte o lombo em cubos e misture a esse molho. Junte pimenta-do-reino. Misture e deixe marinar por 5 minutos.
2 Aqueça uma wok ou frigideira grande e torre o gergelim sem óleo por 2-3 minutos, até as sementes escurecerem e liberarem o aroma. Retire e reserve.
3 Retire o lombo da marinada e coloque na panela, refogando até cozinhar e dourar. Retire e reserve.
4 Coloque os legumes e o molho na panela. Refogue por 3 minutos. Recoloque a carne e refogue por mais 2-3 minutos.
5 Cozinhe o macarrão oriental em água fervente por 2 minutos, até ficar macio (veja abaixo). Distribua em quatro pratos aquecidos e espalhe o refogado por cima. Sirva salpicado com o gergelim e regue com shoyu.

técnica especial
MACARRÃO ORIENTAL

1. Para fazer o macarrão, ferva água numa panela grande. Coloque o macarrão, deixe ferver de novo e cozinhe até ficar macio.

2. Escorra e passe sob água corrente. Coloque o macarrão de volta na panela e misture com um pouco de óleo para não grudar.

Tiras de lombo com molho de pimenta
4 PORÇÕES PREPARO: **20 MINUTOS**

2 filés de lombo de porco (450 g cada)
50 g de manteiga
25 g de farinha de trigo
150 ml de vinho branco seco
150 ml de caldo de galinha
300 ml de creme de leite
1 colher (chá) de mostarda de Dijon
suco de limão-siciliano
2-3 colheres (chá) de pimenta verde em conserva escorrida
sal e pimenta-do-reino moída na hora

1 Retire a gordura do lombo e as fibras aparentes (para que a carne não fique retorcida durante o cozimento, pois vai diminuir de tamanho). Corte os filés na diagonal em tiras de 2 cm de espessura.
2 Derreta a manteiga numa panela grande. Tempere a carne com sal e pimenta-do-reino e polvilhe a farinha por cima. Bata um pouco para retirar o excesso. Assim que a manteiga começar a espumar, refogue a carne em fogo médio-alto por 3-4 minutos de cada lado, até dourar bem e cozinhar por completo. O líquido liberado deve estar transparente, não rosado. Retire a carne e disponha numa travessa. Mantenha aquecida.
3 Retire o excesso de gordura da panela e leve ao fogo alto. Despeje o vinho branco e o caldo de galinha e deixe ferver. Raspe o fundo da panela com uma colher de pau para os resíduos se misturarem ao líquido e cozinhe até reduzir a ⅓ (cerca de 75 ml). Junte o creme de leite e a mostarda e ferva por mais 3-4 minutos, até virar um molho de consistência leve. Prove para verificar o ponto. Esprema um pouco de limão e adicione mais pimenta, se necessário.
4 Leve a carne de volta ao fogo para aquecer bem. Sirva com o molho e batatas cozidas ou purê.

Fígado e bacon com purê de aipo
4 PORÇÕES PREPARO: **30 MINUTOS**

8 fatias de bacon
350 g de fígado de boi em tirinhas
uma boa pitada de açúcar
1 colher (sopa) de farinha de trigo para polvilhar
1 colher (sopa) de óleo de girassol
1 colher (sopa) de vinagre balsâmico

Purê
2 batatas grandes (450 g ao todo) em cubos
450 g de raiz de aipo ou aipo picado
3 colheres (sopa) de leite desnatado
cebolinha picada
sal e pimenta-do-reino moída na hora

1 Faça o purê. Ferva as batatas e o aipo numa panela grande com água e sal por 15 minutos. Escorra e recoloque na panela tampada para secar.
2 Aqueça o leite numa panelinha. Refogue a cebolinha por 2-3 minutos, até ficar macia. Junte as batatas com o aipo e amasse para formar um purê. Tempere com sal e pimenta a gosto e reserve na panela tampada, para manter aquecido.
3 Enquanto isso, toste o bacon até as bordas ficarem crocantes.
4 Tempere o fígado com sal, pimenta e açúcar e polvilhe a farinha por cima. Aqueça uma frigideira grande em fogo alto, coloque o óleo e refogue o fígado por 2 minutos de cada lado, até escurecer, mas sem cozinhar demais. Regue com vinagre balsâmico. Disponha o fígado nos pratos com o molho da panela, o purê e o bacon. Sirva na hora.
SUGESTÃO DE BEBIDA Opte pelo sabor marcante de um vinho tinto francês da região do Rhône ou, para um sabor mais leve, vá em direção ao sul e escolha um Vin de Pays d'Oc de uva syrah.

dica especial
PREPARE ANTES
É importante cozinhar o fígado logo antes de servir, para que ele ainda esteja macio e suculento. Se não quiser vigiar mais de uma panela ao mesmo tempo, prepare o purê antes e aqueça no micro-ondas antes de servir.

Torta de legumes, presunto e cebola caramelizada
6 PORÇÕES PREPARO: **1H25**

12 cebolinhas pequenas
90 g de manteiga
1 ramo de tomilho fresco
2 colheres (chá) de açúcar
225 g de cenoura cortada em cubos grandes
225 g de nabo em cubos grandes
225 g de aipo em cubos grandes
1 peça de 225 g de presunto cozido cortado em cubos grandes
30 g de farinha de trigo, mais um pouco para polvilhar
600 ml de leite integral
50 g de parmesão ralado
um punhado de salsa picada
375 g de massa folhada pronta
1 ovo batido
sal e pimenta-do-reino moída na hora

1 Cubra as cebolinhas com água fervente. Deixe de molho por 5 minutos. Escorra, corte-as ao meio e tire a casca. Derreta 50 g de manteiga numa panela grande em fogo bem baixo e coloque as cebolinhas. Cozinhe com a panela tampada por 15-20 minutos, mexendo, até ficarem macias. Aumente o fogo para médio, junte o tomilho e o açúcar e cozinhe, com a panela destampada, por 5-6 minutos, até caramelizar. Deixe esfriar.
2 Enquanto isso, coloque todos os legumes numa panela para cozimento a vapor ou num escorredor sobre uma panela com água fervente. Cozinhe por 10-12 minutos, até ficarem macios. Escorra e misture com as cebolinhas e o presunto.
3 Preaqueça o forno a 180ºC. Faça o molho. Derreta o restante da manteiga numa panela em fogo médio. Junte a farinha e cozinhe, mexendo, por 1 minuto. Adicione o leite, sem parar de mexer, até ficar cremoso. Cozinhe por 2 minutos, mexendo. Retire e acrescente o queijo e a salsa. Tempere a gosto.
4 Espalhe o molho sobre o recheio e misture bem. Transfira para um refratário de 2 litros. Abra a massa 2 cm maior que o refratário sobre uma superfície enfarinhada. Cubra com ela o recheio no refratário e retire as sobras da borda. Use esses retalhos para fazer uma decoração.
5 Pincele a torta com ovo batido e faça um furinho no centro para o vapor escapar. Leve ao forno por 40 minutos, até dourar.
SUGESTÃO DE BEBIDA Prove com um vinho branco aromático, como um Riesling ou um Pinot Blanc da Alsácia, onde acompanham pratos que levam presunto e cebola.

Lombo cremoso com espinafre
2 PORÇÕES PREPARO: **25 MINUTOS**

óleo para fritar
2 filés de lombo de boa qualidade
1 cebola pequena em fatias
80 g de queijo cremoso com pimenta (tipo boursin)
150 ml de caldo de galinha quente
raspas de ½ limão-siciliano
um punhado de folhas de espinafre
sal e pimenta-do-reino moída na hora

1 Aqueça o óleo numa frigideira. Tempere os filés de lombo com sal e pimenta e grelhe-os para selar os dois lados. Retire e reserve.
2 Coloque a cebola na panela e cozinhe por 5 minutos, até ficar macia. Junte o queijo cremoso com pimenta e despeje o caldo de galinha. Misture até ficar bem cremoso. Coloque os filés na panela e cozinhe por 8 minutos, virando na metade do tempo, até cozinharem bem.
3 Transfira os filés para dois pratos. Adicione as raspas de limão ao molho na panela e cozinhe até engrossar. Misture o espinafre e mexa até murchar. Espalhe sobre os filés e sirva com batata cozida.

técnica especial
RASPAS DE LIMÃO

1. Para raspar o limão sem "entupir" o ralador, coloque uma folha de papel-manteiga sobre a face do ralador que for usar. Raspe o limão sobre o papel. As raspas vão cair, em vez de ficarem presas nos buraquinhos.

Torta de legumes, presunto e cebola caramelizada

dia a dia — almoço e jantar

Filé de lombo com creme de mostarda

Filé de lombo com creme de mostarda
4 PORÇÕES PREPARO: **25 MINUTOS**

1 colher (sopa) de azeite
4 filés de lombo de porco
2 dentes de alho sem casca
2 alhos-porós picados
150 ml de vinho branco
1 colher (sopa) de mostarda em grão
100 ml de caldo de galinha
50 ml de creme de leite fresco
2 colheres (sopa) de salsa picada, mais algumas folhas para decorar
purê de batata ou vagem cozida para servir
suco de limão
sal e pimenta-do-reino moída na hora

1 Aqueça o azeite numa frigideira grande e grelhe os filés de lombo com o alho em fogo médio por 5 minutos de cada lado, até dourarem bem. Descarte o alho e reserve os filés aquecidos.
2 Coloque o alho-poró na panela e refogue por 6 minutos. Despeje o vinho branco e cozinhe até reduzir a ⅓. Misture a mostarda, o caldo de galinha, o creme de leite e temperos a gosto.
3 Deixe borbulhar por alguns minutos, acrescente a salsa e esprema o limão.
4 Coloque um filé em cada prato e cubra com o molho cremoso. Salpique a salsa. Você pode servir com purê de batata ou vagens crocantes.
SUGESTÃO DE BEBIDA Como a receita contém vinho, acompanha bem uma boa garrafa da bebida. Um vinho francês branco e seco como o Vouvray é uma boa opção.

dica especial
VARIAÇÕES
Com algumas pequenas alterações, este prato pode virar um delicioso estrogonofe de carne de porco. Corte o lombo em cubos e refogue com alho e 150 g de champignons fatiados. Siga a receita normalmente, substituindo a mostarda por 1 colher (sopa) de páprica defumada.

Torta de presunto, queijo e ervilha
8 PORÇÕES PREPARO: **1H10**

4 ovos batidos
150 g de ervilhas frescas ou congeladas
4 fatias de presunto (25 g cada) cortadas em tiras
50 g de queijo gruyère ou prato ralado
100 g de mussarela em cubos
cebolinha picada
140 ml de creme de leite fresco
sal e pimenta-do-reino moída na hora

Massa
200 g de farinha de trigo, mais um pouco para polvilhar
¼ de colher (chá) de sal
100 g de manteiga em cubos
2 ovos batidos

1 Faça a massa. Bata a farinha, o sal e a manteiga no processador, até formar uma farofa. Continue batendo e adicione um ovo. Continue batendo até ficar pegajosa (adicione um pouco de água se secar demais). Retire e amasse até ficar macia e lisa. Abra-a numa superfície enfarinhada e forre o fundo e as laterais de uma fôrma redonda de aro removível de 23 cm. Leve à geladeira por 20 minutos.
2 Preaqueça o forno a 180ºC. Fure a massa com um garfo e forre o fundo com um disco de papel-manteiga. Ponha feijão cru por cima para a massa ficar no lugar. Leve ao forno por 10 minutos e retire o papel e o feijão. Asse por mais 10 minutos.
3 Pincele a massa com ovo batido e asse por mais 5 minutos, até ficar levemente dourada. Retire e reduza a temperatura do forno para 160ºC.
4 Cozinhe as ervilhas em água fervente com sal por 2-3 minutos. Escorra, passe sob água fria e escorra de novo. Espalhe o presunto, os queijos, as ervilhas e a cebolinha sobre a massa. Bata os ovos com o creme de leite e tempere a gosto (você pode acrescentar o restante do ovo batido nesta etapa). Despeje sobre o recheio e leve a torta ao forno por 25-30 minutos, até firmar, mas sem deixar escurecer demais.

Torta de presunto, queijo e ervilha

dia a dia   almoço e jantar

Lombo com maçã e nozes
4 PORÇÕES PREPARO: **30 MINUTOS**

1 colher (chá) de sementes de cominho
uma pitada de pimenta em flocos
2 colheres (sopa) de azeite
4 bistecas de porco
sal e pimenta-do-reino moída na hora

Refogado
1 colher (sopa) de azeite
25 g de manteiga
2 maçãs vermelhas cortadas em fatias
2 cebolas roxas cortadas em fatias
50 g de nozes
2 ramos de alecrim picados
2 colheres (sopa) de vinagre de maçã

1 Torre as sementes de cominho numa frigideira sem óleo em fogo médio por 30 segundos, até liberarem o aroma. Moa no pilão e misture com a pimenta em flocos, a pimenta-do-reino e o sal a gosto. Misture com o azeite.
2 Preaqueça o forno em temperatura alta. Com uma tesoura, faça pequenos cortes ao redor das bistecas, mesmo na gordura, para que não retorçam durante o cozimento. Coloque-as sobre papel-alumínio numa assadeira, pincele com metade do azeite temperado e leve ao forno por 4-5 minutos. Vire e pincele com o restante do azeite. Leve ao forno por mais 4-5 minutos, até dourar e cozinhar bem. Reserve, coberto com papel-alumínio.
3 Enquanto a bisteca descansa, aqueça o azeite e a manteiga numa frigideira em fogo médio para fazer o refogado. Junte a maçã e a cebola e refogue por 5 minutos até começar a ficar macia. Adicione as nozes e o alecrim e deixe mais 2 minutos; ponha o vinagre e deixe borbulhar.

Lombo com maçã e nozes

Carne de porco à moda chinesa

A maçã e as nozes dão um toque rústico e doce às bistecas suculentas.

almoço e jantar — dia a dia

Tempere a gosto com sal e pimenta.
4 Coloque uma bisteca em cada prato e cubra com o refogado quente. Sirva na hora.
SUGESTÃO DE BEBIDA Um vinho Pinot Noir fresco e floral casa perfeitamente com este prato.

Lombo com batata-doce e iogurte
4 PORÇÕES PREPARO: **1 HORA**

4 batatas-doces (180-220 g cada)
150 g de iogurte natural
1 pimenta vermelha picada
um punhado de coentro picado
raspas de 1 limão, mais gomos para servir
1 colher (chá) de sementes de cominho
½ colher (chá) de páprica
½ colher (chá) de pimenta-malagueta em pó
2 dentes de alho amassados
1 colher (sopa) de açúcar mascavo
1 colher (sopa) de azeite
4 filés de lombo
sal e pimenta-do-reino moída na hora

1 Preaqueça o forno a 160ºC. Coloque as batatas-doces numa assadeira e leve ao forno por 45 minutos, até ficarem macias. Cubra com papel-alumínio e mantenha aquecidas. Enquanto assam, misture o iogurte com a pimenta vermelha fresca, o coentro e as raspas de limão numa tigela.
2 Preaqueça o forno em temperatura média. Misture o cominho, a páprica, a pimenta-malagueta em pó, o alho, o açúcar e o azeite numa tigela. Junte os filés e misture para o tempero aderir bem. Coloque os filés numa assadeira forrada com papel-alumínio, com espaço entre eles, e leve ao forno por cerca de 6 minutos.
3 Corte as batatas-doces em fatias e sirva com os filés de lombo, gomos de limão e uma porção de iogurte. Se quiser, sirva também com salada.
SUGESTÃO DE BEBIDA Alie este prato ao frescor de um vinho branco. Um frutado Chardonnay sul-africano ou da Califórnia equilibra o sabor picante e azedo da comida.

Carne de porco à moda chinesa
4 PORÇÕES PREPARO: **25 MINUTOS**

1 colher (sopa) de óleo de amendoim
2 cebolas picadinhas
2,5 cm de gengibre picado
1 pimenta vermelha picadinha
500 g de carne de porco moída
2 colheres (chá) de pimenta-chinesa moída
1 colher (chá) de cinco especiarias chinesas
2 colheres (sopa) de shoyu
1 colher (sopa) de mel
suco de 1 limão
350 g de arroz basmati
165 ml de leite de coco
2 colheres (sopa) de coentro picado
4 cebolinhas picadas para decorar
sal

1 Aqueça o óleo numa frigideira ou wok. Reserve um pouco do gengibre e da pimenta vermelha para decorar. Refogue a cebola por 2 minutos.
2 Junte a carne, doure um pouco e misture a pimenta-chinesa e as cinco especiarias chinesas. Cozinhe por alguns minutos, adicione o shoyu, o mel e o limão e cozinhe por mais 5 minutos.
3 Enquanto isso, cozinhe o arroz em água fervente com sal por 10 minutos. Escorra e recoloque na panela em fogo baixo. Despeje o leite de coco e deixe absorver. Misture o coentro com a carne e sirva sobre uma camada de arroz. Decore com cebolinha, gengibre e pimenta vermelha.

técnica especial
COMO PICAR ERVAS

1. Use uma faca grande e afiada. Segure alguns ramos de ervas com uma mão e corte-as com a outra, com os dedos recolhidos.

2. Segure o cabo com uma mão e apoie os dedos da outra na ponta da lâmina. Pique as ervas com um movimento rápido de vaivém.

Gratinado de abobrinha com presunto
4 PORÇÕES PREPARO: **40 MINUTOS**

750 g de abobrinha ralada
2 alhos-porós picados
1 dente de alho picado
10 fatias de presunto
200 ml de creme de leite fresco
um punhado de folhas de espinafre
manteiga para untar
100 g de farinha de rosca
1 colher (sopa) de azeite
50 g de parmesão ralado
sal e pimenta-do-reino moída na hora

1 Preaqueça o forno a 160ºC. Coloque a abobrinha, o alho-poró, o alho e bastante sal e pimenta numa panela. Despeje água suficiente para cobri-los. Tampe e cozinhe por 10 minutos, até ficarem macios. Escorra bem, esprema para eliminar o excesso de líquido e recoloque na panela.
2 Corte o presunto em tiras grandes e adicione à panela. Misture o creme de leite e o espinafre e tempere bem com sal e pimenta.
3 Unte um refratário com manteiga e coloque a abobrinha com presunto. Misture a farinha de rosca, o azeite e o parmesão e espalhe por cima até cobrir bem. Leve ao forno por 15 minutos.
SUGESTÃO DE BEBIDA A melhor pedida aqui é um vinho Chardonnay levemente amadeirado da Nova Zelândia. A acidez sutil de um Riesling suave também serve de contraponto ao gosto forte e salgado do presunto.

Cordeiro picante com grão-de-bico
4 PORÇÕES PREPARO: **40 MINUTOS**

1 colher (sopa) de óleo
650 g de filé de cordeiro sem gordura cortado em cubos
2 cebolas roxas pequenas em fatias
1½ colher (chá) de cominho em pó
1½ colher (chá) de coentro em pó
500 g de grão-de-bico cozido
suco de 1 limão-siciliano
300 ml de caldo de legumes quente
um punhado de folhas de hortelã picadas, mais algumas para decorar
sal e pimenta-do-reino moída na hora

1 Aqueça o óleo numa panela grande em fogo alto. Quando estiver quente, coloque metade do cordeiro e cozinhe por 3-4 minutos, virando com cuidado, até dourar bem. Retire com uma escumadeira e reserve. Faça o mesmo com o restante do cordeiro.
2 Diminua o fogo para médio. Refogue a cebola por 5 minutos, até ficar macia. Misture as especiarias e cozinhe por 1 minuto. Junte o grão-de-bico, o limão, o caldo de legumes e o cordeiro com o líquido liberado no cozimento. Misture, tampe a panela e deixe ferver em fogo brando por 15 minutos.
3 Destampe e cozinhe por mais 5 minutos, até o molho reduzir um pouco. Junte a hortelã e tempere com sal e pimenta a gosto. Divida entre quatro pratos de sopa e decore com hortelã.

Gratinado de abobrinha com presunto

almoço e jantar — dia a dia

Mussaca

Mussaca
4 PORÇÕES PREPARO: **1H25**

- 1 colher (sopa) de azeite, mais um pouco para pincelar
- 1 cebola grande picada
- 2 dentes de alho amassados
- 500 g de carne de cordeiro moída
- 1 colher (sopa) de extrato de tomate
- ½ colher (chá) de canela em pó
- 1 lata de 400 g de tomates pelados picados
- 2 colheres (chá) de orégano
- 2 berinjelas médias (300 g cada)
- 150 ml de iogurte natural
- 1 ovo batido
- 25 g de parmesão ralado
- 50 g de queijo feta ou branco
- sal e pimenta-do-reino moída na hora

1 Aqueça o azeite em fogo médio. Refogue a cebola e o alho por 5 minutos. Aumente o fogo, junte a carne moída e cozinhe por mais 5 minutos, mexendo, até dourar bem. Coe a carne com a ajuda de uma peneira e recoloque na panela.
2 Acrescente o extrato de tomate e a canela e refogue com a carne por 1 minuto. Junte os tomates e encha uma lata de tomate até a metade com água. Adicione esta água e também o orégano. Tempere com sal e pimenta a gosto e deixe ferver. Diminua o fogo e mantenha em fervura leve por 20 minutos, mexendo às vezes.
3 Preaqueça o forno em temperatura médio-alta. Corte as berinjelas na diagonal em fatias de 5 mm de espessura. Pincele-as com o azeite e coloque metade numa assadeira. Leve ao forno por 10 minutos, até dourarem, virando na metade do tempo. Seque o excesso de líquido com papel-toalha enquanto as outras berinjelas estão no forno.
4 Para a cobertura, misture o iogurte, o ovo e metade dos queijos. Tempere com pimenta.
5 Espalhe uma camada de carne num refratário de 1,2 litro. Disponha metade das berinjelas assadas por cima e cubra com a carne. Faça uma segunda camada de berinjela e espalhe por cima a cobertura de iogurte. Salpique os queijos restantes e asse por 35 minutos, até borbulhar e dourar bem.

dia a dia   almoço e jantar

Espetinho grego de cordeiro

Espetinho grego de cordeiro
4 PORÇÕES PREPARO: **20 MINUTOS**

400 g de carne de cordeiro sem gordura em cubos
1 limão-siciliano cortado em gomos
12 folhas de louro
1 abobrinha grande em rodelas
1 pimentão vermelho em pedaços
2 colheres (sopa) de azeite
2 colheres (chá) de orégano
suco de limão
batata assada para servir

1 Distribua o cordeiro em quatro espetos, alternando com os gomos de limão, as folhas de louro, a abobrinha em rodelas e o pimentão vermelho.
2 Misture o azeite, o orégano e o suco de limão e pincele os espetinhos. Grelhe os espetinhos numa churrasqueira, numa grelha ou no forno quente por 6-8 minutos, até cozinharem bem, mas ainda ficarem um pouco rosados. Sirva com batata assada.
SUGESTÃO DE BEBIDA Um vinho Pinot Noir neozelandês combina muito bem com os espetinhos.

Rogan josh de cordeiro

Rogan josh de cordeiro
4 PORÇÕES PREPARO: **25 MINUTOS**

2 colheres (sopa) de óleo de amendoim
8 filés de perna de cordeiro cortados
  em cubos de 2,5 cm
1 colher (chá) de pimenta-de-caiena
1 colher (sopa) de páprica picante
1 colher (chá) de garam masala (tempero indiano)
1 porção de Molho de curry básico
  descongelado (p. 167)
um punhado de coentro picado

1 Aqueça o óleo e refogue o cordeiro até dourar bem. Misture a pimenta-de-caiena, a páprica e o garam masala, mexendo bem para cobrir os cubos de cordeiro. Despeje por cima o molho de curry e 100 ml de água. Mantenha em fervura leve por 10 minutos, até o molho reduzir e engrossar, cobrindo bem a carne. Salpique o coentro.
2 Sirva com arroz basmati no vapor ou Arroz pulao (p. 63), chutneys e iogurte.

Torta rústica inglesa
4-6 PORÇÕES PREPARO: **2H45**

750 g de filé de cordeiro em cubos
2 batatas em cubos
1 nabo (500 g) picado
1 cebola grande picada
750 ml de caldo de cordeiro quente
1 colher (sopa) de folhas de tomilho
2 colheres (sopa) de molho inglês
500 g de massa folhada pronta
farinha de trigo para polvilhar
1 ovo batido

1 Coloque o cordeiro, os vegetais, o caldo, o tomilho e o molho inglês numa panela. Ferva e retire a espuma que se formar na superfície. Diminua o fogo, tampe a panela e cozinhe por 1 hora.
2 Retire a tampa e cozinhe por mais 1 hora, até o líquido reduzir e as batatas se dissolverem um pouco, engrossando o molho.
3 Preaqueça o forno a 180ºC. Transfira o recheio para um refratário de 2 litros. Abra a massa numa superfície enfarinhada, até ficar 3-4 cm maior do que o refratário. Coloque sobre o refratário, retire a massa que sobrar nas bordas e pressione a massa sobre as bordas com o dedo, selando bem a torta.
4 Pincele com o ovo batido e faça furinhos para que o vapor escape durante o cozimento. Asse por 30 minutos, até dourar.
SUGESTÃO DE BEBIDA Um bom vinho Cabernet francês, como um Vin de Pays d'Oc, combina bem com esta torta caseira.

técnica *especial*
COMO COBRIR A TORTA COM A MASSA

1. Enrole a massa aberta num rolo e desenrole sobre a assadeira ou o refratário. Passe o rolo por cima para retirar as rebarbas de massa da borda. Pressione as bordas com os dedos. Faça pequenos cortes para sair o vapor e pincele toda a superfície com ovo batido.

Torta rústica inglesa

dia a dia — almoço e jantar

Macarrão oriental com carne refogada

Bisteca de cordeiro com hortelã e batatas
4 PORÇÕES PREPARO: **25 MINUTOS**

750 g de batata em fatias finas
1 cebola grande em rodelas finas
500 ml de caldo de legumes quente
2 ramos de alecrim ou 2 folhas de louro, mais alecrim para decorar
1 dente de alho
8 bistecas de cordeiro pequenas
2-3 colheres (sopa) de geleia de hortelã, mais um pouco para servir
sal e pimenta-do-reino moída na hora

1 Preaqueça uma chapa em temperatura alta. Coloque a batata, a cebola, o caldo e os ramos de alecrim numa panela grande em fogo alto. Tampe, deixe ferver e diminua o fogo. Cozinhe com a panela semitampada por 15 minutos, até as batatas ficarem macias mas sem desmanchar. Descarte um pouco do molho formado e o alecrim. Tempere com sal e pimenta e tampe.

2 Enquanto isso, corte o dente de alho ao meio e esfregue nas bistecas de cordeiro. Pincele em seguida a geleia de hortelã. Tempere bem com sal e pimenta. Grelhe as bistecas por 3 minutos de cada lado se quiser ao ponto, ou por 4 minutos se quiser mais bem-passadas. Deixe a carne descansar por alguns minutos.
3 Distribua as bistecas e a batata em quatro pratos aquecidos, decore com alecrim e sirva com legumes e mais geleia de hortelã.

Macarrão oriental com carne refogada
2 PORÇÕES PREPARO: **25 MINUTOS**

225 g de filé sem gordura em tiras
2 colheres (chá) de molho de soja claro
2 colheres (chá) de óleo de gergelim, mais um pouco para regar
2 colheres (chá) de xerez ou rum
1 colher (chá) de farinha de milho
1 pimentão vermelho
um punhado de cebolinha
150 g de macarrão oriental
3 colheres (sopa) de molho de ostra

1 Coloque a carne numa tigela com o molho de soja, o óleo de gergelim, o xerez e a farinha de milho. Misture bem e reserve por 10 minutos.
2 Enquanto isso, corte o pimentão e a cebolinha em tiras finas e reserve.
3 Cozinhe o macarrão em água fervente por 3-4 minutos, ou siga as instruções da embalagem. Escorra, passe sob água fria e misture com um pouco de óleo de gergelim.
4 Aqueça bem uma wok e refogue a carne por 5 minutos. Coloque numa peneira para escorrer a gordura e reserve. Recoloque a panela no fogo, adicione o pimentão e refogue por 1-2 minutos. Retire e reserve.
5 Junte o molho de ostra, ferva, acrescente a carne e o macarrão e misture bem. Adicione os pimentões e a cebolinha, misture e sirva.

almoço e jantar — dia a dia

Torta de carne com purê de mandioca

Torta de carne com purê de mandioca
4 PORÇÕES PREPARO: **1H30**

2 colheres (sopa) de óleo
1 cebola picadinha
1 cenoura grande em cubos
500 g de carne moída
1 colher (sopa) de extrato de tomate
300 ml de caldo de carne quente
1½ colher (sopa) de molho inglês
folhas de tomilho fresco
sal e pimenta-do-reino moída na hora

Purê
350 g de batata
350 g de mandioca
3 colheres (sopa) de leite semidesnatado
¼ de colher (chá) de noz-moscada
50 g de cheddar ou queijo prato ralado

1 Aqueça o óleo numa panela grande em fogo médio. Refogue a cebola e a cenoura por 5 minutos. Adicione a carne moída, aumente o fogo e cozinhe por 5 minutos, mexendo para dourar bem.
2 Junte o extrato de tomate e cozinhe por 1 minuto. Despeje o caldo, o molho inglês e o tomilho. Ferva, tampe a panela e cozinhe por 20 minutos. Tire a tampa e deixe por mais 5-10 minutos, até que a maioria do líquido seja absorvida. Tempere com sal e pimenta a gosto e transfira para um refratário de 2-2,5 litros.
3 Para o purê, corte as batatas e a mandioca em pedaços médios e coloque-as numa panela grande com água e sal. Deixe ferver por 15 minutos, até ficarem macias. Escorra e recoloque-as na panela por 30 segundos para evaporar o excesso de umidade. Amasse com o leite e a noz-moscada. Tempere com sal e pimenta e reserve.
4 Preaqueça o forno a 160ºC. Espalhe o purê sobre a carne e crie uma textura com o garfo. Polvilhe o queijo ralado por cima e leve ao forno por 25 minutos, até dourar e ficar crocante.
SUGESTÃO DE BEBIDA Opte por um vinho tinto maduro, como um Shiraz ou um Merlot australianos.

Torta de carne
4 PORÇÕES PREPARO: **4 HORAS**

um ossinho oco de 2 cm (opcional)
2 colheres (sopa) de farinha de trigo
¼ de colher (chá) de noz-moscada (opcional)
800 g de filé-mignon (ou outra carne magra) em cubos
4 colheres (sopa) de manteiga, mais um pouco para untar
3 cebolas picadas
300 ml de cerveja preta
1 colher (sopa) de molho inglês
750 ml-1 litro de caldo de carne
sal e pimenta-do-reino moída na hora

Massa
200 g de farinha com fermento, mais um pouco para polvilhar
100 g de manteiga
½ colher (chá) de sal
1 ovo batido

1 Faça a massa: misture a farinha, a manteiga e o sal numa tigela grande. Acrescente 120 ml de água fria e amasse até dar liga, mas sem ficar grudenta. Se ficar seca, junte 10-15 ml de água. Embrulhe em filme de PVC e leve à geladeira por 1 hora. (Pode preparar a massa um dia antes.)
2 Se usar o ossinho, deixe de molho em água fria por 1-2 horas e limpe bem. Leve ao forno a 160ºC numa assadeira forrada com papel-manteiga por 20 minutos, até dourar bem. Retire e deixe esfriar.
3 Tempere a farinha com sal, pimenta e a noz--moscada (se usar). Passe a carne na farinha. Aqueça metade da manteiga numa frigideira grande e, quando começar a soltar fumaça, refogue a carne, uma porção por vez. Retire com uma escumadeira. Adicione o restante da manteiga à panela com a cebola e uma pitada de sal. Refogue em fogo baixo por 20 minutos, até a cebola ficar macia mas sem escurecer. Despeje a cerveja preta e o molho inglês e deixe ferver.
4 Recoloque a carne na panela e cubra com o caldo. Ferva, diminua o fogo e cozinhe até a carne ficar bem macia, mexendo às vezes (leva cerca de 2h30). Despeje mais caldo se estiver muito seco. Quando estiver cozido, ajuste o tempero e deixe esfriar. (Você também pode fazer até este passo um dia antes, deixando na geladeira de um dia para o outro.)
5 Unte um refratário de 1 litro e coloque o recheio em camadas. Coloque o ossinho no centro, em pé, para servir como suporte para a massa.
6 Preaqueça o forno a 220ºC. Polvilhe a mesa com farinha e abra a massa até ficar com 5 mm de espessura. Coloque sobre o refratário, deixando ultrapassar um pouco a borda. Pincele com ovo batido e leve ao forno por 30 minutos. Cubra com papel-alumínio nos últimos 10 minutos se dourar demais. Sirva na hora.
SUGESTÃO DE BEBIDA Nada melhor aqui do que um vinho tinto francês aromático, como o Châteauneuf-du-Pape ou o Minervois.

dica especial
CHAMINÉ PARA A TORTA
O ossinho oco serve de suporte para a massa sobre o recheio. Além disso, funciona como uma chaminé, permitindo que o vapor saia, colaborando, assim, para acentuar o sabor do recheio.

Canelone de carne
4 PORÇÕES PREPARO: **30 MINUTOS**

100 g de miniespinafre
8 folhas de lasanha frescas
1 porção de Ragu de carne descongelado e reaquecido (p. 168)
300 g de molho branco pronto
40 g de parmesão ralado

1 Coloque algumas colheres (sopa) de água numa panela com o espinafre e aqueça, agitando um pouco a panela, até as folhas murcharem. Esprema para eliminar o excesso de líquido e bata no liquidificador ou processador.
2 Recheie cada folha de lasanha com uma porção de ragu e de espinafre. Enrole e coloque num refratário. Repita com as outras.
3 Cubra com o molho branco pronto e polvilhe com o parmesão. Asse no forno a 170ºC por 25 minutos, até dourar. Decore com orégano fresco.

Torta de carne

dia a dia   almoço e jantar

Bolo de carne

Bolo de carne
4 PORÇÕES PREPARO: **1H50**

óleo para untar
700 g de carne moída
2 cebolas picadas
2 dentes de alho amassados
1 cenoura grande ralada
2 colheres (chá) de tomilho seco
1 ovo levemente batido
250 g de farinha de rosca fresca
50 ml de leite
2 colheres (sopa) de molho inglês
2 colheres (chá) de mostarda de Dijon
sal e pimenta-do-reino moída na hora

1 Preaqueça o forno a 140ºC. Unte uma fôrma de pão de 1 kg. Numa tigela, misture a carne, a cebola, o alho, a cenoura, o tomilho e o ovo.
2 Em outra tigela, misture a farinha de rosca com o leite e incorpore à carne. Junte o molho inglês e a mostarda e tempere bem com sal e pimenta.
3 Coloque a massa na fôrma. Cubra com papel-alumínio e coloque numa assadeira grande com água fervente suficiente para cobrir ⅓ das laterais da fôrma (banho-maria). Leve ao forno por 1h30-1h40, até o bolo assar bem. Deixe esfriar por 15 minutos e retire com cuidado. Corte em fatias e sirva com purê, um molho à sua escolha ou legumes.

Almôndegas com risoto cremoso de tomate e ervas
4 PORÇÕES PREPARO: **30 MINUTOS**

1 colher (sopa) de azeite
12 almôndegas de carne (430 g ao todo)
1 cebola grande em cubos
250 g de arroz arbório
1,2 litro de caldo de galinha ou de legumes
1 lata de 400 g de tomates pelados temperados picados
50 g de parmesão ralado, mais um pouco para servir

almoço e jantar — dia a dia

1 Numa frigideira grande, aqueça o azeite e doure as almôndegas de todos os lados (leva cerca de 2 minutos). Retire com uma escumadeira e reserve.
2 Junte a cebola e cozinhe por 5 minutos, mexendo até ficar macia.
3 Adicione o arroz e refogue por 1 minuto. Despeje o caldo e misture os tomates. Ferva, tampe a panela e diminua o fogo. Mantenha em fervura leve por 15 minutos.
4 Misture as almôndegas e cozinhe por mais 5 minutos, adicionando um pouco de caldo ou água fervente se o arroz não ficar cremoso o suficiente.
5 Junte o queijo e sirva em pratos de sopa aquecidos com colheradas de queijo por cima.

Almôndegas com risoto cremoso de tomate e ervas

Carne à moda do Texas
4 PORÇÕES PREPARO: **50 MINUTOS**

2 colheres (sopa) de óleo
500 g de alcatra (ou outra carne de primeira) em pedaços
1 cebola roxa cortada em fatias
2 colheres (chá) de cominho em pó
1 colher (chá) de páprica defumada
1 colher (chá) de cacau em pó
2 colheres (sopa) de extrato de tomate
1 colher (sopa) de molho chipotle ou tabasco
175 ml de caldo de galinha
1 pimenta verde em tirinhas
nachos, guacamole, creme de leite com gotas de limão e cheddar (ou queijo prato) ralado para servir
sal e pimenta-do-reino moída na hora

1 Aqueça 1 colher (sopa) de óleo e doure a carne. Reserve. Aqueça outra colher (sopa) de óleo e frite a cebola por 5 minutos, até ficar macia.
2 Junte o cominho, a páprica e o cacau em pó e cozinhe por mais 1 minuto. Misture o extrato de tomate, o molho chipotle e o caldo de galinha. Tempere bem e cozinhe por 30 minutos, até a carne ficar bem coberta pelo molho e macia.
3 Coloque numa travessa e decore com a pimenta verde. Sirva com nachos, guacamole, creme de leite com gotas de limão e cheddar (ou queijo prato) ralado por cima.

Carne à moda do Texas

cozidos e ensopados

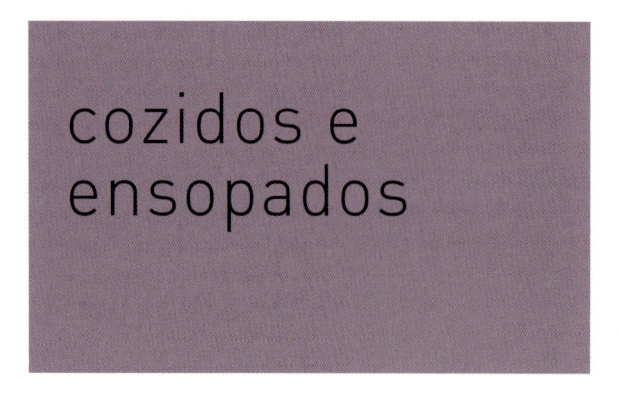

Cozido de vegetais com bolinhos de ervas
4 PORÇÕES PREPARO: **1 HORA**

25 g de manteiga
1 cebola picada
1 alho-poró picado
3 cenouras picadas
2 talos de aipo picados
3 colheres (sopa) de farinha de trigo
600 ml de caldo de legumes quente
250 g de leguminosas variadas cozidas (feijão, ervilha, grão-de-bico etc.)
ramos de tomilho fresco
sal e pimenta-do-reino moída na hora

Bolinhos
225 g de farinha de trigo com fermento
100 g de manteiga
2 colheres (sopa) de folhas de tomilho fresco

1 Derreta a manteiga numa panela grande em fogo médio. Refogue a cebola por 5 minutos, até ficar macia. Junte o alho-poró, as cenouras e o aipo e cozinhe por mais 10 minutos, mexendo às vezes para ficarem macios. Incorpore a farinha e adicione aos poucos o caldo. Acrescente as leguminosas e o tomilho, tampe e cozinhe por 20 minutos.
2 Enquanto isso, faça os bolinhos. Misture a farinha, a manteiga e o tomilho e tempere a gosto com sal e pimenta. Adicione cerca de 125 ml de água fria para formar uma massa um pouco pegajosa. Adicione mais água, se preciso.
3 Molde 12 bolinhos e acrescente-os ao ensopado. Empurre-os para baixo, tampe a panela e cozinhe por 20 minutos, até os bolinhos crescerem e não estarem mais pegajosos. Sirva com vagem.

Ensopado de frutos do mar
4-6 PORÇÕES PREPARO: **35 MINUTOS**

3 colheres (sopa) de azeite extravirgem
1 cebola grande picada
4 dentes de alho amassados
2 pimentas médias picadinhas
2 colheres (chá) de páprica doce
um filete de açafrão ou uma pitada de açafrão em pó
2 tirinhas iguais de casca de laranja
4 folhas de louro
folhas de 2 ramos grandes de tomilho-limão fresco
2 latas de 400 g de tomates pelados
300 ml de vinho branco seco
50 ml de caldo de galinha ou de legumes
1 colher (chá) de sal
600 g de mexilhões limpos com as conchas
225 g de camarões grandes cozidos sem casca

cozidos e ensopados — dia a dia

Ensopado de frutos do mar

400 g de frutos do mar variados (camarões, mexilhões, lula, polvo e vieiras)

Pão de alho
2 pães italianos ou ciabatta
100 g de manteiga em temperatura ambiente
2 dentes de alho grandes amassados
1 colher (chá) de folhas picadas de tomilho-limão fresco
2 colheres (sopa) de salsa picada

1 Preaqueça o forno a 180ºC. Aqueça o azeite numa panela grande. Refogue a cebola por 10 minutos em fogo baixo, mexendo às vezes, até ficar bem macia mas sem mudar de cor. Junte o alho e as pimentas e refogue por 1 minuto. Misture a páprica, o açafrão, as cascas de laranja, o louro e o tomilho-limão. Cozinhe por mais 1 minuto.
2 Adicione os tomates, o vinho, o caldo e o sal, deixe ferver e cozinhe com tampa por 15 minutos.
3 Enquanto isso, prepare o pão. Tempere a manteiga com o alho, o tomilho, a salsa e um pouco de sal. Divida o pão em fatias de 2 cm, mas sem cortar até o fim (deixe as fatias unidas na base). Espalhe manteiga nas fatias. Embrulhe bem o pão em duas folhas de papel-alumínio e asse por mais 8-10 minutos.
4 Após 5 minutos, destampe a panela e junte os mexilhões, os camarões e os outros frutos do mar ao ensopado. Deixe em fogo baixo por 5 minutos, mexendo às vezes, até cozinharem bem. Não cozinhe demais para que não fiquem borrachudos.
5 Distribua o ensopado em pratos de sopa e sirva com o pão de alho.

dica especial
COMO USAR AÇAFRÃO
O açafrão é um tempero caro, mas você só precisa de uma pitada para garantir a fragrância no prato. Compre pouco para usá-lo o mais fresco possível.

dia a dia — cozidos e ensopados

Ensopado de linguiça com feijão-manteiga

Cassoulet

Ensopado de linguiça com feijão-manteiga
4 PORÇÕES PREPARO: **2H45**, MAIS **12 HORAS DE MOLHO**

180 g de feijão-manteiga
1 colher (sopa) de azeite extravirgem
250 g de linguiça cortada em rodelas finas diagonais
1 cebola picada
3 dentes de alho picados
1 pimenta vermelha picadinha
1 lata de 400 g de tomates pelados picados
500 ml de caldo de galinha quente
ramos de tomilho fresco
raspas de 1 limão-siciliano
sal e pimenta-do-reino moída na hora

1 Coloque o feijão-manteiga numa tigela com água e deixe de molho de um dia para o outro.
2 No dia seguinte, coloque o feijão numa panela grande e cubra com bastante água. Deixe ferver e cozinhe por 1 hora até ficarem macios. Escorra.
3 Enquanto isso, aqueça o azeite numa panela que possa ir ao forno e frite a linguiça por 2-3 minutos, até começar a escurecer. Retire com uma escumadeira e reserve. Adicione a cebola, o alho e a pimenta vermelha à panela e cozinhe por 5 minutos, mexendo até a cebola começar a ficar macia e transparente.
4 Junte os tomates picados, o caldo, o tomilho e as raspas de limão, misture bem e acrescente a linguiça e o feijão. Mexa com cuidado para o feijão não se desfazer demais. Deixe ferver e cozinhe, com a panela semitampada, por 1h15, até o molho engrossar e o feijão estiver quase desmanchando. Tempere com sal e pimenta a gosto e descarte os ramos de tomilho.
5 Sirva em pratos aquecidos com pão italiano e salada de folhas.

dica *especial*
COMO ESCOLHER A LINGUIÇA
Você pode preparar este prato tanto com linguiças artesanais quanto com linguiças industrializadas. Escolha uma de sua preferência.

Cassoulet

8 PORÇÕES PREPARO: **5H30**, MAIS **1 DIA DE MOLHO E 1 DIA NA GELADEIRA**

....

1 kg de feijão-branco
4 cebolas
8 cravos-da-índia
2 cenouras cortadas ao meio
8 folhas de louro
4 ramos grandes de tomilho
8 dentes de alho
900 g de toucinho sem gordura e sem a pele (ou a carne de porco de sua preferência)
½ paleta grande de cordeiro
2 peitos de pato sem a pele
8 linguiças de Toulouse (ou linguiça calabresa ou portuguesa)
3 colheres (sopa) de azeite, mais um pouco para regar
2 talos de aipo picados
2 colheres (sopa) de extrato de tomate com uma pitada de açúcar
10 tomates sem pele nem sementes picados
300 ml de vinho branco seco
100 g de farinha de rosca
sal e pimenta-do-reino moída na hora

....

1 Dois dias antes de servir, coloque o feijão numa tigela grande e cubra com bastante água. Deixe de molho de um dia para o outro. Escorra e transfira para uma panela bem grande, de modo que o feijão não ocupe mais da metade da panela.

2 Um dia antes de servir, corte duas cebolas ao meio e fixe cravos em cada metade. Coloque na panela. Junte a cenoura, o louro, 2 ramos de tomilho e 4 dentes de alho. Corte o toucinho em cubos e junte também. Cubra tudo com água fria e ferva. Retire a espuma formada na superfície durante o cozimento, diminua o fogo, tampe a panela e cozinhe por 1h20. Escorra, reservando 300 ml do caldo. Deixe o caldo esfriar e leve à geladeira. Descarte as metades de cebola, as cenouras, o louro, o tomilho e o alho. Coloque o feijão cozido e o toucinho numa tigela. Deixe esfriar, cubra e deixe na geladeira de um dia para o outro.

3 Enquanto o feijão estiver cozinhando, preaqueça o forno a 140ºC. Retire o excesso de gordura do cordeiro e corte em cubos grandes. Corte cada peito de pato em quartos e as linguiças em três ou quatro pedaços cada. Pique o restante da cebola e amasse o alho que sobrou. Aqueça o azeite numa assadeira grande sobre o fogão e coloque nela o cordeiro, o pato e a linguiça. Deixe dourar bem (cozinhe uma porção por vez). Adicione a cebola picada, o alho e o aipo à assadeira e cozinhe por 8-10 minutos, mexendo às vezes, até ficarem macios. Junte o extrato de tomate e misture bem. Junte os tomates, o vinho, o tomilho e o louro restantes. Tempere com sal e pimenta e deixe ferver. Cubra com papel-alumínio e leve ao forno por 1h30, até ficarem macios. Retire e deixe esfriar. Cubra e deixe na geladeira de um dia para o outro.

4 No dia de servir, retire todos os ingredientes da geladeira e preaqueça o forno a 160ºC. Use uma cumbuca ou panela de 7 litros que possa ir ao forno. Faça camadas de feijão e toucinho no fundo, depois distribua as carnes com o molho de tomate. Repita as camadas até os ingredientes acabarem. Despeje o caldo reservado por cima, cubra com papel-alumínio e leve ao forno por 1h30.

5 Espalhe farinha de rosca por cima, regue com um pouco de azeite e asse por mais 45 minutos. Se preferir, divida em porções individuais, distribuindo o cassoulet em cumbucas de 15 x 8 cm. Depois de cozinhar o cassoulet por 1h30, transfira para as cumbucas, espalhe a farinha de rosca por cima, regue com azeite e leve ao forno por 30-35 minutos. Sirva nas cumbucas.

SUGESTÃO DE BEBIDA Um vinho tinto jovem e encorpado, como um Syrah do sul da França, acentua a característica acolhedora do cassoulet.

> Este prato típico do sul da França tornou-se um clássico devido à rica mistura de sabores.

dia a dia — cozidos e ensopados

Cozido de linguiça com vinho
4 PORÇÕES PREPARO: **40 MINUTOS**

1 colher (sopa) de óleo de girassol
8 linguiças de porco
1 cebola fatiada
2 talos de aipo picados
2 ramos de tomilho, mais alguns para servir
2 colheres (sopa) de extrato de tomate
1 colher (sopa) de farinha de trigo
150 ml de vinho tinto
600 ml de caldo de galinha ou de legumes quente
400 g de vagem cozida
salsa picada para servir
sal e pimenta-do-reino moída na hora

1 Aqueça o óleo numa panela de ferro ou frigideira grande em fogo médio. Frite as linguiças até dourarem de todos os lados. Retire-as com uma escumadeira e reserve. Junte a cebola, o aipo e o tomilho e cozinhe, mexendo, por 5 minutos. Acrescente o extrato de tomate e a farinha e cozinhe por mais 1 minuto. Despeje o vinho e deixe ferver até reduzir a ⅓. Adicione o caldo, ferva de novo e reduza o fogo para manter em fervura leve.
2 Corte as linguiças na diagonal e recoloque na panela. Deixe por mais 15 minutos, até as linguiças cozinharem bem e o molho ficar mais espesso.
3 Junte a vagem e cozinhe por mais 5 minutos, até aquecerem bem. Tempere a gosto com sal e pimenta e distribua em 4 pratos aquecidos. Decore com folhas de tomilho e salsa. Sirva com purê de batata e legumes.
SUGESTÃO DE BEBIDA Este cozido substancioso vai bem numa noite fria, acompanhado por uma garrafa de vinho Rhône aromático.

Linguiça de panela
4 PORÇÕES PREPARO: **1H15**

4 batatas grandes
4 cenouras
8 linguiças de boa qualidade
2 colheres (sopa) de azeite
1 cebola picada
1 dente de alho amassado
1 colher (chá) de páprica
1 lata de 400 g de tomates pelados
400 ml de caldo de legumes
1-2 folhas de louro

1 Preaqueça o forno a 160ºC. Descasque e corte as batatas em quartos. Corte as cenouras em 4 ou 5 pedaços iguais.
2 Fure várias vezes as linguiças com um garfo, pois isso ajuda a soltar a gordura e impede que se abram durante o cozimento. Aqueça o azeite numa panela de ferro e frite as linguiças de todos os lados por 10 minutos, até dourarem bem. Retire e coloque num prato. Reserve.
3 Refogue a cebola na panela com a gordura da linguiça por 5-10 minutos, até ficar macia. Junte o alho e a páprica e cozinhe por mais 2 minutos.
4 Adicione as batatas e as cenouras e misture bem com os temperos da panela.
5 Acrescente os tomates, o caldo e o louro. Deixe em fervura leve e recoloque as linguiças na panela.
6 Leve a panela ao forno. Cozinhe por 45 minutos, até as batatas ficarem macias, e sirva.

Para um jantar substancioso, incremente com purê e vagem.

dica especial
COMO MEDIR O CALDO
Use a lata vazia de tomates pelados para medir o caldo de legumes desta receita ou, se preferir, use uma jarra medidora.

Linguiça de panela

dia a dia — cozidos e ensopados

Coq au vin
4 PORÇÕES PREPARO: **1H40**

1 frango de 2 kg cortado em 8 pedaços (p. 204)
2 colheres (sopa) de farinha de trigo
1 colher (sopa) de azeite
um pouco de manteiga
125 g de bacon em tirinhas
12 cebolas redondinhas (cortadas ao meio quando grandes)
1 cenoura grande em cubos
1 talo de aipo em cubos
200 g de cogumelos cortados ao meio
4 dentes de alho amassados
60 ml de brandy ou rum
750 ml de vinho tinto
400 ml de caldo de galinha
1 folha de louro
sal e pimenta-do-reino moída na hora
1 maço de salsa picada para servir

1 Coloque o frango em pedaços numa tigela grande e tempere com sal e pimenta. Misture com a farinha até ficar bem coberto.
2 Aqueça o azeite e a manteiga numa panela que possa ir ao forno. No azeite com manteiga, doure bem e aos poucos todo o frango. Retire e reserve.
3 Acrescente o bacon e grelhe por alguns minutos até escurecer um pouco. Retire com uma escumadeira e reserve com o frango.
4 Adicione as cebolas, a cenoura e o aipo e cozinhe por 5 minutos, até ficarem macios e escurecerem um pouco. Reserve.
5 Coloque os cogumelos na panela com o alho e refogue por 2-3 minutos. Adicione o brandy e o vinho e misture, raspando o fundo da panela.

Ensopados franceses requerem um bom vinho tinto e muito tempo de cozimento.

Junte o caldo e a folha de louro e recoloque os legumes, o frango e o bacon na panela. Ferva, abaixe o fogo e mantenha em fervura leve por 25-30 minutos, até o frango cozinhar bem.
6 Retire o frango, aumente o fogo e deixe o molho cozinhar por mais 25 minutos, até reduzir e ficar espesso e brilhante.
7 Recoloque os pedaços de frango na panela e aqueça até ferver. Decore com salsa picada e sirva com purê de batata.
SUGESTÃO DE BEBIDA Muitos vinhos tintos acompanham bem este prato clássico, como o Burgundy e o Pinot Noir, mas o melhor é o refinado Bordeaux Premium de uma safra especial.

Frango à moda da Normandia
4 PORÇÕES PREPARO: **35 MINUTOS**

75 g de manteiga
8 coxas de frango sem a pele
6 cebolas redondinhas
4 talos de aipo picados
300 ml de suco de maçã
300 ml de caldo de galinha quente
200 ml de creme de leite fresco
4 maçãs em fatias grandes
3 colheres (sopa) de cebolinhas picadas para servir
sal e pimenta-do-reino moída na hora

1 Aqueça 50 g da manteiga numa panela larga. Doure as coxas de frango de todos os lados. Junte as cebolas e o aipo e cozinhe por alguns minutos. Despeje por cima o suco de maçã e o caldo e tempere com sal e pimenta a gosto. Deixe ferver, cubra bem com papel-alumínio e cozinhe por 20 minutos, até que, ao espetar o frango, saia um líquido claro. Misture o creme de leite e ferva. Cozinhe por mais 1 minuto.
2 Aqueça o restante da manteiga numa frigideira grande em fogo médio. Refogue a maçã por 5 minutos, até dourar. Junte a maçã ao frango, salpique a cebolinha por cima e sirva. Brócolis e purê de batata são bons acompanhamentos.

Coq au vin

Ensopado espanhol de frango com batata
4 PORÇÕES PREPARO: **45 MINUTOS**

2 colheres (sopa) de azeite
8 pedaços de frango
1 cebola picada
2 dentes de alho amassados
110 g de linguiça em cubos
100 ml de vinho branco
800 g de tomates pelados picados
ramos de tomilho, mais algumas folhas para decorar
2 folhas de louro
100 ml de caldo de galinha
uma boa pitada de açúcar
650 g de batata em pedaços grandes
um punhado de azeitonas pretas (opcional)
sal e pimenta-do-reino moída na hora

1 Aqueça o azeite numa panela grande em fogo médio e frite os pedaços de frango até dourar bem de todos os lados. Retire com uma escumadeira e reserve. Coloque a cebola e o alho na mesma panela e refogue por 3-4 minutos, mexendo até ficarem macios e escurecerem um pouco.
2 Junte a linguiça e cozinhe por 3-4 minutos, mexendo de vez em quando. Acrescente o vinho e deixe reduzir à metade. Adicione os tomates picados, o tomilho, o louro, o caldo de galinha e o açúcar. Transfira os pedaços de frango para a panela e pressione-os para que fiquem cobertos de molho. Tampe e cozinhe por 20 minutos.
3 Adicione as batatas e as azeitonas e deixe cozinhar por mais 35 minutos. Prove e tempere com sal e pimenta. Decore com folhas de tomilho.

dica especial
PREPARE ANTES
Para congelar este prato, cozinhe por apenas 5 minutos no passo 3, retire e tempere com sal e pimenta. Transfira para um recipiente apropriado, deixe esfriar e leve ao freezer. Um dia antes de servir, deixe em lugar fresco durante a noite (na geladeira levará mais tempo). Ponha numa panela, tampe e cozinhe por 35-40 minutos, até ficar pronto.

dia a dia — cozidos e ensopados

Ensopado aromático de frango
4 PORÇÕES PREPARO: **1 HORA**

3 colheres (sopa) de azeite
1 frango (1,5-1,75 kg) em 8 pedaços (p. 204)
uma pitada de açafrão
2 bulbos de erva-doce
12-16 echalotas ou cebolas redondinhas
125 g de bacon
2 dentes de alho picados
1 colher (chá) de sementes de erva-doce moídas
1 colher (sopa) de licor de anis (opcional)
250 ml de vinho branco seco
350 ml de caldo de galinha quente
3 ramos de tomilho fresco sem as folhas
2 folhas de louro frescas
2 colheres (sopa) de manteiga em temperatura ambiente
2 colheres (sopa) de farinha de trigo
4 colheres (sopa) de creme de leite fresco
2 colheres (sopa) de salsa picada, para servir
sal e pimenta-do-reino moída na hora

1 Aqueça o azeite numa panela grande. Tempere o frango com sal e pimenta e frite, alguns pedaços por vez, em fogo médio-alto, até dourar bem.
2 Coloque o açafrão de molho numa tigela com 1 colher (sopa) de água quente. Corte os bulbos de erva-doce em fatias no sentido do comprimento a partir da raiz, de modo que as folhas de cada fatia fiquem unidas.
3 Transfira os pedaços de frango para uma travessa e reserve. Acrescente as echalotas ou cebolas à panela e refogue até dourar. Reserve junto com o frango. Coloque a erva-doce na panela e refogue até dourar. Transfira para outra travessa e reserve.
4 Deixe apenas 1 colher (sopa) de azeite na panela e frite o bacon até dourar. Misture o alho e as sementes de erva-doce e frite por alguns segundos. Junte o licor e o vinho, deixe ferver por alguns minutos e acrescente o caldo, as ervas e o açafrão reservado.
5 Recoloque o frango com a echalota na panela, tampe e cozinhe em fogo brando por 5 minutos. Misture a erva-doce, tampe e ferva levemente por 30-35 minutos, até o frango ficar quase macio. Use uma escumadeira para transferir o frango e os vegetais para uma tigela grande. Reserve.
6 Misture a manteiga e a farinha, até formar uma pasta. Ferva de novo o líquido na panela e bata com essa pasta, adicionando aos poucos, até o caldo engrossar. Cozinhe por 2-3 minutos. Junte o creme de leite e ajuste o tempero.
7 Coloque novamente o frango e os legumes na panela, tampe e deixe cozinhar em fogo brando por 15-20 minutos, mexendo de vez em quando até borbulhar. Salpique a salsa picada e sirva.
SUGESTÃO DE BEBIDA Prove com um vinho branco encorpado, como o Viognier, que é frutado e perfumado.

Fígado de cordeiro com cebolas caramelizadas
2 PORÇÕES PREPARO: **2H40**

25 g de uvas-passas
2 colheres (sopa) de vinho do Porto
30 g de margarina
½ colher (sopa) de azeite
1 cebola cortada em lascas finas
1 colher (chá) de geleia de framboesa
300 g de fígado de cordeiro em tirinhas
sal e pimenta-do-reino moída na hora

1 Coloque as uvas-passas e o porto numa tigelinha e deixe macerar por 2 horas.
2 Aqueça metade da margarina e o azeite numa frigideira pequena. Cozinhe a cebola em fogo médio por 30 minutos, mexendo de vez em quando, até ficar escurecida e caramelizada. Junte as uvas-passas com o porto e a geleia e cozinhe por mais 2 minutos, até ficar um pouco grudento. Tempere com sal e pimenta e mantenha aquecido.
3 Tempere bem o fígado com sal e pimenta. Derreta a margarina restante numa frigideira antiaderente grande. Coloque o fígado numa camada e cozinhe em fogo alto, sem mexer, por 30-40 segundos de cada lado, até dourar mas ficar rosado no meio. Altere o tempo de cozimento segundo o ponto de sua preferência.
4 Passe para pratos aquecidos e espalhe um pouco da cebola por cima. Sirva com repolho e purê de batata.

Fígado de cordeiro com cebolas caramelizadas

Cobbler de cordeiro ao curry

4 PORÇÕES PREPARO: **1H10**

1 colher (sopa) de azeite
1 cebola grande picada
1 colher (sopa) de curry em pó (moderadamente picante)
500 g de carne de cordeiro moída
450 g de nabo em cubos
3 colheres (sopa) de chutney de manga
400 ml de caldo de cordeiro quente
sal e pimenta-do-reino moída na hora

Cobbler
225 g de farinha de trigo com fermento
60 g de manteiga cortada em cubos
1 colher (chá) de sementes de cominho
1 ovo
125 ml de leite

1 Aqueça o azeite numa frigideira grande e funda em fogo médio. Refogue a cebola por 5 minutos, até ficar macia. Junte o curry e cozinhe por 1 minuto. Aumente o fogo, acrescente a carne e cozinhe por mais 5 minutos, mexendo com a colher de pau para deixar a carne soltinha.
2 Adicione o nabo, o chutney e o caldo e deixe ferver. Cozinhe por 20 minutos, mexendo. Tempere com sal e pimenta e distribua em quatro pratos fundos ou tigelinhas de 500 ml.
3 Preaqueça o forno a 170ºC. Faça o cobbler. Peneire a farinha e uma boa pitada de sal numa tigela. Junte a manteiga e misture com a ponta dos dedos, até formar uma farofa. Adicione as sementes de cominho. Bata o ovo com o leite e acrescente à farofa. Misture até obter uma massa firme. Espalhe bolinhos de massa sobre a carne.
4 Asse por 15-20 minutos e sirva.

Cobbler de cordeiro ao curry

cozidos e ensopados — dia a dia

Cordeiro à inglesa
4 PORÇÕES PREPARO: **1H15**

1 colher (sopa) de azeite
500 g de perna de cordeiro em cubos
2 colheres (sopa) de farinha de trigo
1 cebola grande em fatias
2 cenouras pequenas em rodelas
300 ml de caldo de galinha quente
1 colher (sopa) de molho inglês
alguns ramos de tomilho
600 g de batata
um pouco de manteiga
sal e pimenta-do-reino moída na hora

1 Preaqueça o forno a 170ºC. Aqueça o azeite em fogo médio. Tempere o cordeiro com sal e pimenta e polvilhe com a farinha. Divida em porções e frite uma de cada vez, até dourar bem. Retire e reserve.
2 Cozinhe a cebola e a cenoura por 5 minutos. Recoloque a carne na panela com o caldo de galinha, o molho inglês e o tomilho. Retire.
3 Corte as batatas em fatias finas e disponha uma camada no fundo de uma panela com tampa que possa ir ao forno. Cubra com o cordeiro e mais uma camada de batata. Espalhe manteiga por cima. Tampe e leve ao forno por 30 minutos. Retire a tampa e deixe no forno por mais 20 minutos.

Ensopado de cordeiro
6 PORÇÕES PREPARO: **2H45**

1,3 kg de cordeiro em pedaços
2 colheres (sopa) de farinha de trigo
2 colheres (sopa) de tempero em pó (para cozidos)
2 colheres (sopa) de azeite
2 cebolas grandes em fatias
2 dentes de alho amassados
500 g de cenouras pequenas sem casca
1 kg de batatinhas sem a casca
3 colheres (sopa) de extrato de tomate com uma pitada de açúcar
alguns ramos de tomilho e hortelã
1 cubo de caldo de galinha ou de porco
sal e pimenta-do-reino moída na hora

Ensopado de cordeiro

1 Coloque o cordeiro numa travessa e tempere bem com sal e pimenta. Misture a farinha e o tempero em pó e polvilhe sobre o cordeiro.
2 Aqueça o azeite numa panela grande e funda. Cozinhe o cordeiro em fogo alto por 10 minutos, até dourar bem (divida em porções, se preciso). Abaixe o fogo para médio e refogue a cebola e o alho por 5 minutos, até ficarem macios.
3 Junte as cenouras, as batatinhas, o extrato de tomate e as ervas. Esfarele o cubo de caldo de galinha, adicione 1 litro de água e misture. Ferva, tampe a panela e cozinhe por 2h15 em fogo baixo, até a carne e os legumes ficarem macios. Mexa a cada meia hora para não grudar na panela. Sirva em pratos de sopa com bastante molho.

dica especial
COZINHE NO FORNO
Você também pode cozinhar o ensopado de cordeiro no forno. Leve ao forno a 160ºC pelo mesmo tempo e use apenas 600 ml de caldo, pois não vai borbulhar como no fogão.

Pernil de cordeiro com limão, alho e salsa
4 PORÇÕES PREPARO: **3H30**

2 colheres (sopa) de azeite
4 pernis de cordeiro (400 g cada)
1 cebola pequena picada
1 bulbo de erva-doce picado
3 folhas de louro em tiras
2 ramos de alecrim fresco
5 dentes de alho (4 picados)
8 ramos de tomilho fresco
700 ml de caldo de carne ou de galinha
150 ml de vinho branco
raspas finas de 1 limão-siciliano
2 colheres (sopa) de salsa picada
2 colheres (sopa) de azeite extravirgem
sal e pimenta-do-reino moída na hora

1 Preaqueça o forno a 120ºC. Aqueça o azeite numa panela grande em fogo médio. Tempere os pernis generosamente com sal e pimenta e leve à panela por 8-10 minutos, até dourarem. Transfira para um prato. Ponha a cebola e a erva-doce na panela e cozinhe por 8 minutos, mexendo até dourarem.
2 Coloque o louro, o alecrim, o alho picado e metade do tomilho na panela e recoloque a carne.
3 Despeje o caldo e o vinho e aqueça até ferver. Tampe bem e cozinhe por 2h30-3h, até a carne ficar bem macia e quase desmanchando.
4 Enquanto isso, amasse o alho inteiro com uma pitada de sal. Pique o restante do tomilho. Coloque numa tigela com as raspas de limão, a salsa e o azeite e misture bem. Tempere com pimenta. Este acompanhamento clássico de limão é chamado gremolata.
5 Coloque os pernis numa travessa e cubra com papel-alumínio. Descarte a gordura que se formar na superfície do molho na panela e deixe ferver por alguns minutos. Misture 2 colheres (sopa) do molho com a gremolata.
6 Distribua os pernis nos pratos, cubra com o molho e, por cima, espalhe a gremolata. Sirva com purê de batata.

Pernil de cordeiro picante com cuscuz marroquino
4 PORÇÕES PREPARO: **3 HORAS**

2 colheres (chá) de sementes de cominho
1 colher (sopa) de sementes de erva-doce
3 cm de gengibre picado
4 dentes de alho picados
2 colheres (sopa) de azeite
4 pernis de cordeiro (450 g cada)
2 cebolas grandes em fatias
2 colheres (sopa) de harissa
1 lata de 400 g de tomates pelados picados
500 ml de caldo de galinha quente
1 pau de canela
sal e pimenta-do-reino moída na hora

Cuscuz marroquino
250 g de cuscuz marroquino (sêmola de trigo pré-cozida)
300 ml de caldo de legumes quente
3 colheres (sopa) de hortelã e coentro picados
2 limões-sicilianos em conserva sem sementes picados (opcional)
15 g de manteiga

1 Preaqueça o forno a 140ºC. Moa as sementes de cominho e de erva-doce num pilão com uma boa pitada de sal. Acrescente o gengibre e o alho e amasse até virar uma pasta. Reserve.
2 Aqueça o azeite numa panela em fogo alto. Tempere bem o cordeiro com sal e pimenta e coloque na panela. Doure de todos os lados, retire e reserve.
3 Diminua o fogo para médio. Junte a cebola e refogue por 5 minutos. Adicione a harissa e a pasta reservada e cozinhe por 1 minuto. Em seguida, acrescente os tomates e o caldo. Recoloque o cordeiro na panela e mexa. Deixe ferver e adicione a canela. Tampe e leve ao forno por 2 horas, até a carne ficar bem macia.
4 Antes de servir, coloque o cuscuz numa tigela e cubra com o caldo quente. Deixe descansar por 5 minutos. Solte os grãos com um garfo e junte as ervas, o limão e a manteiga. Tempere com sal e pimenta e sirva com o cordeiro e o molho.

Pernil de cordeiro picante com cuscuz marroquino

dia a dia — cozidos e ensopados

Cordeiro de panela com polenta e vagem

Cordeiro de panela com polenta e vagem
6 PORÇÕES PREPARO: **1 HORA**

1 paleta de cordeiro desossada (1,6 kg)
25 g de farinha de trigo
25 g de manteiga
2 colheres (sopa) de azeite extravirgem
4 dentes de alho amassados
600 ml de vinho branco seco
300 ml de molho de tomate
4 folhas de louro
300 ml de caldo de carne ou de galinha quente
2 pimentões vermelhos grandes
2 pimentões amarelos grandes
salsa fresca para decorar
sal e pimenta-do-reino moída na hora

Polenta com queijo
200 g de fubá pré-cozido para polenta
60 g de manteiga
125 g de parmesão ralado

Vagem
6 dentes de alho
4 colheres (sopa) de azeite extravirgem
25 g de manteiga
4 cebolas picadinhas
700 g de vagem

1 Elimine o excesso de gordura do cordeiro. Corte a carne em pedaços de 75 g, tempere com sal e pimenta, polvilhe com farinha e misture. Bata para tirar o excesso de farinha e reserve.
2 Aqueça a manteiga e o azeite numa panela e frite o cordeiro, um pouco por vez, até dourar bem. Coloque a carne toda na panela, adicione o alho e cozinhe por 1 minuto. Junte a farinha reservada e deixe por mais 1 minuto.
3 Adicione o vinho e cozinhe em fogo alto até reduzir a ⅔. Misture o molho de tomate, o louro, o caldo e um pouco de tempero. Cozinhe com a panela semitampada por 40 minutos, até a carne ficar macia e o molho, mais espesso.
4 Enquanto isso, preaqueça o forno a 200ºC. Coloque os pimentões numa assadeira e asse

por 25 minutos. Transfira para um saco plástico. Deixe esfriar e retire a pele, o talo e as sementes. Corte em tiras.

5 Enquanto os pimentões assam, cozinhe os dentes de alho (que serão usados na vagem) numa panela com água fervente por 10-15 minutos, até ficarem bem macios. Escorra, deixe esfriar um pouco e amasse numa tábua com a lâmina de uma faca grande. Coloque numa tigela e reserve.

6 Para a polenta, ferva 1,25 litro de água. Enquanto isso, aqueça o azeite e a manteiga para a vagem numa panela grande em fogo baixo. Coloque a cebola e refogue por 5 minutos, até ficar macia. Misture o alho amassado.

7 Adicione o fubá à água fervente e mexa até ferver levemente. Deixe cozinhar em fogo baixo, mexendo sem parar por alguns minutos, até engrossar e ficar brilhante. Ao mesmo tempo, cozinhe a vagem em outra panela com água fervente por 4 minutos, até ficar macia. Escorra. Refogue com o azeite, a cebola e o alho reservado. Misture a manteiga, o queijo e o sal à polenta e distribua em 6 pratos.

8 Destampe a panela do cordeiro e retire o louro. Misture o pimentão e tempere com sal e pimenta. Ferva para aquecer bem e sirva decorado com salsa e acompanhado pela polenta e pelas vagens.

técnica **especial**
COMO PREPARAR OS PIMENTÕES

1. Asse os pimentões no forno quente até a pele escurecer. Coloque num saco plástico e feche. Deixe esfriar.

2. Quando estiverem frios, retire a pele com a mão. Passe sob água fria para retirar a pele que sobrar.

Carne de panela com bacon
6 PORÇÕES PREPARO: **2H30**

2 colheres (sopa) de azeite
1,5 kg de coxão duro (ou outro corte macio e magro)
100 g de fatias de bacon
50 g de manteiga
2 mandioquinhas em rodelas
1 bulbo grande de erva-doce cortado em 8 partes no sentido do comprimento
2 alhos-porós pequenos (225 g) em tiras
4 cenouras em fatias finas
2 talos de aipo em fatias
2 folhas de louro
2 ramos de tomilho fresco
300 ml de caldo de galinha
sal e pimenta-do-reino moída na hora

1 Preaqueça o forno a 130ºC. Aqueça o azeite numa panela grande o suficiente para acomodar todos os ingredientes. Tempere a carne com sal e pimenta, coloque na panela e doure bem. Transfira para uma travessa. Coloque o bacon na panela e frite rapidamente, até dourar bem. Transfira para outra travessa.

2 Derreta a manteiga numa panela em fogo médio. Coloque os legumes e as ervas e tempere com sal e pimenta. Cozinhe por alguns minutos até dourar. Junte a carne, o bacon e o caldo de galinha, cubra com papel-alumínio e tampe a panela. Leve ao forno por 2h-2h30.

3 Corte a carne em tiras finas. Retire o excesso de gordura do molho da panela e ferva por mais alguns minutos. Sirva com o molho e um pouco de mostarda, se quiser.

SUGESTÃO DE BEBIDA Um vinho tinto encorpado deixaria a refeição muito pesada. Opte por um Beaujolais fresco, numa combinação perfeita.

Cozinhar lentamente deixa a carne mais macia e suculenta.

dia a dia cozidos e ensopados

Carne macia de panela

Carne macia de panela
4 PORÇÕES PREPARO: **3 HORAS**

....

2 colheres (sopa) de azeite
1 peça de coxão mole ou duro (ou outro corte) de 1,6 kg
2 cenouras cortadas em pedaços grandes
2 talos de aipo picados
2 cebolas cortadas em fatias pequenas
1 lata de 400 g de tomates pelados
2 folhas de louro
1 litro de caldo de carne quente
250 g de ervilhas, lentilhas e cevadinha secas (ou outras leguminosas)
salsa picada

....

1 Aqueça o azeite numa panela grande e doure a peça de carne (enrolada com barbante) de todos os lados. Junte todos os legumes, os tomates pelados e as folhas de louro. Misture e despeje o caldo por cima. Deixe ferver, tampe a panela e abaixe o fogo. Cozinhe por 1 hora.

2 Acrescente as leguminosas e deixe cozinhar por mais 1h30, até o caldo engrossar e as leguminosas cozinharem. Retire a carne e passe para uma tábua. Corte em fatias grossas e retire o barbante.

3 Sirva a carne com o molho de leguminosas e bastante salsa picada.

Este clássico britânico é ideal para os fins de semana de inverno em família.

Carne ao molho vermelho

8 PORÇÕES PREPARO: **1H30**

4 colheres (sopa) de óleo
900 g de coxão mole magro (ou outro corte) em cubos
2 cebolas picadas
2 colheres (sopa) de páprica
1 dente de alho amassado
1 caixinha ou vidro de molho de tomate
½ cubinho de caldo de carne
2 pimentões vermelhos em pedaços
250 g de champignons cortados ao meio
1 batata-doce grande em pedaços
sal e pimenta-do-reino moída na hora

1 Aqueça o óleo numa frigideira em fogo médio-alto. Frite a carne, alguns cubos por vez, até dourar. Retire com uma escumadeira e coloque numa panela média.
2 Acrescente as cebolas e refogue por 5 minutos, até ficarem transparentes. Junte a páprica e o alho e cozinhe por mais 1 minuto. Despeje o molho de tomate. Encha a lata do molho com água e adicione também. Misture ainda o caldo de carne, os pimentões, os champignons e a batata-doce. Deixe cozinhar em fogo médio-baixo por 1 hora, até a carne ficar macia.
3 Tempere a gosto com sal e pimenta e sirva com batatas assadas.

SUGESTÃO DE BEBIDA Este prato pede um bom vinho tinto, como um Pinot Noir francês ou um Merlot chileno.

dica especial
PREPARE ANTES
Este ensopado pode ser congelado. Após completar o passo 2, deixe esfriar bem e divida em porções. Congele no freezer por até 3 meses. Para reaquecer, passe para a geladeira 24 horas antes de usar. Coloque o ensopado numa panela grande em fogo médio e ferva. Ou descongele e aqueça no micro-ondas, se quiser.

Carne ao molho vermelho

dia a dia | cozidos e ensopados

Goulash com tagliatelle

Chilli especial

Carne à provençal
6 PORÇÕES PREPARO: **3 HORAS**

1 talo de aipo grande
2 folhas de louro
4 ramos de tomilho fresco
um punhado de salsa
1 kg de coxão duro ou mole
4 colheres (sopa) de azeite
225 g de bacon em tiras
3 cebolas cortadas ao meio em rodelas finas
7 dentes de alho grandes em lâminas
600 ml de vinho tinto, como Cabernet Sauvignon
200 ml de caldo de carne
350 g de cenouras em cubinhos
1 lata de 400 g de tomates pelados
2 alici em conserva picados
3 tiras grandes de casca de laranja
20 g de manteiga em temperatura ambiente
20 g de farinha de trigo
100 g de azeitonas pretas pequenas
sal e pimenta-do-reino moída na hora

1 Prepare um buquê garni cortando o aipo ao meio e recheando-o com o louro, o tomilho e toda a salsa, exceto 3 ramos. Amarre tudo com um barbante, formando o buquê.
2 Corte a carne em cubos grandes. Aqueça 3 colheres (sopa) de azeite numa panela grande em fogo alto. Doure a carne, alguns cubos por vez, e tempere com sal e pimenta. Junte o bacon e frite até mudar de cor. Reserve com a carne. Coloque o azeite restante na panela e refogue a cebola por 10-12 minutos, até dourar bem. Junte 6 dentes de alho e refogue por mais 1-2 minutos. Despeje o vinho e deixe ferver, raspando o fundo da panela para misturar os resíduos, até o molho reduzir à metade.
3 Enquanto isso, preaqueça o forno a 130ºC. Acrescente o caldo de carne à panela e recoloque a carne e o bacon junto com as cenouras, os tomates, o alici, as tiras de laranja e o buquê garni. Cubra com papel-alumínio, tampe bem e deixe assar por 2 horas.
4 Pouco antes de ficar pronto, prepare a decoração picando a salsa e o dente de alho reservados. Amasse a farinha com a manteiga para obter uma pasta (beurre manié).

cozidos e ensopados — dia a dia

5 Retire a carne do forno, retire o papel e descarte o excesso de gordura da superfície. Retire o buquê garni e as tiras de laranja e deixe ferver em fogo baixo no fogão. Acrescente aos poucos o beurre manié, até o molho engrossar. Junte as azeitonas. Ferva por mais 5 minutos e salpique por cima a salsa e o alho. Sirva com macarrão ou purê de batata.
SUGESTÃO DE BEBIDA Experimente com um tinto francês suave e picante, como um Bourgueil ou Chinon do Vale do Loire.

Chilli especial
4 PORÇÕES PREPARO: **1H15**

1 colher (sopa) de óleo de girassol
1 cebola roxa grande picada
1 talo de aipo picado
4 dentes de alho picados
1 colher (chá) de pimenta-de-caiena
1 colher (chá) de sementes de cominho
1 colher (sopa) de páprica defumada
1 kg de carne moída de boa qualidade
250 g de feijão-azuki cozido
250 g de feijão-fradinho cozido
1 lata de 400 g de tomates pelados
600 ml de caldo de galinha ou de carne
2 quadradinhos de chocolate meio amargo
450 g de arroz de grão longo cozido
50 g de nachos
cheddar ou queijo prato ralado para servir

1 Aqueça o óleo numa panela grande e refogue a cebola, o aipo e o alho por 5 minutos, até ficarem macios. Junte a pimenta, as sementes de cominho e a páprica e refogue por mais 1 minuto.
2 Misture a carne, os feijões, os tomates e o caldo. Deixe ferver, tampe e cozinhe em fogo baixo por 1 hora. Misture o chocolate e ajuste o tempero.
3 Pouco antes de ficar pronto, reaqueça o arroz no micro-ondas. Divida em pratos fundos e cubra com uma porção generosa do chilli. Salpique o cheddar e decore com os nachos. Sirva com mais nachos à parte.

Goulash com tagliatelle
4 PORÇÕES PREPARO: **2 HORAS**

500 g de coxão duro (ou outro corte próprio para cozinhar) em cubos
1 colher (sopa) de farinha de trigo
2 colheres (sopa) de óleo
2 cebolas picadas
1 dente de alho amassado
3 colheres (sopa) de páprica, mais um pouco para salpicar
1 lata de 400 g de tomates pelados
300 ml de caldo de carne quente
140 ml de creme de leite com gotas de limão
salsa picada
300 g de tagliatelle
15 g de manteiga
sal e pimenta-do-reino moída na hora

1 Preaqueça o forno a 140°C. Misture a carne com a farinha e tempere com sal e pimenta. Aqueça o óleo e doure metade da carne por 4-5 minutos. Retire e reserve. Faça o mesmo com a outra metade.
2 Refogue as cebolas nessa panela por 5 minutos. Junte o alho e a páprica e deixe mais 1 minuto; acrescente os tomates, desfazendo-os com a colher de pau. Despeje o caldo de carne e recoloque a carne na panela. Deixe ferver.
3 Tampe a panela e leve ao forno por 1 hora. Retire, misture e recoloque no forno sem a tampa por mais 30 minutos, até a carne ficar macia. Misture 100 ml do creme de leite e a salsa.
4 Cozinhe o tagliatelle de acordo com as instruções da embalagem, escorra e misture a manteiga.
5 Distribua o tagliatelle nos pratos e espalhe o goulash por cima. Decore com o creme de leite restante e páprica.

Macarrão na manteiga acompanhado de carne ao molho dá água na boca.

dia a dia — vegetarianos e acompanhamentos

vegetarianos e acompanhamentos

Tortilha de cogumelo, alho-poró e queijo
4 PORÇÕES PREPARO: **35 MINUTOS**

2 colheres (sopa) de óleo
2 batatas médias cortadas em cubinhos
1 alho-poró em fatias
250 g de cogumelos frescos fatiados
6 ovos grandes
um punhado de cebolinha fresca picada
150 g de queijo prato em cubinhos
sal e pimenta-do-reino moída na hora

1 Aqueça o óleo numa frigideira antiaderente funda em fogo médio. Espalhe a batata e refogue por 5 minutos, até dourar.
2 Junte o alho-poró e os cogumelos e refogue por mais 5 minutos, mexendo até ficarem macios e murchos e o líquido evaporar.
3 Enquanto isso, bata os ovos com 2 colheres (sopa) de água numa tigela. Adicione a cebolinha e o queijo e tempere com sal e pimenta a gosto. Espalhe na panela sobre a batata. Tampe a panela e diminua o fogo. Cozinhe por 15 minutos, agitando a panela às vezes para espalhar bem o ovo. A tortilha deve ficar levemente cozida por cima e bem dourada por baixo.
4 Se quiser, leve a panela ao forno quente para dourar a parte de cima da tortilha também (a panela deve ser resistente ao calor).
5 Divida a tortilha em quatro e sirva em pratos aquecidos com pão e salada verde, se quiser.
SUGESTÃO DE BEBIDA Um jovem vinho rosé californiano ou, se preferir, uma cerveja inglesa caem muito bem com este prato.

Tortilha de abóbora, espinafre e ricota
6 PORÇÕES PREPARO: **1 HORA**

1 abóbora pequena (cerca de 750 g)
1½ colher (sopa) de azeite extravirgem
1 cebola roxa em fatias finas
1 colher (sopa) de sálvia picada
225 g de espinafre sem os talos
uma boa pitada de açafrão em pó
2 ovos extragrandes e claras de 8 ovos extragrandes
25 g de parmesão ralado
150 g de ricota
sal e pimenta-do-reino moída na hora

1 Preaqueça o forno a 180ºC. Parta a abóbora em oito, descartando a casca, as sementes e as fibras. Corte cada parte em três meias-luas. Coloque numa assadeira com metade do azeite, sal e bastante pimenta. Misture e arrume de modo que as pontas fiquem para cima. Asse por 25 minutos, retire e diminua a temperatura do forno para 170ºC.
2 Enquanto isso, aqueça o azeite restante numa frigideira antiaderente de 23 cm de diâmetro que possa ir ao forno. Refogue a cebola por 6-7 minutos, até ficar macia e dourar um pouco. Junte a sálvia e cozinhe por mais 1 minuto. Reserve. Deixe murchar o espinafre numa panela com um pouco de água em fogo médio por 4 minutos, escorra e esprema para retirar o excesso de líquido. Reserve.
3 Misture o açafrão com 1 colher (chá) de água quente. Coloque os ovos e as claras numa tigela com esse açafrão e bata com um garfo. Junte metade do parmesão.
4 Disponha a abóbora, o espinafre e a ricota entre as fatias de cebola na panela, despeje por cima os ovos e polvilhe com o restante do parmesão. Coloque à meia-altura no forno e deixe por 20-25 minutos até firmar, crescer e dourar um pouco. Corte em triângulos e sirva quente.

dica especial
AS CRIANÇAS VÃO ADORAR
As tortilhas são uma boa maneira de fazer as crianças comerem legumes e verduras. Varie os recheios e cubra os legumes com mussarela.

Tortilha de abóbora, espinafre e ricota

Tagliatelle com cogumelos selvagens

Tagliatelle com cogumelos selvagens
4 PORÇÕES PREPARO: **30 MINUTOS**

2 colheres (sopa) de azeite
8-10 cogumelos frescos (funghi) de sua preferência em fatias finas
2 dentes de alho em lâminas
500 g de tagliatelle fresco
raspas finas e suco de 1 limão-siciliano
2 colheres (sopa) de manteiga
50 g de parmesão
folhas de estragão para decorar
sal e pimenta-do-reino moída na hora

1 Aqueça o azeite numa panela em fogo médio e refogue o alho. Quando começar a ficar transparente (cerca de 1 minuto), acrescente os cogumelos e ½ colher (chá) de sal. Misture, tampe a panela e cozinhe por 10-15 minutos. Tempere com sal e pimenta.
2 Enquanto isso, cozinhe o tagliatelle em água fervente por 2-3 minutos, até ficar al dente. Escorra e recoloque na panela. Junte as raspas e o suco de limão, a manteiga e os cogumelos com seu líquido. Ajuste o tempero, se quiser. Misture o parmesão, decore com as folhas de estragão e sirva na hora.
SUGESTÃO DE BEBIDA Tudo de que você precisa é um vinho italiano branco fresco, como o Soave ou o Frascati.

Macarrão com cogumelos e nozes
2 PORÇÕES PREPARO: **20 MINUTOS**

200 g do macarrão de sua preferência
270 g de cogumelos em conserva ou 150 g de cogumelos frescos
25 g de nozes, mais algumas para servir
4 colheres (sopa) de parmesão, mais um pouco para servir
2 colheres (sopa) de creme de leite fresco
2 colheres (sopa) de salsa picada
sal e pimenta-do-reino moída na hora

1 Cozinhe o macarrão numa panela grande em água com sal até ficar al dente. Escorra bem e recoloque na panela.
2 Enquanto isso, escorra os cogumelos em conserva, pique-os e coloque numa tigela com as nozes. Junte o parmesão, o creme de leite e a salsa. Tempere com sal e pimenta a gosto.
3 Misture o molho no macarrão e aqueça por 1-2 minutos. Sirva bem quente com nozes salpicadas e parmesão.

Lasanha mediterrânea de vegetais
6-8 PORÇÕES PREPARO: **1H30**

2 berinjelas pequenas cortadas em cubos de 2,5 cm
2 cebolas roxas em lascas
2 pimentões vermelhos em tiras
4 dentes de alho picados
5 colheres (sopa) de azeite
450 g de abobrinhas em fatias
225 g de folhas de lasanha
50 g de parmesão ralado

Molho de queijo
900 ml de leite semidesnatado

vegetarianos e acompanhamentos — **dia a dia**

60 g de margarina
70 g de farinha de trigo
125 g de mussarela ralada
sal e pimenta-do-reino moída na hora

1 Preaqueça o forno a 200ºC. Misture a berinjela, a cebola, os pimentões, o alho e 3 colheres (sopa) de azeite numa assadeira grande. Leve ao forno aquecido por 30 minutos, misturando de novo na metade do tempo, até ficarem macios.
2 Enquanto isso, coloque o restante do azeite numa frigideira grande em fogo alto. Refogue a abobrinha por 4 minutos, até dourar bem. Passe para um prato forrado com papel-toalha e reserve. Retire os legumes do forno e adicione a abobrinha. Reserve. Diminua a temperatura do forno para 180ºC.
3 Faça o molho. Ferva o leite e reserve. Derreta a margarina em outra panela, junte a farinha e cozinhe por 1 minuto para eliminar o gosto de farinha crua. Retire e adicione o leite quente aos poucos, até virar um creme liso. Mexa sem parar até ferver, e mantenha em fervura leve por 10 minutos. Mexa de vez em quando. Junte a mussarela, tempere com sal e pimenta a gosto e retire.
4 Cozinhe as folhas de lasanha de acordo com as instruções da embalagem. Seque-as num pano de prato limpo.
5 Espalhe uma camada fina de molho no fundo de um refratário de 2,4 litros. Distribua por cima as folhas de lasanha, apoiando a borda de uma sobre a folha vizinha. Cubra com metade dos legumes e ⅓ do molho e faça outra camada de lasanha. Repita. Espalhe por cima o molho restante, polvilhe com parmesão e asse em forno aquecido por 40 minutos, até ficar bem quente e borbulhar. Sirva com salada verde.

A leveza dos legumes aliada ao molho de queijo tornam este prato maravilhoso.

Macarrão com cogumelos e nozes

Lasanha mediterrânea de vegetais

Tabule com limão

6 PORÇÕES PREPARO: **20 MINUTOS**

200 g de trigo para quibe
suco de 1 limão-siciliano grande
1 dente de alho picado
3 colheres (sopa) de azeite
1 pepino sem casca em cubos
6 tomates médios em cubos
1 maço de cebolinha e 1 cebola roxa picadinhas
bastante salsa picada
bastante hortelã picada
sal e pimenta-do-reino moída na hora

1 Coloque o trigo numa tigela grande e despeje água fervente suficiente para cobri-lo. Cubra a tigela com um pano de prato limpo e deixe de molho por 15-20 minutos, até o trigo absorver a água e os grãos ficarem fofos. Escorra o trigo numa peneira. Esprema o excesso de líquido com uma colher ou transfira para um pano de prato e seque.
2 Passe o trigo para uma saladeira e adicione o limão, o alho e o azeite. Tempere bem com sal e pimenta. Antes de servir, junte o pepino, o tomate, a cebolinha, a cebola, a salsa e a hortelã e misture bem. Sirva com peixe ou frango grelhado.

SUGESTÃO DE BEBIDA Este prato pede um vinho Sauvignon Blanc fresco e texturizado. Escolha uma garrafa do Vale do Loire.

técnica *especial*
COMO FAZER TABULE

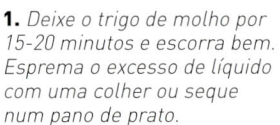

1. *Deixe o trigo de molho por 15-20 minutos e escorra bem. Esprema o excesso de líquido com uma colher ou seque num pano de prato.*

2. *Junte o limão, o alho e o azeite e misture. Faça isso logo antes de servir, assim o trigo manterá a textura.*

Tabule com limão

vegetarianos e acompanhamentos — dia a dia

Pulao vegetariano
2 PORÇÕES PREPARO: **40 MINUTOS**

550 g de vegetais variados assados ou cozidos
2 colheres (sopa) de azeite
2 colheres (chá) de especiarias de sua preferência
2 echalotas ou cebolas redondinhas em fatias
280 g de arroz cozido
um punhado de castanhas e frutas secas picadas
suco de ½ limão-siciliano
folhas de coentro

1 Preaqueça o forno a 200°C. Coloque os vegetais cortados em cubos numa assadeira e regue com metade do azeite. Salpique as especiarias. Asse por 30 minutos, mexendo de vez em quando para cozinhar por igual, até escurecerem e ficarem macios.
2 Enquanto isso, aqueça o restante do azeite numa frigideira grande. Coloque as echalotas ou cebolas e refogue por 10 minutos, até ganharem um pouco de cor. Junte o arroz, as castanhas e as frutas secas. Cozinhe por 5 minutos até aquecer bem.
3 Esprema o limão por cima e misture bem o arroz e os vegetais. Sirva com folhas de coentro.

Risoto verde de verão
4 PORÇÕES PREPARO: **45 MINUTOS**

300 g de arroz arbório
700 ml de caldo de legumes quente
um pouco de manteiga
3 colheres (sopa) de parmesão ralado
300 g de vegetais verdes (como vagem, ervilhas e aspargos) cozidos *al dente*
1 colher (sopa) de cebolinha picada
sal e pimenta-do-reino moída na hora
lascas de parmesão para servir

1 Preaqueça o forno a 160°C. Coloque o arroz e o caldo de legumes num refratário untado com parte da manteiga e misture bem. Cubra com papel-alumínio e leve ao forno por 25 minutos.
2 Misture o parmesão, a manteiga restante e os vegetais com o arroz. Cubra o refratário novamente e deixe descansar por 5 minutos para absorver os sabores.
3 Junte a cebolinha. Tempere com sal e pimenta a gosto e decore com lascas de parmesão para servir.
SUGESTÃO DE BEBIDA Este risoto leve combina com o aromático vinho Sauvignon Blanc chileno.

> O risoto gratinado é um prato de preparo rápido e de grande efeito.

Risoto verde de verão

Risoto com cogumelos e radicchio
4 PORÇÕES PREPARO: **40 MINUTOS**

3 colheres (sopa) de azeite
200 g de cogumelos-ostra frescos em tiras
30 g de manteiga fria
1 cebola roxa picada
2 dentes de alho picados
6 folhas de sálvia picadas
300 g de arroz arbório
125 ml de vinho branco
1 litro de caldo de legumes quente
1 radicchio grande picado
100 g de parmesão ralado
sal e pimenta-do-reino moída na hora

1 Aqueça o azeite numa frigideira grande em fogo médio. Refogue os cogumelos até dourarem. Retire e reserve.
2 Diminua o fogo para médio-baixo e coloque metade da manteiga na panela. Junte a cebola, o alho e a sálvia e refogue por 6-8 minutos, mexendo de vez em quando.
3 Adicione o arroz e misture até cobrir bem com a manteiga. Despeje o vinho e misture até absorver quase por completo. Acrescente caldo suficiente para cobrir o arroz e cozinhe devagar, mexendo até absorver o caldo.
4 Adicione aos poucos o caldo e mexa por cerca de 20 minutos, até o arroz ficar *al dente*. Se ainda não estiver pronto, adicione mais caldo e continue a cozinhar.
5 Junte os cogumelos e a maior parte do radicchio. Tempere com sal e pimenta a gosto e mais manteiga.
6 Deixe descansar com a panela tampada por 5 minutos. Assim o arroz ganha uma textura sedosa e uma linda aparência. Misture ⅔ do parmesão e sirva com o restante do radicchio e do parmesão.

SUGESTÃO DE BEBIDA Este risoto vai bem com um vinho tinto suave, como um Pinot Noir francês, um Beaujolais ou um Barolo italiano.

Risoto com cogumelos e radicchio

vegetarianos e acompanhamentos — dia a dia

Risoto de abóbora

Risoto de abóbora
2 PORÇÕES PREPARO: **30 MINUTOS**

180 g de abóbora
180 g de batata-doce
azeite
½ colher (chá) de pimenta em flocos
2 colheres (sobremesa) de manteiga
2 cebolas picadas
200 g de arroz arbório
600 ml de caldo de legumes quente
1 colher (sopa) de parmesão vegetariano ralado
folhas de espinafre
sal e pimenta-do-reino moída na hora

1 Preaqueça o forno a 170ºC. Corte a abóbora e a batata-doce em cubos (com a casca). Coloque-as numa assadeira, regue com azeite e salpique a pimenta em flocos e temperos a gosto. Asse por 20 minutos, até dourarem e ficarem macias.
2 Enquanto isso, aqueça 1 colher (sopa) de azeite e 1 colher (sobremesa) de manteiga numa panela grande e refogue a cebola por 4-5 minutos, até ficar macia.
3 Misture o arroz até ficar bem coberto com a manteiga. Cozinhe por 2-3 minutos, até ganhar uma cor perolada (isso aquece os grãos por fora, impedindo que eles quebrem e grudem). Adicione aos poucos o caldo de legumes, uma concha por vez, até o arroz absorver o caldo, mexendo bem após cada adição. Faça isso por 20 minutos, até o arroz ficar macio mas *al dente*.
4 Misture a manteiga restante e o parmesão ao arroz. Tempere com sal e pimenta e junte a abóbora e a batata-doce assadas e as folhas de espinafre. Sirva na hora.

dica *especial*
MAIS COR AO PRATO
Para um risoto mais colorido, use cebola roxa em fatias e pimentões vermelhos cortados em quartos em vez de abóbora. Asse as cebolas e os pimentões para deixá-los mais suaves.

dia a dia — vegetarianos e acompanhamentos

Risoto de cevadinha com abóbora, pimentão e rúcula
4 PORÇÕES PREPARO: **1 HORA**

450 g de abóbora em cubos de 2 cm
2 pimentões vermelhos em pedaços grandes
2 colheres (sopa) de azeite extravirgem
1 cebola picada
2 dentes de alho picados
folhas de 3 ramos grandes de tomilho
350 g de cevadinha
1,5 litro de caldo de legumes quente
3 colheres (sopa) de salsa picada
sal e pimenta-do-reino moída na hora
quatro punhados de rúcula
lascas de parmesão para servir

1 Preaqueça o forno a 180ºC. Coloque a abóbora e os pimentões numa assadeira pequena, regue com 1 colher (sopa) de azeite, tempere com sal e pimenta a gosto e misture bem para cobrir com o azeite. Asse por 35 minutos, até ficarem macios, virando na metade do tempo de cozimento. Retire e reserve.
2 Enquanto isso, comece o risoto. Aqueça o azeite restante em fogo médio-alto. Refogue a cebola, o alho e as folhas de tomilho por 6-8 minutos, até ficarem macios. Junte a cevadinha e cozinhe por mais 1 minuto.
3 Acrescente ¼ do caldo de legumes e mantenha em fervura leve, mexendo às vezes, até o caldo ser absorvido. Junte mais ¼ de caldo e continue o processo até o caldo ser absorvido de novo. Leva cerca de 40 minutos para a cevadinha ficar macia e, ao mesmo tempo, *al dente*.
4 Misture a salsa, a abóbora e os pimentões com a cevadinha, mas sem desfazer os cubos de abóbora. Tempere com sal e pimenta e distribua em pratos de risoto aquecidos. Sirva com rúcula e lascas de parmesão.
SUGESTÃO DE BEBIDA Procure as notas adocicadas e herbais dos vinhos tintos mediterrâneos, como o francês Ganache e o italiano Nero d'Avola.

Tomates assados recheados com arroz
4 PORÇÕES PREPARO: **1H10**

8 tomates grandes (200 g cada)
1 colher (sopa) de azeite, mais um pouco para untar
1 cebola pequena picada
2 dentes de alho amassados
150 g de arroz de grão longo
30 g de tomates secos picados
300 ml caldo de legumes quente
15 g de manjericão picado, mais um pouco para decorar
raspas de ½ limão-siciliano
25 g de parmesão ralado
sal e pimenta-do-reino moída na hora

1 Corte as "tampas" dos tomates (cerca de 2 cm) e reserve. Retire a polpa com uma colher (chá) e reserve também.
2 Aqueça o azeite numa panela média. Refogue a cebola e o alho em fogo médio, até ficarem macios. Junte a polpa de tomate, aumente um pouco o fogo e ferva por 10 minutos, mexendo de vez em quando, até reduzir e engrossar. Misture o arroz, os tomates secos e o caldo de legumes, tampe e deixe cozinhar em fogo brando por 10 minutos, até o arroz ficar semicozido. Acrescente o manjericão, as raspas de limão e o parmesão e tempere com sal e pimenta a gosto.
3 Preaqueça o forno a 170ºC. Coloque os tomates numa assadeira e recheie-os com o arroz. Cubra os tomates com suas tampas e leve ao forno por 35-40 minutos, até ficarem macios e o arroz cozinhar bem. Decore com folhas de manjericão e sirva com salada verde.

> **Os tomates recheados apresentam os deliciosos sabores e aromas da Itália.**

Risoto de cevadinha com abóbora, pimentão e rúcula

vegetarianos e acompanhamentos

Cuscuz com favas, ervilhas e queijo

Cuscuz com favas, ervilhas e queijo
4-6 PORÇÕES PREPARO: **30 MINUTOS**

225 g de cuscuz marroquino
4-5 colheres (sopa) de azeite extravirgem
225 g de favas ou feijão de sua preferência
225 g de ervilhas congeladas ou frescas
4 tomates picados
4 colheres (sopa) de hortelã picada
150 g de queijo branco
sal e pimenta-do-reino moída na hora

1 Coloque o cuscuz marroquino numa tigela grande e adicione aos poucos 300 ml de água morna, até absorver por completo. Deixe descansar por 10-15 minutos, até os grãos ficarem fofos e macios. Junte 1 colher (sopa) de azeite e solte os grãos com um garfo.
2 Cozinhe as favas e as ervilhas em água fervente com sal em fogo alto por 4-5 minutos, até ficarem macias. Passe sob água fria. Escorra bem. Tire a casca das favas, se preciso.
3 Misture as favas e as ervilhas com o cuscuz e acrescente o tomate picado e a hortelã. Tempere o restante do azeite, regue com ele o cuscuz e misture o queijo picado com cuidado. Distribua em tigelinhas ou pratos e sirva.
SUGESTÃO DE BEBIDA Um vinho de sabor suave e adocicado vai bem com o cuscuz, por isso opte por um Chardonnay maduro.

Ragu de cogumelo e vinho tinto
2 PORÇÕES PREPARO: **20 MINUTOS**

1 colher (sopa) de azeite
1 cebola picada
200 g de cogumelos frescos em fatias finas
1 colher (sopa) de purê de tomate
100 ml de vinho tinto
100 ml de caldo de legumes quente
folhas de tomilho
purê de batata e brócolis cozido para servir

1 Aqueça o azeite numa panela grande em fogo médio. Refogue a cebola por 5 minutos, até ficar macia. Junte os cogumelos, tampe e cozinhe por 5 minutos, até os cogumelos soltarem líquido.
2 Tire a tampa e cozinhe por mais alguns minutos, até o líquido evaporar. Junte o purê de tomate, cozinhe por 30 segundos e adicione o vinho. Deixe ferver por alguns minutos até reduzir à metade.
3 Acrescente algumas folhas de tomilho e o caldo de legumes e ferva por mais alguns minutos, até reduzir um pouco. Espalhe sobre porções de purê de batata, salpique mais tomilho e sirva com brócolis.

dica especial
BRÓCOLIS NO VAPOR
Coloque o brócolis num escorredor de macarrão metálico sobre uma panela com água fervente (ou use uma panela para cozimento a vapor). Leva 3-5 minutos, em geral. Os buquês devem ficar crocantes e os talos, macios ao corte.

Cogumelos assados com polenta e molho de queijo

4 PORÇÕES PREPARO: **30 MINUTOS**

1 litro de caldo de legumes
250 g de polenta instantânea
50 g de manteiga
25 g de parmesão ralado
8 cogumelos portobello grandes
2 colheres (sopa) de azeite, mais um pouco para regar
2 cebolas picadinhas
2 dentes de alho picados
150 ml de vinho branco
150 g de queijo cremoso temperado com alho e ervas
2 colheres (sopa) de leite

1 Deixe o caldo de legumes ferver. Misture a polenta e ferva levemente, mexendo às vezes, até ficar espesso e cremoso. Não deixe grudar no fundo da panela. Retire e misture a manteiga e o parmesão, formando uma pasta homogênea. Cubra e reserve.
2 Preaqueça o forno em temperatura alta. Coloque os cogumelos numa assadeira, com o chapéu para cima. Regue com azeite e leve ao forno por 5 minutos. Vire e deixe por mais 1 minuto.
3 Aqueça 2 colheres (sopa) de azeite numa frigideira em fogo baixo e refogue a cebola e o alho até ficarem macios. Junte o vinho branco, aumente o fogo e ferva até reduzir à metade.
4 Acrescente o queijo cremoso e derreta para formar o molho de queijo. Adicione o leite para deixá-lo mais líquido.
5 Distribua a polenta nos pratos e cubra com os cogumelos e o molho de queijo. Sirva na hora.

> Barata e muito versátil, a polenta é típica da culinária do norte da Itália.

Cogumelos assados com polenta e molho de queijo

Hambúrguer de cogumelos
4 PORÇÕES PREPARO: **25 MINUTOS**

4 cogumelos portobello grandes
azeite
4 pães de hambúrguer com gergelim
4 fatias de queijo prato
sal e pimenta-do-reino moída na hora
geleia de pimenta para servir
rúcula para servir

1 Corte os cogumelos ao meio, regue-os com azeite e tempere com sal e pimenta a gosto. Grelhe-os dos dois lados até ficarem macios.
2 Corte os pães ao meio, coloque uma fatia de queijo sobre cada lado e grelhe até o queijo derreter. Cubra o queijo com um cogumelo, feche os sanduíches e sirva com geleia de pimenta e rúcula.

SUGESTÃO DE BEBIDA Opte pela suavidade de um vinho Beaujolais-Villages.

Abóbora gratinada com queijo
4-6 PORÇÕES PREPARO: **1H15**

1,25 kg de abóbora
4 colheres (sopa) de azeite
1 cebola pequena picada
2 dentes de alho amassados
120 ml de vinho branco seco
½ colher (chá) de açúcar
2-3 ramos de tomilho, mais alguns para decorar
1 folha de louro
uma boa pitada de pimenta em flocos
450 g de tomates sem pele e sem sementes picados
140 ml de creme de leite fresco
noz-moscada ralada
100 g de queijo gruyère ou prato ralado

1 Retire as sementes e as fibras e corte a abóbora em cubos. Você obterá cerca de 750 g de abóbora picada. Reserve.
2 Aqueça 2 colheres (sopa) de azeite numa panela média e refogue a cebola e o alho em fogo baixo. Mexa até a cebola ficar transparente e macia.
3 Acrescente o vinho e o açúcar e ferva levemente em fogo médio até reduzir à metade. Adicione o tomilho, o louro, a pimenta e o tomate e cozinhe por mais 15 minutos, mexendo às vezes, até o molho reduzir e engrossar. Retire a folha de louro e transfira o molho para um refratário.
4 Preaqueça o forno a 180ºC. Coloque o restante do azeite numa panela grande em fogo médio e refogue a abóbora por 3-4 minutos, mexendo para dourar de todos os lados. Espalhe a abóbora sobre o molho no refratário.
5 Numa panelinha, ferva o creme de leite com a noz-moscada. Retire.
6 Espalhe o queijo ralado sobre a abóbora. Despeje o creme de leite por cima e leve ao forno para gratinar por 30 minutos, até a abóbora ficar macia e o queijo borbulhar. Salpique folhas de tomilho para decorar, se quiser. Este prato combina bem com dias frios.

SUGESTÃO DE BEBIDA Prove com um vinho branco maduro e amanteigado, como o Chardonnay.

técnica **especial**
COMO PREPARAR A ABÓBORA

1. Corte a abóbora ao meio no sentido do comprimento a partir do talo. Retire as sementes e as fibras com uma colher.

2. Tire a casca com uma faca ou um descascador de legumes, partindo da parte mais estreita. Corte como indicado na receita.

vegetarianos e acompanhamentos — dia a dia

Gratinado de alho-poró e abobrinha com brie
4-6 PORÇÕES PREPARO: **45 MINUTOS**

2 colheres (sopa) de azeite
200 g de abóbora em cubos
100 g de batata-doce em cubos
20 g de manteiga
1 cebola picada
4 alhos-porós em fatias
4 abobrinhas em rodelas
2 dentes de alho amassados
200 g de ricota
1 ovo grande levemente batido
2 colheres (chá) de mostarda de Dijon
240 g de queijo brie picado
1 colher (sopa) cheia de farinha de trigo
2 colheres (sopa) de pinholes torrados
hortelã picada
salsa picada
claras de 4 ovos grandes
25 g de parmesão ralado
sal e pimenta-do-reino moída na hora

1 Preaqueça o forno a 180ºC. Aqueça 1 colher (sopa) de azeite e refogue a abóbora e a batata-doce por 5 minutos. Reserve.
2 Aqueça a manteiga e o restante do azeite numa panela grande. Refogue a cebola em fogo baixo por 5 minutos, até ficar macia e transparente. Aumente o fogo e junte o alho-poró, a abobrinha e o alho. Cozinhe por mais 10-15 minutos, até dourarem e ficarem macios. Retire e reserve numa tigela.
3 Misture a ricota, o ovo, a mostarda, o brie, a farinha, os pinholes e as ervas com os ingredientes da tigela. Tempere com sal e pimenta e espalhe sobre a abóbora e a batata-doce em um refratário.
4 Bata as claras em neve até formarem picos firmes. Incorpore o parmesão e use a misture para cobrir os vegetais no refratário. Leve ao forno por 15 minutos, até dourar.
SUGESTÃO DE BEBIDA Este prato forte e cremoso merece um vinho branco maduro, como um Burgundy branco feito com uvas chardonnay.

Hambúrguer de cogumelos

Abóbora gratinada com queijo

dia a dia — vegetarianos e acompanhamentos

Torta de queijo com espinafre

Torta de queijo com espinafre
4 PORÇÕES PREPARO: **45 MINUTOS**

500 g de espinafre
um pouco de manteiga, mais um pouco derretida para untar
1 cebola grande picada
2 dentes de alho picados
200 g de queijo branco picado
4 colheres (sopa) de pinholes torrados
3 ovos grandes batidos
4-6 folhas de massa filo
½ colher (chá) de sementes de linhaça
salada de tomate com cebola roxa para servir
sal e pimenta-do-reino moída na hora

1 Preaqueça o forno a 160ºC. Lave bem as folhas de espinafre e coloque numa panela ainda molhadas. Deixe murchar em fogo baixo. Quando esfriar, escorra e esprema para eliminar o excesso de líquido.
2 Derreta a manteiga numa frigideira em fogo baixo e refogue a cebola por 5 minutos, até ficar macia e transparente. Misture o alho e refogue por mais 1 minuto até ficar macio.
3 Retire e coloque numa tigela com o espinafre, o queijo, os pinholes e os ovos. Tempere com sal e pimenta e misture. Espalhe num refratário de 1 litro.
4 Pincele as folhas de massa com a manteiga derretida para que fiquem crocantes no forno. Coloque as folhas sobre o recheio no refratário, cobrindo bem, e faça dobras frouxas na superfície para criar um desenho. Salpique com a linhaça e leve ao forno por 25-30 minutos, até dourar.
5 Sirva com salada de tomate e cebola roxa.

dica especial
SOBRE OS INGREDIENTES
Se puder, compre a massa por peso. Você pode embrulhar o que sobrar colocando filme de PVC entre uma folha e outra. Para esta receita, não é preciso comprar miniespinafre, que costuma ser mais caro. Apenas retire os cabos do espinafre e pique as folhas antes de usar.

vegetarianos e acompanhamentos — dia a dia

Cozido de vegetais com especiarias
4-6 PORÇÕES PREPARO: **40 MINUTOS**

2 colheres (sopa) de azeite
12 cebolas redondinhas cortadas ao meio
2 dentes de alho picados
4 cm de gengibre picadinho
150 g de lentilha
2 colheres (chá) de especiarias (cravo, canela etc.)
½ colher (chá) de sementes de cominho
800 ml de caldo de legumes quente
100 g de damascos
150 g de minicenouras
3 bulbos pequenos de erva-doce cortados em seis (talos picados)
2 abobrinhas cortadas em pedaços de 4 cm
200 g de ervilhas
raspas de 2 limões-sicilianos, mais suco de 1 limão
100 g de amêndoas torradas moídas
salsa picada
sal e pimenta-do-reino moída na hora

1 Aqueça o azeite numa panela grande e refogue as cebolas por 3 minutos. Adicione o alho, o gengibre, a lentilha, as especiarias e o cominho e cozinhe por mais 1 minuto. Despeje o caldo de legumes e deixe ferver. Diminua o fogo, tampe a panela e deixe ferver por 15 minutos.
2 Junte o damasco, a cenoura, a erva-doce e a abobrinha e mantenha em fervura leve, com a panela tampada, por 5 minutos. Acrescente as ervilhas e metade das raspas de limão e deixe por mais 5 minutos. Esprema o limão e tempere com sal e pimenta a gosto.
3 Salpique o restante das raspas de limão, as amêndoas, os talos de erva-doce picados e a salsa.

Vegetais picantes ao curry
4 PORÇÕES PREPARO: **30 MINUTOS**

1 colher (sopa) de óleo
1 cebola em rodelas finas
1 dente de alho amassado
5 colheres (sopa) de pasta de curry
400 ml de leite de coco
150 ml de caldo de legumes
125 g de vagem
1 batata-doce grande cortada em cubos
175 g de minimilhos cortados no sentido do comprimento
½ couve-flor (cerca de 375 g) em buquês
100 g de amêndoas moídas
250 g de lentilhas cozidas
sal e pimenta-do-reino moída na hora

1 Coloque o óleo numa panela grande em fogo médio-baixo. Refogue a cebola e o alho por 5-6 minutos, até ficarem macios. Não deixe queimar para não comprometer o sabor. Junte a pasta de curry e refogue por mais 2 minutos para liberar o aroma das especiarias.
2 Acrescente o leite de coco, o caldo de legumes, a vagem, a batata-doce, os minimilhos e a couve-flor. Deixe ferver, tampe a panela e cozinhe por 10 minutos, até os legumes ficarem macios.
3 Tempere com sal e pimenta a gosto e adicione as amêndoas e lentilhas. Cozinhe mais um pouco até aquecer bem. Sirva com arroz.

Cozido de vegetais com especiarias

dia a dia — vegetarianos e acompanhamentos

Batatas assadas com creme azedo

Batatas assadas com creme azedo
4 PORÇÕES PREPARO: **1H30**

4 batatas grandes para assar
azeite
40 g de manteiga
150 g de creme de leite fresco com gotas de limão
cebolinha picada
sal e pimenta-do-reino moída na hora

1 Preaqueça o forno a 200ºC. Lave as batatas esfregando bem, e limpe com um pano de prato limpo. Fure-as várias vezes com um garfo (para que não explodam no forno) e esfregue um pouco de azeite e sal para que fiquem douradas e crocantes. Coloque-as na grade superior do forno e asse por 1h15, até ficarem no ponto. Retire e transfira para uma tábua.
2 Faça uma cruz na superfície e abra as batatas. Coloque nos pratos e cubra com manteiga e creme de leite com limão.
3 Tempere com sal e pimenta e sirva salpicadas com cebolinha. Prove também as seguintes variações de recheio: queijo com mostarda (misture 200 g de queijo prato com 1 colher (sopa) de mostarda de Dijon); salada de repolho picante com camarões (200 g de salada de repolho com maionese, 100 g de camarões cozidos e 1 pimenta picada); cogumelos, creme de leite e espinafre (200 g de cogumelos refogados em 200 ml de creme de leite fresco por 10 minutos e misturados com espinafre e uma pitada de páprica).

Batatinhas ao forno

A batata assada é ótima para aqueles dias em que tudo o que queremos é uma comida caseira.

vegetarianos e acompanhamentos — dia a dia

Batata frita com repolho
8 PORÇÕES PREPARO: **50 MINUTOS**

750 g de batata média
2 colheres (sopa) de azeite
70 g de manteiga
2 dentes de alho amassados
8 bagas de zimbro amassadas
1 repolho médio (cerca de 500 g) sem as folhas externas cortado em tiras de 2 cm
sal e pimenta-do-reino moída na hora

1 Coloque as batatas numa panela de água com sal, tampe e deixe ferver em fogo alto. Tire a tampa e mantenha em fervura leve por 12-15 minutos, até ficarem macias. Escorra, deixe esfriar um pouco e corte em pedaços se forem grandes.
2 Aqueça o azeite e 45 g de manteiga numa frigideira grande em fogo médio-baixo. Refogue as batatas, tempere bem com sal e pimenta e cozinhe por 20 minutos, mexendo a panela de vez em quando, até ficarem douradas. Tome cuidado para as batatas não desmancharem.
3 Quando as batatas estiverem quase prontas, derreta o restante da manteiga em outra panela grande em fogo baixo. Refogue o alho, o zimbro, o repolho e 2 colheres (sopa) de água fria e tempere bem com sal e pimenta. Tampe e cozinhe por cerca de 4 minutos, agitando a panela às vezes para cobrir tudo com a manteiga e para que o repolho não queime no fundo da panela. Tire a tampa, aumente o fogo e deixe ferver de novo, continuando a agitar um pouco a panela até o repolho ficar cozido e brilhante com a manteiga.
4 Misture as batatas com o repolho. Transfira para uma travessa e sirva na hora. Este prato vai muito bem com as Lentilhas refogadas (p. 127).

> **dica especial**
> **PREPARE ANTES**
> Faça o repolho, deixe esfriar e congele por até 1 mês. Descongele na geladeira de um dia para o outro e reaqueça em fogo baixo, mexendo até ficar bem quente.

Batatinhas ao forno
6 PORÇÕES PREPARO: **1 HORA**

4 batatas grandes para assar
óleo para regar
sal marinho
alguns ramos de tomilho

1 Preaqueça o forno a 180ºC. Corte as batatas em pedaços grandes, depois em bastões ou fatias grossas. Coloque numa assadeira e regue com bastante óleo. Salpique sal marinho e tomilho. Misture com as duas mãos para que tudo fique bem temperado. Espalhe a batata numa única camada homogênea.
2 Leve ao forno aquecido por 45-50 minutos, misturando na metade do tempo, até as batatas dourarem e ficarem macias.

Batata assada perfeita
4 PORÇÕES PREPARO: **1H15**

50 ml de azeite
700 g de batata grande cortada em quartos
um punhado de alecrim
sal marinho

1 Preaqueça o forno a 200ºC.
2 Coloque o azeite numa assadeira grande e leve ao forno até ficar bem quente.
3 Enquanto isso, descasque as batatas e coloque-as numa panela com água fria e um pouco de sal. Deixe ferver e cozinhe por 6 minutos. Escorra e recoloque as batatas na panela. Agite um pouco a panela para que o exterior das batatas fique um pouco amassado. Assim elas ficarão mais crocantes conforme assam no forno.
4 Transfira as batatas para a assadeira, cubra bem com o azeite e salpique com um pouco de sal marinho. Asse no forno por 1 hora, virando todas as batatas na metade do tempo, para que fiquem douradas e crocantes. Cerca de 15 minutos antes de retirar do forno, salpique as folhas de alecrim sobre as batatas.
5 Sirva na hora e salpique um pouco mais de sal marinho, se quiser.

dia a dia — vegetarianos e acompanhamentos

Dauphinoise de batata com aipo
6 PORÇÕES PREPARO: **1H20**

25 g de manteiga, mais um pouco para untar
500 g de batata em rodelas finas
500 g de talos de aipo (ou aipo) em fatias
1 dente de alho amassado
570 ml de creme de leite
200 ml de creme de leite fresco
sal e pimenta-do-reino moída na hora

1 Preaqueça o forno a 160ºC. Unte um refratário. Faça camadas aleatórias de batata e aipo no refratário.
2 Coloque os outros ingredientes numa panela grande, deixe ferver e tempere com sal e pimenta. Despeje sobre as camadas do refratário. Cubra com papel-alumínio e leve ao forno aquecido por 40 minutos. Verifique na metade do tempo e dê batidinhas com uma espátula.
3 Retire o papel e deixe por mais 10-15 minutos para dourar a superfície e borbulhar. Retire, deixe esfriar e misture antes de servir.

Dauphinoise de batata com aipo

Cenoura e mandioquinha ao forno com molho de nozes
6 PORÇÕES PREPARO: **50 MINUTOS**

500 g de cenoura pequena
500 g de mandioquinha pequena
3-4 colheres (sopa) de azeite

Molho
1-2 fatias de pão italiano sem a casca
2 colheres (sopa) de vinagre
100 ml de azeite
100 g de nozes picadas
um punhado de salsa
1 dente de alho
sal marinho e pimenta-do-reino moída na hora

1 Preaqueça o forno a 180ºC. Rale as cenouras e as mandioquinhas e lave-as. Coloque-as em duas assadeiras numa única camada. Regue com azeite, salpique sal marinho e misture. Leve ao forno por 40 minutos, virando na metade do tempo para que fiquem com uma cor uniforme. Quando for servir, regue o prato com o azeite da assadeira, que estará aromatizado com as raízes.
2 Enquanto isso, faça o molho. Numa tigela grande, misture o pão, o vinagre, metade do azeite e 50 ml de água fria. Quando o pão amolecer, misture para formar uma pasta e reserve.
3 Coloque as nozes numa assadeira e leve ao forno para torrá-las levemente. Enquanto ainda estiverem quentes, transfira para uma peneira e chacoalhe para que as cascas se soltem e caiam. Amasse as nozes no pilão ou com um rolo (não no processador para que não fiquem finas demais).
4 Pique a salsa e o alho e misture na pasta de pão com as nozes e o restante do azeite. Tempere com sal e pimenta e distribua sobre a cenoura e a mandioquinha. Sirva na hora.

dica especial
TEXTURA IDEAL
As cenouras e mandioquinhas menores têm a textura ideal para serem assadas. Use as maiores para fazer purês e sopas.

vegetarianos e acompanhamentos — dia a dia

Beterraba com alho e tomilho
4 PORÇÕES PREPARO: **45 MINUTOS**

400 g de beterraba sem casca cortada em fatias grossas
dentes de 1 cabeça de alho (com a casca)
folhas de 5 ramos de tomilho
4 colheres (sopa) de azeite
sal e pimenta-do-reino moída na hora

1 Preaqueça o forno a 170ºC. Coloque a beterraba, o alho, o tomilho e o azeite numa assadeira, misture e tempere bem com sal e pimenta.
2 Asse por 40 minutos, até a beterraba ficar macia. Assados, os dentes de alho ficam suaves, por isso sirva-os inteiros mesmo.

Cenouras com pimenta e tomilho
6 PORÇÕES PREPARO: **15 MINUTOS**

500 g de cenoura em bastões
um pouco de manteiga
algumas folhas de tomilho
uma pitada de pimenta em flocos

1 Cozinhe as cenouras em água fervente por cerca de 4 minutos e escorra bem.
2 Derreta a manteiga numa panela em fogo médio e refogue as cenouras com o tomilho e a pimenta.
3 Misture por alguns minutos até aquecer por completo.

Lentilhas refogadas
8 PORÇÕES PREPARO: **30 MINUTOS**

5 colheres (sopa) de azeite
1 cebola pequena picada
2 talos de aipo picados
1 cenoura em cubinhos
300 g de lentilha
3 ramos de tomilho
750 ml de caldo de legumes quente
um pouco de limão-siciliano
azeite extravirgem a gosto
pimenta-do-reino moída na hora

Beterraba com alho e tomilho

1 Aqueça 3 colheres (sopa) de azeite e refogue a cebola, o aipo e a cenoura, mexendo por cerca de 5 minutos.
2 Junte as lentilhas, o tomilho e o caldo de legumes. Tempere com pimenta a gosto. Deixe ferver, diminua o fogo e cozinhe por 15-20 minutos ou até que as lentilhas fiquem macias. Adicione água se parecerem secas. Descarte o tomilho.
3 Esprema um pouco de limão por cima e regue com azeite a gosto. Ajuste o tempero, se preciso. As lentilhas vão bem como acompanhamento de linguiça.

Lentilhas refogadas são práticas, saudáveis e saborosas.

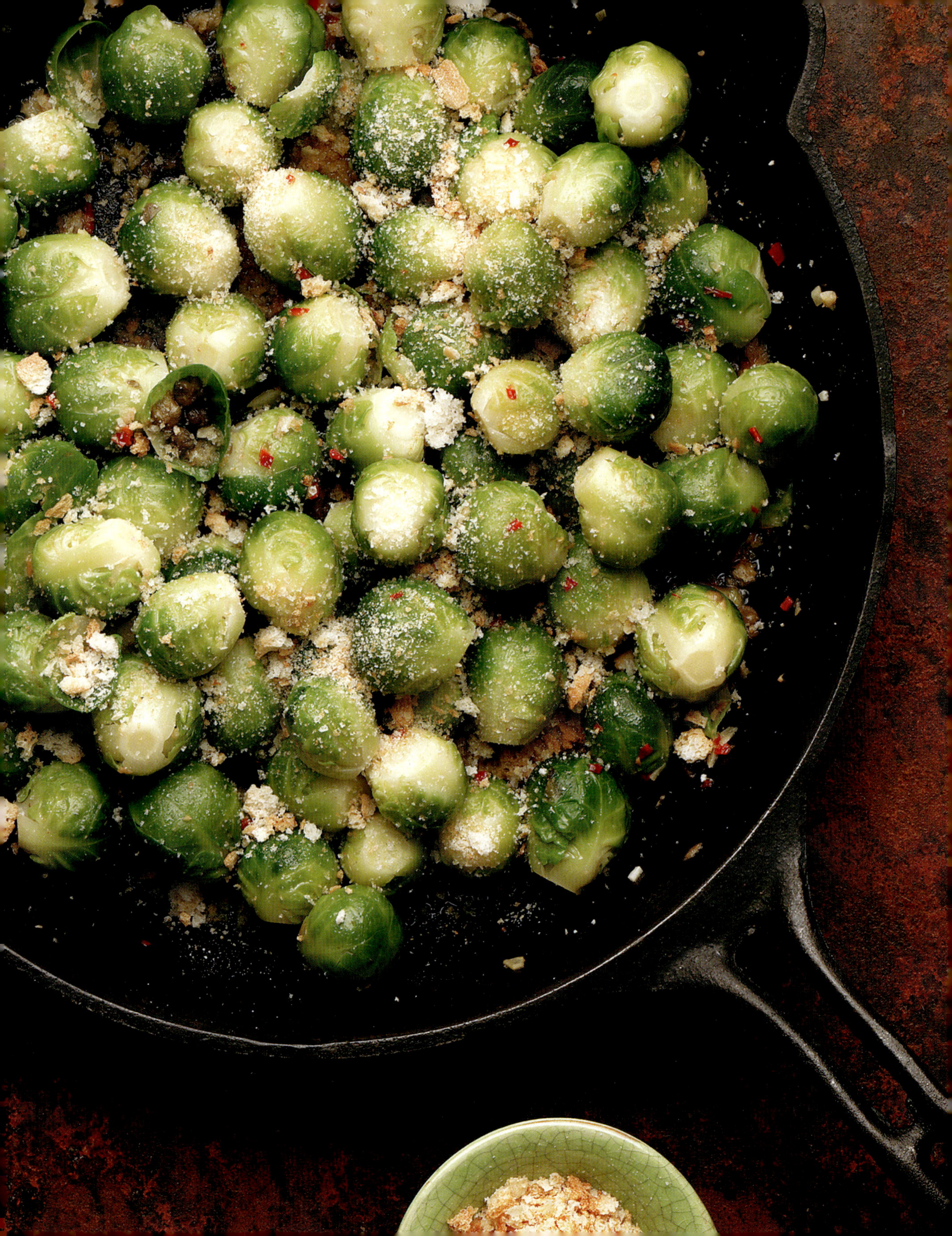

vegetarianos e acompanhamentos — **dia a dia**

Couve-de-bruxelas com farofa picante
6 PORÇÕES PREPARO: **30 MINUTOS**

1 kg de couve-de-bruxelas
4 fatias de pão italiano ou 1 pãozinho ciabatta
1 colher (sopa) de manteiga
2 colheres (sopa) de azeite
3 dentes de alho picados
1 pimenta vermelha picada e sem sementes
1 colher (sopa) de alcaparras escorridas picadas
sal e pimenta-do-reino moída na hora

1 Preaqueça o forno a 170ºC. Lave a couve-de-bruxelas em água salgada, eliminando resíduos e pequenos insetos alojados entre as camadas. Escorra e reserve.
2 Corte o pão em pedaços e leve ao forno por 10-15 minutos, até ficar crocante. Transfira para o liquidificador ou processador e bata até obter uma farofa grossa. Você pode também esfarelar o pão com a ponta dos dedos.
3 A melhor maneira de cozinhar a couve-de-bruxelas é fervendo rapidamente. Corte o talo e tire folhas soltas. Ferva água numa panela grande em fogo alto e cozinhe no máximo por 5 minutos, para que permaneçam crocantes e com uma cor vibrante. Escorra bem.
4 Aqueça a manteiga e o azeite numa frigideira grande e refogue o alho, a pimenta vermelha e as alcaparras até o alho dourar bem. Junte as couves e misture. Tempere a gosto e espalhe a farofa por cima. Sirva na hora. (Se quiser, misture mais manteiga.)

> Quem não gosta de couve-de-bruxelas pode mudar de ideia com este prato.

Couve-de-bruxelas com farofa picante

Repolho roxo com conserva de limão
6 PORÇÕES PREPARO: **1H10** MAIS **30 MINUTOS DE DESCANSO**

2 colheres (sopa) de azeite
4 dentes de alho sem casca
2 cravos-da-índia
1 pau de canela
½ colher (chá) de sementes de cominho
1 cebola em fatias
1 repolho roxo de cerca de 800 g picado
1 limão-siciliano grande em conserva (ou 2 pequenos)
2 colheres (sopa) de uvas-passas
2 colheres (sopa) de vinagre branco
1 colher (sopa) de açúcar mascavo
125 ml de caldo de legumes ou água

1 Preaqueça o forno a 160ºC. Aqueça o azeite numa panela grande que possa ir ao forno. Refogue bem o alho, os cravos e a canela até o alho escurecer. Adicione o cominho e a cebola e misture. Junte o repolho e misture de novo.
2 Corte os limões ao meio e retire as sementes e a parte branca. Raspe a casca em tirinhas e acrescente ao repolho. Adicione as uvas-passas, o vinagre, o açúcar e o caldo de legumes e misture bem. Tampe e leve a panela ao forno por 50 minutos. Retire e deixe descansar por 30 minutos. Descarte a canela e salpique coentro picado, se quiser.

técnica **especial**
COMO PICAR O REPOLHO

1. *Segure bem o repolho sobre uma tábua e use uma faca grande e afiada para cortá-lo ao meio.*

2. *Corte as metades em fatias e retire a parte mais dura do talo. Pique cada parte no sentido do comprimento.*

dia a dia — vegetarianos e acompanhamentos

Aspargos assados com queijo
4 PORÇÕES PREPARO: **25 MINUTOS**

24 aspargos (corte as extremidades duras)
2 colheres (sopa) de azeite
um punhado de hortelã picada, mais algumas folhas para decorar
2 colheres (sopa) de alcaparras lavadas e escorridas
azeite extravirgem
suco de 1 limão-siciliano
200 g de queijo feta ou branco picado
sal e pimenta-do-reino moída na hora

1 Preaqueça o forno na temperatura mais alta. Misture os aspargos, o azeite e um pouco de sal numa tigela e transfira para uma assadeira, formando uma única camada. Não deixe os aspargos ficarem uns sobre os outros. Asse por 10-15 minutos, no ponto que preferir. Quanto mais macio e enrugado, mais suave fica o gosto. Deixe esfriar ou cubra com molho (a seguir) na hora.
2 Numa tigela grande, misture a hortelã, as alcaparras, sal e pimenta com azeite suficiente para formar um molho.
3 Coloque os aspargos numa tigela e espalhe molho por cima. Esprema o suco de limão e decore com folhas de hortelã. Cubra com o queijo picado e sirva na hora. Para uma refeição mais substanciosa, sirva com fatias de pão ou torrada.
SUGESTÃO DE BEBIDA Aposte num vinho Pinot Blanc.

técnica *especial*
COMO PREPARAR OS ASPARGOS

1. Lave bem os aspargos. Com uma faca grande, corte as extremidades duras e descarte-as.

2. Segure o aspargo com cuidado e use um descascador de legumes para retirar a casca ao redor da extremidade.

Refogado verde

vegetarianos e acompanhamentos　　dia a dia

Brócolis com alho
6 PORÇÕES PREPARO: **15 MINUTOS**

2 maços de brócolis (cerca de 750 g cada) em buquês
6 colheres (sopa) de azeite
2 dentes de alho em lâminas
sal

1 Cozinhe o brócolis numa panela com água fervente com sal por 4 minutos, até ficar *al dente*. Escorra.
2 Coloque o azeite e o alho numa frigideira em fogo médio. Assim que o alho começar a saltar na panela, junte o brócolis e misture por 1-2 minutos para cobrir. Ajuste o tempero e sirva na hora.

Espinafre no vapor com cebola
6 PORÇÕES PREPARO: **15 MINUTOS**

2 colheres (sopa) de azeite
4 cebolas redondinhas ou echalotas
750 g de espinafre sem os cabos
25 g de manteiga
noz-moscada ralada a gosto
sal e pimenta-do-reino moída na hora

1 Aqueça o azeite numa panela grande. Refogue as cebolas por 5 minutos, até ficarem macias e transparentes. Junte o espinafre, aumente o fogo e cozinhe por 2-3 minutos, até que ele comece murchar.
2 Coloque o espinafre e as cebolas numa peneira e esprema bem com as mãos para eliminar o excesso de líquido do espinafre. Leve a panela ao fogo novamente e coloque a manteiga, o espinafre, as cebolas e a noz-moscada. Tempere com sal e pimenta a gosto. Misture com cuidado até a manteiga derreter e os sabores se fundirem.

dica especial
COMO DESCASCAR CEBOLAS
Para ficar mais fácil, coloque as cebolas em água fervente, deixe por 1 minuto e passe-as sob água fria. Escorra. Assim, a camada externa fica mais macia e fácil de retirar.

Brócolis com alho

Refogado verde
6 PORÇÕES PREPARO: **20 MINUTOS**

3 alfaces pequenas
75 g de manteiga
2 alhos-porós picados
750 g de ervilhas congeladas
1 colher (sopa) de hortelã picada
sal e pimenta-do-reino moída na hora

1 Corte cada alface em seis partes.
2 Derreta metade da manteiga numa panela funda em fogo médio-baixo. Refogue o alho-poró por 2 minutos, até ficar macio. Junte a alface e refogue por mais 1-2 minutos, até começar a murchar. Adicione as ervilhas e 100 ml de água fria. Tempere com sal e pimenta a gosto. Deixe cozinhar por 3-4 minutos, mexendo até as ervilhas ficarem macias e metade do líquido evaporar.
3 Espalhe por cima a manteiga restante, salpique com hortelã e agite um pouco a panela para misturar bem.

alimentos frugais

Batatinhas com ovo
2 PORÇÕES PREPARO: **55 MINUTOS**

600 g de batata
3 colheres (sopa) de óleo
2 ovos
sal marinho a gosto

1 Preaqueça o forno a 180ºC. Corte as batatas em bastões médios. Cozinhe em água fervente por 5 minutos. Escorra e espalhe sobre um pano de prato para secarem bem (isso é muito importante!).
2 Coloque o óleo numa assadeira e leve ao forno para aquecer por 10 minutos. Para verificar a temperatura, coloque uma batatinha. Se espirrar um pouco, está quente o suficiente; se não, aqueça por mais 5 minutos. Distribua as batatinhas numa única camada na assadeira e leve ao forno por 35 minutos, até ficarem bem douradas. Retire-as com uma escumadeira e seque em papel-toalha. Salpique sal marinho a gosto.
3 Frite os ovos no ponto de sua preferência e sirva com as batatinhas.

> Mergulhar batatinhas na gema do ovo é um dos pequenos grandes prazeres da vida.

Fritada de feijão e batata com ovo frito
4 PORÇÕES PREPARO: **35 MINUTOS**

450 g de batata em cubos
250 g de feijão-manteiga cozido
250 g de lentilha cozida
1 cebola roxa picada
1 colher (chá) de cominho em pó
1 colher (chá) de coentro em pó
5 ovos
50 g de queijo prato ralado
farinha para polvilhar
2 colheres (sopa) de azeite
sal e pimenta-do-reino moída na hora

1 Coloque as batatas numa panela, cubra com água e ferva por 10 minutos, até cozinharem, mas não demais. Escorra e reserve.
2 Numa tigela, amasse o feijão-manteiga com um garfo. Misture a batata cozida, as lentilhas, a cebola e os temperos e amasse tudo. Acrescente 1 ovo batido e o queijo e tempere com sal e pimenta. Enfarinhe as mãos com a farinha e molde quatro discos.
3 Aqueça metade do azeite numa frigideira antiaderente grande em fogo médio. Coloque os discos e frite por 5 minutos, até dourarem na parte de baixo. Vire e frite por mais 5 minutos. Transfira para quatro pratos e mantenha aquecidos.
4 Aqueça o restante do azeite na panela. Quebre os outros ovos e frite até as claras ficarem firmes e as gemas, quentes mas ainda moles. Coloque os ovos sobre as fritadas e tempere com sal e pimenta. Sirva com rúcula. Um pouco de tabasco fica ótimo neste prato.

Calzone de tomate
2 PORÇÕES PREPARO: **30 MINUTOS**

200 g de massa para pizza
1 colher (sopa) de molho de tomate
1 colher (sopa) de cebola caramelizada
60 g de tomates-cereja
60 de tomates pequenos cortados ao meio
alguns tomates secos drenados

100 g de queijo de cabra amassado
um pouco de leite
sal e pimenta-do-reino moída na hora

1 Preaqueça o forno a 200ºC. Abra a massa de pizza até ficar fina. Corte ao meio e abra cada metade em círculos de 18 cm de diâmetro. Deixe descansar por 10 minutos.
2 Deixando 2 cm livre nas bordas, espalhe 1 colher (sopa) de molho de tomate e 1 colher (sopa) de cebola caramelizada sobre cada base. Misture os tomates-cereja com os tomates maiores cortados ao meio e alguns tomates secos. Tempere com sal e pimenta e espalhe sobre as bases. Cubra com o queijo.
3 Pincele as bordas com água e dobre as massas, formando dois semicírculos. Pressione as bordas com um garfo para fechar bem. Coloque na assadeira, pincele com um pouco de leite e cozinhe no forno por 15-20 minutos, até dourarem e ficarem crocantes.

Calzone de tomate

Pimentões recheados
4 PORÇÕES PREPARO: **30 MINUTOS**

4 pimentões vermelhos ou verdes
óleo para pincelar
150 g de arroz
350 ml de caldo de legumes
75 g de parmesão ralado, mais um pouco para cobrir
8 tomates secos picados
azeitonas pretas picadas
um punhado de rúcula

1 Preaqueça o forno a 180ºC. Corte as tampas dos pimentões, retire as sementes e pincele-os com o óleo. Leve-os ao forno numa assadeira, com o lado aberto para baixo, por 12-15 minutos.
2 Enquanto isso, cozinhe o arroz no caldo de legumes até ficar macio. Misture com o queijo, os tomates, as azeitonas e a rúcula. Recheie os pimentões e salpique mais queijo por cima.
3 Asse por 10-12 minutos, até o queijo derreter e os pimentões ficarem macios.

dica **especial**
VERSÃO VEGETARIANA
Os pimentões recheados são práticos de fazer e ficam muito bons com queijos vegetarianos. Procure produtores de queijos vegetarianos similares ao parmesão.

técnica **especial**
COMO RECHEAR PIMENTÕES

1. Corte ao redor do talo e retire-o. Encha de água para retirar as sementes e seque em papel-toalha.

2. Coloque o recheio às colheradas nos pimentões (o da foto é arroz-selvagem) e empurre cada porção antes de adicionar a próxima.

dia a dia — alimentos frugais

Couve-flor com lentilhas ao curry

Couve-flor com lentilhas ao curry
2 PORÇÕES PREPARO: **15 MINUTOS**

1 cebola pequena em fatias
um pouco de manteiga
2 colheres (sopa) de óleo
300 g de lentilha cozida
200 g de de couve-flor em buquês pequenos
2 ramos de coentro fresco picado, mais 2 para decorar
3 colheres (sopa) de água quente
sal e pimenta-do-reino moída na hora

1 Coloque a cebola, a manteiga e um pouco de óleo numa tigela. Cubra com filme de PVC, fure o filme algumas vezes e leve ao micro-ondas em potência alta por 5 minutos.
2 Misture e recoloque no micro-ondas por mais 1-2 minutos, verificando sempre o ponto, até dourar bem. Deixe esfriar.
3 Enquanto isso, cozinhe a lentilha de acordo com as instruções da embalagem. Ferva a couve-flor até ficar macia, escorra e coloque numa tigela. Junte a lentilha, o coentro fresco e um pouco de água quente. Misture levemente e tempere com sal e pimenta.
4 Divida em dois pratos e cubra com a cebola. Decore com coentro e sirva com arroz basmati cozido.

técnica especial
COMO PREPARAR A COUVE-FLOR

1. Apoie o topo da couve-flor na tábua, com o talo para cima. Corte o talo e retire as folhas.

2. Com uma faca pequena, corte os buquês a partir do centro e retire a parte dura dos talos. Lave os buquês em água fria e escorra.

alimentos frugais — dia a dia

Nhoque com couve-flor, brócolis e queijo
2 PORÇÕES PREPARO: **30 MINUTOS**

400 g de nhoque
um punhado de couve-flor e outro de brócolis em buquês
um punhado de tomates-cereja cortados ao meio
350 g de molho branco (p. 160)
parmesão ralado
sal e pimenta-do-reino moída na hora

1 Cozinhe o nhoque em água fervente e sal, ou siga as instruções da embalagem. Enquanto isso, preaqueça o forno em temperatura alta.
2 Cozinhe a couve-flor e o brócolis em água fervente com sal por 5 minutos. Escorra o nhoque e os legumes e misture-os num refratário. Espalhe por cima os tomates-cereja e tempere com sal e pimenta a gosto.
3 Aqueça o molho branco no micro-ondas. Cubra o nhoque com o molho e polvilhe parmesão por cima. Tempere com pimenta e leve ao forno para dourar.

Penne à carbonara
2 PORÇÕES PREPARO: **7 MINUTOS**

4 fatias de bacon em tiras
350 g de molho branco pronto
250 g de penne
raspas de 1 limão-siciliano
um punhado de salsa picada
50 g de queijo de cabra fresco

1 Frite o bacon até ficar crocante.
2 Enquanto isso, aqueça o molho branco numa caçarola e ferva água com sal numa panela grande.
3 Cozinhe o penne em água fervente por 3-4 minutos, até ficar *al dente*.
4 Escorra e recoloque na panela. Misture o molho branco, o bacon, as raspas de limão e a maior parte da salsa.
5 Divida em dois pratos. Espalhe o queijo de cabra picado por cima e decore com salsa. Sirva na hora.

Penne à carbonara

dia a dia — **alimentos frugais**

Macarrão com queijo

Macarrão com queijo
4 PORÇÕES PREPARO: **30 MINUTOS**

600 ml de molho branco (p. 160)
200 g de queijo prato ralado
300 g de macarrãozinho (tipo minipenne)
2 colheres (sopa) de parmesão ralado na hora
sal e pimenta-do-reino moída na hora

1 Preaqueça o forno a 160°C. Unte um refratário grande que possa ir ao forno. Aqueça o molho branco e junte ¾ do queijo prato. Tempere com sal e pimenta a gosto.
2 Ferva água numa panela grande e coloque o macarrão. Misture bem e cozinhe por 8-10 minutos (ou siga as instruções da embalagem), mexendo às vezes.
3 Quando o macarrão estiver *al dente*, escorra numa peneira, chacoalhando para eliminar o excesso de água. Coloque o macarrão num refratário e espalhe por cima o molho branco. Salpique o parmesão.
4 Leve o refratário ao forno e cozinhe por 10-15 minutos, até a superfície dourar e o molho borbulhar nas laterais.

Espaguete com tomate e manjericão

Espaguete com tomate e manjericão
2 PORÇÕES PREPARO: **20 MINUTOS**

2 colheres (sopa) de azeite
1 cebola pequena picada
2 dentes de alho amassados
250 g de tomates-cereja
1 colher (chá) de açúcar
um punhado de manjericão fresco
200 g de espaguete
2 colheres (sopa) de parmesão ralado
sal e pimenta-do-reino moída na hora

1 Ferva uma panela grande com água e sal.
2 Enquanto isso, aqueça o azeite numa frigideira. Refogue a cebola por 5 minutos, mexendo até ficar macia. Junte o alho e deixe por alguns minutos. Acrescente os tomates. Tempere com um pouco de sal e pimenta e adicione o açúcar e uma parte do manjericão. Deixe ferver por 10 minutos.

3 Cozinhe o espaguete na água fervente por 8-10 minutos, ou siga as instruções da embalagem.
4 Escorra o espaguete e recoloque na panela. Espalhe o molho de tomate por cima e misture.
5 Distribua o espaguete nos pratos e polvilhe parmesão por cima. Decore com o manjericão restante.

Macarrãozinho de panela com presunto e alho-poró
4 PORÇÕES PREPARO: **25 MINUTOS**

300 g de presunto sem gordura em cubos
1 colher (sopa) de azeite
30 g de manteiga
3 alhos-porós médios picados
2 dentes de alho amassados
2 colheres (chá) de sálvia picada
350 g de macarrãozinho
1,2 litro de caldo de galinha ou de legumes quente
sal e pimenta-do-reino moída na hora

1 Numa frigideira grande, refogue o presunto no azeite e na manteiga até dourar. Diminua o fogo e misture o alho-poró. Cozinhe por 2 minutos, sem parar de mexer. Adicione o alho e a sálvia e deixe por mais 1 minuto.
2 Junte o macarrãozinho e continue mexendo por 1-2 minutos. Despeje caldo suficiente para cobrir os ingredientes. Tampe a panela e mantenha em fervura leve por 8-10 minutos. Mexa de vez em quando e adicione mais caldo, se preciso, até ficar *al dente*. Tempere com sal e pimenta e sirva.

Risoto verde com bacon
4 PORÇÕES PREPARO: **30 MINUTOS**

um pouco de manteiga
2 colheres (sopa) de azeite
2 cebolas grandes em fatias
350 g de arroz arbório
250 ml de vinho branco
750 ml-1 litro de caldo de galinha quente
150 g de bacon
200 g de verduras, como espinafre e escarola

Macarrãozinho de panela com presunto e alho-poró

35 g de parmesão ralado
sal e pimenta-do-reino moída na hora

1 Aqueça a manteiga e 1 colher (sopa) de azeite numa panela funda e refogue as cebolas por 5 minutos, até ficarem macias.
2 Junte o arroz e cozinhe por alguns minutos. Adicione aos poucos o caldo, uma concha por vez, esperando o líquido ser absorvido antes de adicionar outra concha (p. 46).
3 Enquanto isso, aqueça o restante do azeite numa frigideira e frite o bacon até ficar crocante. Junte os legumes e refogue por 5 minutos, até murcharem.
4 Quando o risoto estiver pronto, misture o bacon e os legumes. Tempere com sal e pimenta e polvilhe parmesão por cima.

dica especial
VERDURAS
Use folhas que possam ser cozidas e fiquem bem em risotos, como espinafre, couve, escarola, acelga e repolho.

dia a dia   alimentos frugais

Risoto indiano de sardinha
2 PORÇÕES PREPARO: **30 MINUTOS**

....

1 receita de Arroz pulao (p. 63)
200 g de sardinha em lata escorrida (ou fresca, se preferir)
50 g de manteiga
4 cebolinhas picadas
2 ovos cozidos cortados em quartos
folhas de coentro picadas
sal e pimenta-do-reino moída na hora

....

1 Aqueça o arroz no micro-ondas de acordo com as instruções da embalagem.
2 Enquanto isso, retire a pele da sardinha e corte em pedaços grandes.
3 Derreta a manteiga numa panela grande e refogue a cebolinha por 2 minutos. Junte a sardinha, o arroz e os ovos. Tempere com sal e pimenta.
4 Quando estiver bem quente, salpique o coentro. Divida em duas porções.

Bolinhos de atum
4 PORÇÕES PREPARO: **20 MINUTOS**

....

óleo para fritar
1 cebola picada
cebolinha picada
500 g de purê de batata
2 latas de atum em água (cerca de 400 g)
4 bolachas de água e sal quebradas
4 colheres (sopa) de maionese
4 colheres (sopa) de molho tártaro (p. 212)
sal e pimenta-do-reino moída na hora
1 limão-siciliano para servir

....

> Os bolinhos feitos em casa são mais saborosos e econômicos do que os prontos.

1 Aqueça um pouco de óleo numa frigideira e refogue a cebola até ficar macia.
2 Transfira para uma tigela e misture com a cebolinha, o purê e o atum escorrido. Tempere bem com sal e pimenta. Molde 8 bolinhos e passe-os pela bolacha bem quebrada até ficarem cobertos.
3 Frite os bolinhos dos dois lados até dourarem e seque em papel-toalha.
4 Misture a maionese com o molho tártaro e acrescente mais cebolinha. Sirva com os bolinhos e gomos de limão.

Espaguete com atum e limão
2 PORÇÕES PREPARO: **20 MINUTOS**

....

250 g de espaguete
9 colheres (sopa) de azeite extravirgem
2 cebolas picadinhas
1 dente de alho em lâminas
1 pimenta vermelha picada
185 g de atum em lata escorrido
suco de 1 limão-siciliano pequeno
um punhado de salsa picada
sal e pimenta-do-reino moída na hora

....

1 Ferva água com sal numa panela grande. Cozinhe o espaguete, escorra e recoloque na panela.
2 Enquanto isso, faça o molho. Aqueça 4 colheres (sopa) de azeite numa panela em fogo médio e refogue as cebolas e o alho por 2 minutos. Acrescente a pimenta vermelha e refogue por mais 2 minutos.
3 Junte o atum, o limão e a salsa e misture. Regue com o restante do azeite, que substitui o molho na receita. Misture e aqueça por 1 minuto, até ficar bem quente. Junte o espaguete e tempere com sal e pimenta-do-reino a gosto. Divida em 2 pratos e sirva salpicado com parmesão, se quiser.
SUGESTÃO DE BEBIDA Este prato simples combina com um vinho branco fresco acessível, como os italianos Verdicchio e Soave.

Risoto indiano
de sardinha

dia a dia — alimentos frugais

Cozido de linguiça com feijão-branco

Patê de presunto com mostarda
4 PORÇÕES PREPARO: **15 MINUTOS**
MAIS **12 HORAS NA GELADEIRA**

200 g de manteiga
1 peça de 250 g de presunto sem gordura
1 colher (sopa) cheia de mostarda de Dijon
¼ de colher (chá) de noz-moscada ralada
½ colher (chá) de sálvia picada
4-8 folhas de sálvia pequenas (opcional)
sal e pimenta-do-reino moída na hora

1 Coloque a manteiga numa panelinha em fogo baixo e deixe derreter um pouco. Umedeça um pedaço de musselina ou outro tecido fino e forre uma peneira posicionada sobre uma tigela. Despeje a manteiga para filtrá-la, tomando cuidado para deixar resíduos maiores na panelinha. Você deve obter uma manteiga líquida e clara. Descarte os resíduos da panela e da peneira.
2 Bata o presunto no liquidificador ou processador e, enquanto bate, adicione aos poucos ¾ da manteiga filtrada, até formar uma pasta. Tempere com a mostarda, a noz-moscada e a sálvia (reserve 4 folhas para decorar). Se quiser, acrescente sal e pimenta. (Para uma pasta mais texturizada, bata metade do presunto, pique o restante e misture.)
3 Distribua em 4 ramequins e decore cada um com 1 folha de sálvia. Se quiser, distribua manteiga por cima para formar uma camada fina. Leve à geladeira até a manteiga firmar (cerca de 30 minutos), depois cubra os potes com papel-alumínio e deixe na geladeira de um dia para o outro antes de servir.

Cozido de linguiça com feijão-branco
4 PORÇÕES PREPARO: **20 MINUTOS**

8 linguiças de porco temperadas
   cortadas em pedaços
350 g de molho de tomate com bacon
2 tomates cortados em quartos
250 g de feijão-branco cozido
um punhado de salsa picada
sal e pimenta-do-reino moída na hora

1 Aqueça uma frigideira grande em fogo alto. Quando estiver quente, coloque as linguiças e grelhe por 5 minutos, mexendo até dourarem por igual.
2 Diminua o fogo e junte o molho de tomate. Adicione cerca de 150 ml de água e deixe ferver por 5 minutos.
3 Junte os tomates e o feijão e cozinhe por mais 3-4 minutos. Tempere com sal e pimenta a gosto e salpique a salsa. Sirva em pratos de sopa acompanhado com pão italiano ou batatas assadas.

> O patê fica uma delícia servido com torradinhas ou croûtons de pão italiano.

Costela de porco agridoce com molho crocante

6 PORÇÕES PREPARO: **1H20**

1,5 kg de costelas de porco em pedaços de 7,5 cm de comprimento
6 colheres (sopa) de shoyu
3 colheres (sopa) de kecap manis (molho de soja indonésio)
4 colheres (sopa) de mel
60 g de gengibre em rodelas
4 cebolinhas
3 colheres (sopa) de vinagre de arroz
sal e pimenta-do-reino moída na hora

Molho crocante
6 cebolinhas picadas
1 cenoura grande em tiras finas
1 pepino pequeno em tiras finas
2 colheres (sopa) de maionese
3 colheres (sopa) de azeite
suco de 1 limão-siciliano, mais gomos para servir

1 Coloque as costelas numa assadeira antiaderente grande. Misture o shoyu, o kecap manis e o mel numa tigela e espalhe sobre as costelas. Acrescente o gengibre, a cebolinha e o vinagre.
2 Coloque a assadeira sobre as bocas do fogão e despeje por cima 1 litro de água. Deixe ferver. Cubra com papel-alumínio e mantenha em fervura leve em fogo médio por 45 minutos, mexendo.
3 Misture os ingredientes do molho com sal e pimenta.
4 Retire e descarte o gengibre e as cebolinhas das costelas. Aumente o fogo para alto e cozinhe, sem tampa, por 30-40 minutos, até as costelas ficarem bem macias.
5 Coloque as costelas com o molho numa travessa e sirva com o molho à parte e gomos de limão.

dica **especial**
AO COMPRAR COSTELAS
Compre as costelas já separadas no supermercado ou peça para o açougueiro cortar uma costela grande em pedaços menores de 7,5 cm de comprimento.

Costela de porco agridoce com molho crocante

Fornada de linguiça com cebola

Fornada de linguiça com cebola
4 PORÇÕES PREPARO: **45 MINUTOS**

250 g de farinha de trigo, mais 1 colher (sopa) para o molho
½ colher (chá) de sal
4 ovos levemente batidos
300 ml de leite
4 colheres (sopa) de óleo de girassol ou azeite
8 linguiças
3 cebolas roxas cortadas em oito
2 colheres (sopa) de folhas de tomilho fresco
100 ml de vinho tinto
450 ml de caldo de galinha quente
mostarda em grão para servir

1 Preaqueça o forno a 200ºC. Peneire a farinha e o sal numa tigela. Abra uma cova no meio e despeje os ovos e o leite. Bata, incorporando a farinha, até obter uma massa.
2 Aqueça 1 colher (sopa) de óleo numa frigideira grande em fogo médio e refogue as linguiças. Cozinhe por 5 minutos, mexendo para dourar de todos os lados. Reserve. Coloque a cebola na panela e refogue por 8 minutos, acrescentando o tomilho na metade do tempo. Reserve também.
3 Ponha o óleo restante num refratário médio e aqueça no forno por 5 minutos. Disponha as linguiças e a cebola no refratário e despeje a massa por cima. Asse por 20-25 minutos até crescer e dourar.
4 Enquanto isso, leve a frigideira ao fogo médio-alto, coloque a colher (sopa) de farinha e mexa por 30 segundos. Adicione aos poucos o vinho e o caldo de galinha, batendo. Deixe cozinhar por 5 minutos, até reduzir à metade e virar um molho espesso. Mantenha aquecido em fogo baixo.
5 Sirva a fornada com o molho quente, um pouco de mostarda em grão e vagem cozida, se quiser.

dica especial
VERSÃO VEGETARIANA
Use linguiças vegetarianas encontradas em supermercados e lojas especializadas em produtos naturais. Use também caldo de legumes no molho.

Cogumelos assados com linguiça, bacon e tomate

6 PORÇÕES PREPARO: **35 MINUTOS**
MAIS **12 HORAS NA GELADEIRA**

6 cogumelos frescos grandes
75 g de manteiga em temperatura ambiente, mais um pouco para untar
1 colher (sopa) cheia de folhas de tomilho fresco
4 linguiças de porco sem a pele
100 g de bacon em tiras
1 tomate grande em cubinhos
6 colheres (sopa) de parmesão ralado
sal e pimenta-do-reino moída na hora

1 Preaqueça o forno a 170ºC. Pique os talos dos cogumelos, limpe bem os chapéus e coloque-os numa assadeira untada com a parte arredondada para baixo. Misture a manteiga, o tomilho e temperos a gosto e espalhe sobre os cogumelos. Espalhe também os cabos picados.
2 Corte a carne da linguiça em pedacinhos e distribua sobre os cogumelos. Junte porções de bacon e de tomate. Tempere com sal e pimenta.
3 Asse por 15 minutos, até o bacon e a linguiça dourarem bem e os cogumelos ficarem macios. Retire, polvilhe o queijo e leve ao forno de novo por 5 minutos.

dica especial
PREPARE ANTES
Este prato é ótimo para um brunch de domingo. Na noite anterior, prepare a receita até o passo 2, cubra e deixe na geladeira. Os cogumelos estarão prontos para ir ao forno no dia seguinte.

> O cogumelo absorve a umidade do recheio e ganha um sabor especial.

Cogumelos assados com linguiça, bacon e tomate

pratos rápidos

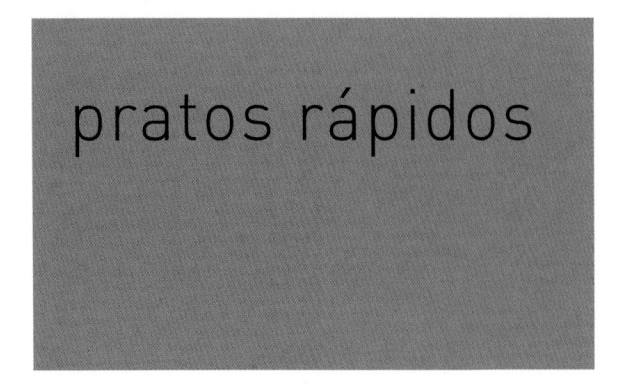

Arroz oriental com ovo e amendoim
4 PORÇÕES PREPARO: **20 MINUTOS**

2 ovos batidos
1 pimenta vermelha picada
2 colheres (sopa) de óleo
150 g de amendoim torrado com sal
cebolinha picada
225 g de arroz de grão longo cozido
100 g de ervilhas congeladas
2 colheres (sopa) de shoyu, mais
   um pouco para servir

1 Misture os ovos com a pimenta vermelha, sal e pimenta-do-reino a gosto. Aqueça metade do óleo numa wok ou frigideira grande em fogo médio. Despeje os ovos e cozinhe como uma panqueca até firmar e ficar amarelo-claro. Retire, enrole e corte em tiras. Reserve.
2 Coloque o restante do óleo e os amendoins na panela e refogue por 2 minutos. Junte a cebolinha, cozinhe por 1 minuto e misture depois o arroz, as ervilhas e o shoyu. Refogue até o arroz ficar quente. Sirva com o ovo e mais um pouco de shoyu.

Sopa tailandesa de camarão
2 PORÇÕES PREPARO: **15 MINUTOS**

375 g de macarrão de arroz
1 colher (chá) de óleo
um punhado de cogumelos shitake fatiados
1½ colher (sopa) de pasta tailandesa de
   curry vermelho
400 ml de leite de coco
um punhado de vagem ou ervilha-torta
   cortada ao meio
um punhado de minimilhos cortados ao meio
um punhado de aspargos picados
2 colheres (sopa) de nam pla
   (molho de peixe tailandês)
200 g de camarões cozidos sem a casca
coentro fresco e gomos de limão-siciliano
   para servir

1 Deixe o macarrão de molho em água quente de acordo com as instruções da embalagem. Escorra.
2 Enquanto isso, aqueça o óleo numa wok e refogue os cogumelos por 2 minutos. Junte a pasta de curry.
3 Adicione o leite de coco e ferva. Misture a vagem, os minimilhos, os aspargos, o molho de peixe e os camarões.
4 Cozinhe por mais 3 minutos e junte o macarrão. Sirva com coentro e gomos de limão.
SUGESTÃO DE BEBIDA Opte por um vinho Riesling da Alsácia ou um Gewurztraminer.

Macarrão frito com camarão
2 PORÇÕES PREPARO: **10 MINUTOS**

2 colheres (sopa) de óleo
1 ovo levemente batido
200 g de camarões cozidos sem a casca
120 g de molho chinês kung pao
40 g de amendoim torrado picado
um punhado de cebolinha picada
300 g de macarrão de arroz semipronto
gomos de limão para servir

1 Aqueça 1 colher (sopa) de óleo numa wok ou frigideira grande em fogo médio. Despeje o ovo e misture com cuidado para ficar "mexido". Retire e reserve.
2 Aqueça outra colher (sopa) de óleo e refogue os camarões com o molho por 1 minuto. Junte os amendoins e ¾ da cebolinha.
3 Coloque o ovo mexido na panela, adicione o macarrão e misture bem por 1 minuto. Distribua em pratos e decore com o restante da cebolinha. Sirva com gomos de limão.

Macarrão frito com camarão

Farfalle com caranguejo e limão
2 PORÇÕES PREPARO: **20 MINUTOS**

150 g de ervilhas congeladas e vagem
150 g de farfalle (gravatinha)
1 colher (sopa) de óleo
2 cebolas pequenas picadas
um punhado de cebolinha picada
2 colheres (sopa) de creme de leite fresco
raspas e suco de 1 limão-siciliano
200 g de carne de caranguejo desfiada
gomos de limão-siciliano para servir

1 Ferva água com sal numa panelinha e cozinhe as ervilhas e vagens por 3 minutos. Escorra e passe sob água fria.
2 Ferva água com sal numa panela grande e cozinhe o farfalle até ficar *al dente*.
3 Enquanto isso, aqueça 1 colher (sopa) de óleo numa frigideira e refogue a cebola por 5 minutos, até ficar macia. Escorra e misture a cebolinha, as vagens, as ervilhas e a cebola refogada. Adicione o creme de leite, as raspas e o suco de limão e a carne de caranguejo.
4 Distribua nos pratos e sirva com gomos de limão.

Linguine cremoso com salmão
2 PORÇÕES PREPARO: **15 MINUTOS**

180 g de macarrão tipo linguine
1 colher (sopa) de azeite
1 cebola pequena picadinha
130 ml de creme de leite fresco
1 colher (sopa) de raiz-forte
raspas de 1 limão-siciliano
1 colher (sopa) de alcaparras escorridas
140 g de salmão defumado
um punhado de folhas de espinafre
sal e pimenta-do-reino moída na hora

1 Cozinhe o linguine em água fervente com sal por 8-10 minutos, até ficar *al dente*.
2 Enquanto isso, aqueça o azeite numa frigideira e refogue a cebola por 10 minutos, até ficar macia.

Farfalle com caranguejo e limão

3 Adicione o creme de leite, a raiz-forte e as raspas de limão. Cozinhe por 3 minutos e adicione um pouco de água, se preciso. Corte o salmão em tiras e misture com o molho cremoso. Misture também o espinafre e as alcaparras. Tempere com pimenta-do-reino.
4 Escorra o linguine e misture com o molho. Coloque nos pratos e sirva com gomos de limão-siciliano.

Salmão defumado com carpaccio de beterraba
4 PORÇÕES PREPARO: **15 MINUTOS**

100 g de alface-crespa em tiras grandes
300 g de beterraba cozida em fatias finas
125 g de salmão defumado em tiras
2 cebolas médias em rodelas finas
100 g de alcaparras frescas ou azeitonas verdes
1 maço de agrião
1½ colher (sopa) de mel
1 colher (sopa) de mostarda
1 colher (sopa) de vinagre de maçã
1 colher (sopa) de óleo de girassol
sal e pimenta-do-reino moída na hora

1 Distribua a alface e a beterraba em 4 pratos. Cubra com o salmão, a cebola, as alcaparras e o agrião.
2 Faça o molho. Coloque o mel, a mostarda, o vinagre, o óleo e 2 colheres (sopa) de água num pote limpo, tampe e agite para misturar. Tempere com sal e pimenta a gosto. Espalhe o molho sobre a salada e sirva na hora.

> O salmão é muito nutritivo: possui ômega-3 e bastante proteína.

Linguine cremoso com salmão

Salmão defumado com carpaccio de beterraba

dia a dia — pratos rápidos

Cuscuz de frango com queijo

Torta falsa de salmão e camarão
4 PORÇÕES PREPARO: **30 MINUTOS**

600 g de filé de salmão sem a pele
250 g de camarão grande
260 g de molho de limão, alcaparras e salsa
um punhado de ervilhas frescas
2-3 punhados de folhas de espinafre lavadas
185 g de massa folhada pronta
1 ovo batido
sal e pimenta-do-reino moída na hora

1 Preaqueça o forno a 200ºC. Corte o salmão em pedaços pequenos e coloque numa panela com os camarões. Misture o molho e tempere com sal e pimenta a gosto. Cozinhe em fogo médio e deixe ferver por 10 minutos, até o salmão cozinhar. Mexa poucas vezes para o salmão não desmanchar. Acrescente as ervilhas, cozinhe por 3 minutos, junte o espinafre e cozinhe mais um pouco, até as folhas murcharem. Ajuste o tempero.
2 Enquanto o salmão cozinha, asse a massa. Abra a massa e divida em 4. Coloque numa assadeira e marque cada parte com um xadrez, usando a ponta de uma faca. Pincele com ovo batido e leve ao forno por 10 minutos, até crescer e dourar. Divida o salmão com camarão entre 4 pratos aquecidos e cubra cada porção com uma folha de massa.

SUGESTÃO DE BEBIDA O manzanilla é o xerez mais seco e combina com este prato. Você pode escolher também um vinho branco seco, como o espanhol Rueda.

> Quase tudo o que é cozido em molho pode ser coberto por uma folha de massa antes de servir.

pratos rápidos — dia a dia

Cuscuz de frango com queijo
2 PORÇÕES PREPARO: **8 MINUTOS**

100 g de cuscuz marroquino (sêmola pré-cozida)
50 g de queijo branco picado
um punhado de folhas de hortelã
2 tomates
100 g de azeitonas
200 g de filés de frango temperados
  com sal e limão
gomos de limão-siciliano para servir

1 Coloque o cuscuz marroquino numa tigela grande. Despeje por cima 175 g de água fervente, misture e cubra com filme de PVC. Deixe descansar por 5 minutos.
2 Enquanto isso, pique os tomates e rasgue as folhas de hortelã. Quando o cuscuz tiver absorvido a água, solte os grãos com um garfo e misture o queijo, a hortelã, os tomates e as azeitonas.
3 Desfie o frango em pedaços grandes e misture ao cuscuz. Sirva com os gomos de limão.

Frango tailandês prático
4 PORÇÕES PREPARO: **30 MINUTOS**

200 ml de leite de coco
3 colheres (sopa) de pasta tailandesa
  de curry verde
2 colheres (sopa) de mel
suco de 1 limão
450 g de filezinhos de peito de frango
um punhado de coentro fresco picado,
  mais folhas para decorar
1 pimenta vermelha em tiras para decorar
sal

1 Despeje o leite de coco numa tigela rasa não metálica. Acrescente a pasta de curry, o mel e o limão e misture bem. Junte o frango, misture para cobrir com o molho e deixe marinar por 15 minutos.
2 Passe para uma panela e cozinhe em fogo brando por 12-15 minutos, até todo o frango cozinhar e o molho engrossar. Misture sal e o coentro.
3 Decore com folhas de coentro e a pimenta. Sirva com arroz basmati cozido.

Frango tailandês prático

dia a dia — pratos rápidos

Frango korma cremoso
4 PORÇÕES PREPARO: **25 MINUTOS**
MAIS **O TEMPO PARA DESCONGELAR**

1 porção de Molho de curry básico (p. 167)
2 colheres (sopa) de óleo de amendoim
4 filés de frango em cubos
50 g de amêndoas moídas
100 ml de creme de leite batido
25 g de amêndoas torradas em lâminas

1 Descongele o molho de curry de um dia para o outro. Aqueça o óleo numa panela grande e cozinhe o frango até dourar por inteiro.
2 Acrescente à panela as amêndoas moídas, o creme de leite e 100 ml de água. Cozinhe em fogo brando por 15 minutos, até o molho ficar cremoso e espesso.
3 Distribua em 4 pratos aquecidos, salpique as amêndoas em lâminas e sirva com pão sírio salpicado com coentro fresco, ou com arroz basmati e espinafre refogado, se quiser.

Frango tikka masala

Frango tikka masala
4 PORÇÕES PREPARO: **15 MINUTOS**

500 g de molho de tomate
2 colheres (sopa) de pasta de curry tikka masala
400 g de frango em tiras cozido
140 ml de creme de leite
um punhado de coentro fresco picado

1 Aqueça o molho numa frigideira funda em fogo médio até começar a borbulhar. Adicione a pasta de curry e cozinhe por mais 1 minuto.
2 Junte o frango e o creme de leite. Deixe o molho ferver e cozinhe por 4-5 minutos, mexendo às vezes, até o frango aquecer bem.
3 Misture o coentro e sirva com arroz basmati e pão sírio aquecido.

Tagine de cordeiro
4 PORÇÕES PREPARO: **20 MINUTOS**

1 colher (sopa) de azeite
4 filés de perna de cordeiro
1 cebola roxa grande cortada em fatias
400 g de molho árabe tagine (de preferência de erva-doce e damasco)
150 g de grão-de-bico cozido
100 g de berinjelas temperadas e grelhadas em fatias
um punhado de damasco seco picado
coentro fresco picado
raspas de ½ limão-siciliano
sal e pimenta-do-reino moída na hora
cuscuz marroquino para servir

1 Aqueça o azeite numa panela. Tempere o cordeiro com sal e pimenta e grelhe por 4-5 minutos de cada lado. Retire e mantenha aquecido.
2 Enquanto isso, coloque a cebola na mesma panela e refogue por 5 minutos, até ficar macia. Despeje o molho por cima, ferva e misture o grão-de-bico e a berinjela. Acrescente o damasco e deixe ferver por 4 minutos.
3 Espalhe o molho sobre o cordeiro e salpique o coentro e as raspas de limão. Sirva com o cuscuz marroquino quente.

Frango korma cremoso

dia a dia — pratos rápidos

Bistecas com damasco
2 PORÇÕES PREPARO: **15 MINUTOS**

2 bistecas de porco
1 colher (sopa) de azeite
20 g de manteiga
2 cebolas picadas
um punhado de damascos secos picados
1 colher (sopa) de sálvia fresca picada
100 ml de vinho branco
5 colheres (sopa) de geleia de damasco
450 g de purê de batata
sal e pimenta-do-reino moída na hora

1 Preaqueça uma chapa ou frigideira em temperatura média. Tempere as bistecas com sal e pimenta a gosto e grelhe por 4 minutos de cada lado, até ficarem bem cozidas. Retire e deixe descansar por 2 minutos.
2 Enquanto isso, aqueça o azeite e a manteiga numa frigideira. Refogue a cebola por 5 minutos, até ficar macia. Acrescente o damasco e a sálvia e cozinhe por 3 minutos.
3 Despeje o vinho branco e deixe cozinhar até reduzir à metade. Adicione a geleia e um pouco de água e cozinhe por 2 minutos.
4 Aqueça o purê. Sirva as bistecas com o purê e o molho de damasco e, se quiser, espinafre refogado.

Torta rápida de carne com purê de batata
2 PORÇÕES PREPARO: **15 MINUTOS**

250 g de carne moída
1 cebola pequena picada
1 lata de 415 g de feijão no molho de tomate (ou 200 g de feijão cozido com molho de tomate)
2 colheres (sopa) de molho inglês
1 colher (sopa) de ervas secas
450 g de purê de batata
sal e pimenta-do-reino moída na hora
ervilhas cozidas para servir

1 Aqueça uma frigideira grande em fogo alto. Coloque a carne e a cebola e cozinhe, mexendo, por 3-4 minutos.

2 Misture o feijão com molho de tomate, o molho inglês, as ervas e tempere com sal e pimenta a gosto. Adicione um pouco de água e deixe cozinhar por 3-4 minutos, até o molho engrossar. Passe para um refratário de 1,2 litro.
3 Enquanto isso, preaqueça o forno em temperatura alta. Aqueça o purê e espalhe bem sobre a carne no refratário. Leve ao forno por alguns minutos para dourar. Sirva com as ervilhas.

Estrogonofe de carne prático
4 PORÇÕES PREPARO: **20 MINUTOS**

225 g de arroz branco
500 g de filé de boi cortado em tirinhas
1 colher (chá) de pimentas variadas moídas
1 colher (sopa) de azeite
1 cebola em rodelas finas
150 g de champignons frescos cortados ao meio
280 ml de creme de leite fresco
1 colher (chá) de páprica
sal e pimenta-do-reino moída na hora

1 Cozinhe o arroz. Enquanto isso, tempere a carne com sal e pimenta e reserve.
2 Aqueça o azeite numa frigideira grande em fogo médio e refogue a cebola por 3-4 minutos, até ficar macia mas sem ganhar cor. Junte os champignons e cozinhe por mais 5 minutos.
3 Aumente o fogo e junte a carne. Frite por 4-5 minutos. Acrescente 3-4 colheres (sopa) de água e deixe ferver.
4 Misture a maior parte do creme de leite e metade da páprica. Cozinhe até aquecer bem. Ajuste o tempero. Distribua o estrogonofe nos pratos, cubra com o creme de leite restante. Tempere com o restante da páprica e com pimenta-do-reino e sirva com o arroz.

dica especial
TOQUE DIFERENTE
Se quiser um sabor diferente, use creme de leite ou iogurte com gotas de limão em lugar do creme de leite fresco.

Estrogonofe de carne prático

dia a dia — pratos rápidos

Refogado oriental de carne com brócolis e castanha de caju

Chilli rápido com arroz
2 PORÇÕES PREPARO: **20 MINUTOS**

1 colher (sopa) de azeite
1-2 alhos-porós picados
uma pitada de pimenta em flocos
600 g de sopa pronta de carne com legumes
250 g de feijão-roxinho cozido
salsa picada
arroz de grão longo para servir

1 Aqueça o azeite numa panela em fogo médio. Refogue o alho-poró por 5 minutos, até ficar macio.
2 Adicione a pimenta em flocos e a sopa de carne e continue a cozinhar até ferver. Mantenha em fervura leve.
3 Escorra o feijão e passe na água. Amasse ⅓ dos grãos e acrescente à panela junto com o feijão inteiro. Aqueça por 5 minutos, até engrossar e ferver.
4 Salpique salsa e sirva com arroz e, se quiser, creme de leite com gotas de limão.

Refogado oriental de carne com brócolis e castanha de caju
4 PORÇÕES PREPARO: **15 MINUTOS**

2 colheres (sopa) de óleo
2 contrafilés (200 g cada) sem gordura cortados em tiras
2 dentes de alho em lâminas finas
2,5 cm de gengibre em tiras finas
50 g de castanhas de caju (sem sal) picadas
3 colheres (sopa) de molho suave de pimenta
1 colher (sopa) de ketchup
3 colheres (sopa) de molho de soja claro
uma pitada de pimenta em flocos
200 g de brócolis chinês ou comum

1 Aqueça o óleo numa wok ou frigideira grande em fogo alto. Refogue metade da carne por 3 minutos, depois refogue a outra metade. Retire e reserve.
2 Junte o alho, o gengibre e as castanhas e refogue por mais 1 minuto. Adicione em seguida o molho de pimenta, o ketchup, o molho de soja, a pimenta em flocos e 100 ml de água. Deixe ferver,

pratos rápidos — dia a dia

abaixe o fogo e cozinhe por 2 minutos. Acrescente o brócolis e refogue por mais 2 minutos. Coloque a carne de volta na panela e aqueça bem. Sirva com arroz branco ou Arroz oriental com ovo e amendoim (p. 144).

Carne teriyaki com macarrão oriental
2 PORÇÕES PREPARO: **10 MINUTOS**

2 colheres (sopa) de óleo de gergelim
300 g de alcatra cortada em tiras
100 g de minimilhos
100 g de ervilha-torta
1 cenoura cortada em palitinhos
300 g de macarrão oriental semipronto
220 g de castanha portuguesa cozida
150 ml de molho teriyaki
biscoitos de camarão para servir

1 Aqueça 1 colher (sopa) de óleo numa wok em fogo alto. Refogue a carne por 2 minutos, até dourar bem. Retire e reserve.
2 Acrescente outra colher de óleo à panela e também os minimilhos, a cenoura e a ervilha-torta. Refogue por 2-3 minutos.
3 Junte o macarrão, separando bem os fios, as castanhas, o molho teriyaki e um pouco de água. Recoloque a carne na panela e refogue por mais 1-2 minutos, até ficar bem quente. Divida em 2 pratos e sirva com biscoitos de camarão.

técnica **especial**
COMO FAZER PALITINHOS DE CENOURA

1. Raspe a casca da cenoura e corte-a em três partes para que fique mais fácil de manusear. Corte cada parte em palitos, no sentido do comprimento.

2. Empilhe dois ou três palitos e passe a faca várias vezes, cortando assim os palitinhos finos.

Carne teriyaki com macarrão oriental

Chilli rápido com arroz

para congelar

Cenoura e mandioquinha na manteiga com mel
6 PORÇÕES PREPARO: **55 MINUTOS**

600 g de cenoura
600 g de mandioquinha
30 g de manteiga
3 colheres (sopa) de mel
sal e pimenta-do-reino moída na hora

1 Descasque a cenoura e a mandioquinha e corte no sentido do comprimento, depois ao meio, se forem grandes. Coloque numa panela grande com água fervente e cozinhe por 3-4 minutos. Escorra e disponha uma camada numa assadeira para secar e esfriar. Coloque no freezer por 2 horas, depois coloque em sacos plásticos e congele por até 1 mês.
2 Preaqueça o forno a 170ºC. Coloque a manteiga e o mel numa assadeira grande e aqueça no forno por 5 minutos. Espalhe a cenoura e a mandioquinha na assadeira, misture e acrescente uma pitada de sal e bastante pimenta. Leve ao forno por 30 minutos, até dourarem e ficarem macias.

Batata assada com alecrim
6 PORÇÕES PREPARO: **1H45**

1,5 kg de batata
4 colheres (sopa) de óleo de girassol
1 ramo grande de alecrim (folhas à parte), mais alguns ramos pequenos para decorar
sal marinho

1 Corte as batatas ao meio ou em quartos, dependendo do tamanho. Cozinhe numa panela grande com água fervente por 7 minutos. Escorra e recoloque na panela para secar. Chacoalhe a panela para amassar um pouco as pontas das batatas. Espalhe numa assadeira e deixe esfriar. Quando esfriar, leve ao freezer por 2 horas. Coloque depois em sacos plásticos e congele por até 1 mês.
2 Preaqueça o forno a 180ºC. Aqueça o óleo numa assadeira grande por 5 minutos, até ficar bem quente. Acrescente as batatas congeladas e as folhas de alecrim. Misture e leve ao forno por 1h10, virando as batatas na metade do tempo. Salpique ramos de alecrim e sal marinho e sirva.

Ratatouille
6 PORÇÕES PREPARO: **45 MINUTOS**

4 colheres (sopa) de azeite, mais um pouco para regar
3 dentes de alho picados
1 kg de tomate fresco picado
2 cebolas roxas cortadas em cubos de 3 cm
3 pimentões vermelhos cortados em cubos de 3 cm
2 berinjelas cortadas em cubos de 3 cm
4 abobrinhas cortadas em cubos de 3 cm
15 g de orégano fresco (folhas picadas)
um punhado grande de salsa picada
sal e pimenta-do-reino moída na hora

1 Preaqueça o forno a 180ºC. Coloque o azeite, o alho, o tomate e os vegetais numa única camada em duas assadeiras. Misture, tempere com sal e pimenta e asse por 45 minutos, até ficarem macios.
2 Misture o conteúdo das duas assadeiras, regue com azeite e tempere com o orégano e a salsa.
3 Para congelar, divida em três porções de 600 g e coloque em recipientes de 1 litro. Congele por até 1 mês. Retire do freezer e descongele por cerca de 6 horas antes de usar.

Ratatouille

Torta cremosa de cogumelos com castanhas

4 PORÇÕES PREPARO: **30 MINUTOS**

- 100 g de manteiga derretida
- 2 alhos-porós em fatias
- 2 dentes de alho amassados
- 750 g de cogumelos frescos fatiados
- 150 ml de vinho branco seco
- 200 g de castanhas portuguesas cozidas picadas
- 140 ml de creme de leite
- suco de ½ limão-siciliano pequeno
- folhas de alguns ramos de tomilho
- 8 folhas de massa filo fresca
- sal e pimenta-do-reino moída na hora

1 Derreta 40 g da manteiga numa frigideira grande e funda em fogo médio. Junte os alhos-porós e o alho e refogue por 3-4 minutos, mexendo às vezes, até começarem a amaciar.
2 Acrescente os cogumelos, aumente o fogo e refogue por 2-3 minutos, até murcharem um pouco. Junte o vinho e deixe ferver até evaporar quase tudo. Diminua o fogo para médio-baixo e misture as castanhas, o creme de leite, o limão e metade das folhas de tomilho. Deixe cozinhar em fogo baixo por alguns minutos, até o molho reduzir um pouco. Tempere com sal e pimenta a gosto. Transfira para um recipiente de 1,5 litro próprio para o freezer e deixe esfriar bem.
3 Junte o tomilho com a manteiga restantes. Use para pincelar metade das folhas de massa. Coloque 1 folha não pincelada sobre outra pincelada e pincele com mais manteiga. Corte todos os pares de folhas ao meio para obter 8 quadrados. Distribua os quadrados

> Prefira cogumelos frescos, que têm sabor mais marcante.

Torta cremosa de cogumelos com castanhas

lado a lado sobre o recheio, formando uma cobertura texturizada.
4 Cubra com filme de PVC, rotule e leve ao freezer por até 1 mês.
5 Quando for consumir a torta, descongele em temperatura ambiente por 8 horas, ou na geladeira por 24 horas. Deixe ficar 2 horas em temperatura ambiente. Asse a 170ºC por 25 minutos, até a massa dourar e o recheio borbulhar. Sirva com legumes.
SUGESTÃO DE BEBIDA Combine a torta com um vinho Pinot Noir francês suave e aromático.

Tortinhas com cobertura de queijo e cebola
6 PORÇÕES PREPARO: **1H15**

farinha para polvilhar
500 g de massa para torta pronta
um pouco de manteiga
2 colheres (sopa) de azeite
3 cebolas grandes cortadas ao meio e em rodelas finas
2 colheres (sopa) de folhas de tomilho fresco
1 colher (sopa) de açúcar mascavo
700 g de batatas cortadas em quartos
100 g de creme de leite fresco
6 colheres (sopa) de geleia de frutas vermelhas
400 g de camembert sem a casca cortado em cubos
sal e pimenta-do-reino moída na hora

1 Preaqueça o forno a 180ºC. Abra a massa numa superfície enfarinhada até ficar com 2 mm de espessura. Corte 6 círculos de massa para forrar 6 forminhas de torta de 10 cm de diâmetro. Junte os retalhos e abra de novo a massa. Leve à geladeira enquanto prepara o recheio.
2 Aqueça a manteiga e o azeite numa frigideira em fogo baixo. Refogue as cebolas por 15 minutos, até ficarem bem macias. Junte o tomilho e o açúcar e cozinhe por mais 5 minutos. Retire e deixe esfriar.
3 Enquanto isso, cozinhe a batata em água fervente com sal por 12-15 minutos, até ficar macia. Escorra e recoloque a batata na panela em fogo baixo para secar. Amasse a batata junto com o creme de leite e bastante sal e pimenta.
4 Fure a base da massa das forminhas com um garfo e coloque papel-alumínio amassado ou feijão cru por cima para assar de maneira uniforme. Asse por 15 minutos, retire o papel ou o feijão e asse por mais 5 minutos. Deixe esfriar um pouco. (Não desligue o forno se quiser comer as tortas na hora.)
5 Coloque a cebola sobre a massa das tortinhas e espalhe 1 colher (sopa) de geleia por cima de cada uma. Distribua o camembert nas tortinhas e cubra com o purê e um pouco de manteiga.
6 Para consumir as tortinhas na hora, asse-as por 15-20 minutos. Para congelar, coloque-as em recipientes próprios para freezer e congele por até 3 meses. Quando quiser consumi-las, preaqueça o forno a 180ºC. Recoloque as tortinhas nas fôrmas e asse por 30 minutos, até a batata dourar e o recheio borbulhar de quente.
SUGESTÃO DE BEBIDA Vinhos brancos frescos da Alsácia casam muito bem com tortinhas. Experimente um Pinot Blanc ou um Riesling.

Lasanha de escarola com queijo
6 PORÇÕES PREPARO: **1 HORA**

750 g de escarola ou espinafre
500 g de massa para lasanha fresca
25 g de manteiga
50 g de parmesão ralado
sal e pimenta-do-reino moída na hora

Molho
1 cebola pequena cortada ao meio
4 cravos-da-índia
900 ml de leite
2 folhas de louro frescas
quatro pitadas de noz-moscada ralada na hora
2 ramos de tomilho fresco
1 colher (chá) de pimenta-do-reino moída na hora
60 g de manteiga
60 g de farinha de trigo
125 g de queijo gruyère ou prato ralado

1 Faça primeiro o molho (veja ao lado). Finque os cravos na cebola e coloque na panela com o leite, o louro, um pouco de noz-moscada, o tomilho e a pimenta. Ferva e cozinhe por 5 minutos. Deixe descansar por 20 minutos para os sabores se fundirem.
2 Em outra panela, derreta a manteiga e adicione a farinha. Cozinhe por 2-3 minutos, mexendo até obter um creme espumoso. Esta etapa retira o sabor característico da farinha. Retire do fogo. Coe o leite na panela e leve ao fogo até ferver, sem parar de mexer. Não se preocupe se de início parecer que vai empelotar. Bata até obter um creme brilhante. Diminua o fogo e continue mexendo por 4-5 minutos, até engrossar. Adicione o queijo e misture. Retire e reserve.
3 Retire o talo da escarola, enrole as folhas juntas e corte em tiras finas com uma faca afiada. Pique o talo e coloque no escorredor. Cozinhe no vapor por 5 minutos, mexendo na metade do tempo, até ficar macio. Acrescente as tiras de escarola e cozinhe no vapor por mais 3 minutos. Deixe descansar para escorrer e esfriar.
4 Cozinhe a massa de lasanha de acordo com as instruções da embalagem. Reserve. Derreta a manteiga numa panela e refogue a escarola por 1 minuto. Tempere com sal e pimenta a gosto. (Se usar espinafre, não é preciso refogar.) Faça camadas de lasanha, escarola e molho branco num refratário de 2,5 litros que possa ir ao forno. Finalize com uma camada de molho.
5 Salpique por cima o parmesão e deixe esfriar. Cubra com filme de PVC ou com uma tampa e coloque num saco plástico grande. Feche, rotule e leve ao freezer.
6 Para consumir, passe para a geladeira 24 horas antes. No dia seguinte, preaqueça o forno a 180°C. Asse por 50 minutos, até borbulhar. Sirva com salada.

técnica especial
MOLHO BRANCO

1. Finque os cravos na cebola. Coloque numa panela com leite e adicione as ervas. Ferva e cozinhe por 5 minutos. Deixe esfriar.

2. Em outra panela, derreta a manteiga em fogo baixo. Acrescente a farinha e cozinhe por 2-3 minutos, mexendo com uma colher de pau.

3. Retire a panela do fogo. Coe o leite e bata até ficar cremoso. Leve o molho de volta ao fogo e bata enquanto aquece.

4. Bata até ferver. Diminua o fogo e cozinhe por 5 minutos, mexendo sem parar. Tempere a gosto.

Folhados de salmão à tailandesa
4 PORÇÕES PREPARO: **35 MINUTOS**

125 g de manteiga em temperatura ambiente
1 colher (sopa) de pasta tailandesa de curry vermelho
raspas finas de 1 limão
um punhado de coentro fresco picado
12 folhas de massa filo fresca
4 filés de salmão sem a pele (125 g cada)
sal e pimenta-do-reino moída na hora

1 Numa tigelinha, misture metade da manteiga com o curry, o limão e o coentro. Tempere com sal e pimenta, embrulhe em filme de PVC e molde em formato de bastão. Leve ao freezer por 20 minutos para firmar.
2 Derreta a manteiga restante numa panelinha em fogo baixo. Corte a massa filo em retângulos de 26 x 18 cm. Pincele um retângulo com um pouco da manteiga. Cubra com outro retângulo, pincele de novo e finalize com mais um retângulo. Repita até obter quatro pilhas de massa.
3 Coloque um filé de salmão no centro de cada pilha de massa. Corte a manteiga em pedaços e coloque duas sobre cada filé. Puxe as duas bordas laterais da massa sobre o recheio e feche. Coloque numa assadeira e pincele com manteiga.
4 Leve ao freezer por 2 horas, até firmar. Armazene depois em sacos plásticos e deixe no freezer por até 2 meses.
5 Antes de consumir, preaqueça o forno a 180ºC com a assadeira dentro para aquecer. Coloque os folhados na assadeira quente e asse por 25 minutos, até dourarem. Sirva com legumes refogados.

Coxas de frango com gengibre e mel
4 PORÇÕES PREPARO: **1H10**

3 cm de gengibre fresco ralado
3 dentes de alho amassados
6 colheres (sopa) de molho de soja claro
6 colheres (sopa) de mel
suco de 1 limão-siciliano
8 coxas de frango
1 colher (sopa) de óleo
700 g de verdura refogada

1 Numa tigela grande, misture o gengibre, o alho, o molho de soja, o mel e o limão. Acrescente as coxas à tigela com a marinada. Reserve por 20 minutos, ou de um dia para outro, se quiser.
2 Preaqueça o forno a 180ºC. Retire o frango da marinada (e reserve o molho) e disponha numa assadeira grande em uma única camada. Asse por 20 minutos, vire as coxas e pincele com o molho reservado. Deixe por mais 20 minutos, até cozinhar e dourar.
3 Deixe esfriar e leve ao freezer em recipiente próprio para congelamento.
4 Retire do congelador as coxas que for usar e reaqueça no micro-ondas até pipocarem. Sirva com arroz e verduras refogadas, como ervilha-torta e minimilhos.

SUGESTÃO DE BEBIDA Para as crianças, sirva um suco de maçã. Para os adultos, um vinho Chenin Blanc bem seco é o ideal.

Folhados de salmão à tailandesa

dia a dia — para congelar

Frango ao molho branco

Frango ao molho branco
8 PORÇÕES PREPARO: **1 HORA**

2 colheres (sopa) de óleo
4 colheres (sopa) de manteiga em temperatura ambiente
8 peitos de frango em cubos
1 cebola grande picadinha
2 dentes de alho amassados
150 ml de vinho branco seco
4 folhas de louro frescas
3 ramos de tomilho (folhas à parte)
3 colheres (sopa) de farinha de trigo
700 ml de caldo de galinha quente
75 ml de creme de leite
sal e pimenta-do-reino moída na hora

1 Aqueça o óleo e 1 colher (sopa) de manteiga numa frigideira grande. Tempere o frango com sal e pimenta e frite, uma porção por vez, em fogo médio-alto, até dourar. Retire e reserve.
2 Coloque a cebola na panela e refogue um pouco, sem deixar mudar de cor, até ficar macia. Acrescente o alho e refogue por mais 30 segundos. Adicione o vinho e as ervas, tampe a panela e cozinhe por 10 minutos.
3 Retire a tampa e deixe ferver em fogo alto até reduzir a 1 colher (sopa). Misture ao frango reservado.
4 Adicione a manteiga restante na panela e deixe derreter. Junte a farinha e misture para fazer uma pasta. Cozinhe por 5 minutos, até dourar levemente. Adicione aos poucos o caldo quente, mexendo até ficar espesso.
5 Coloque o frango na panela. Tampe e cozinhe por 5 minutos em fogo baixo. Adicione o creme de leite. Ajuste o tempero e deixe esfriar.
6 Reparta o frango entre três recipientes próprios para congelamento, rotule e deixe no freezer por até 3 meses. Cada porção descongela em 8 horas, ou de um dia para o outro na geladeira. Sirva com arroz e verduras refogadas, ou use como recheio para Torta de frango com ervilhas e bacon (p. 62).

Lombo cremoso com maçã
8 PORÇÕES PREPARO: **45 MINUTOS**

4 colheres (sopa) de óleo
8 bifes de lombo de porco
4 maçãs cortadas em oito
400 g de cebolas redondinhas cortadas ao meio
4 talos de aipo em fatias diagonais
500 ml de champanhe (ou vinho branco)
200 ml de creme de leite fresco
10 folhas de sálvia picadas
sal e pimenta-do-reino moída na hora

1 Divida metade do óleo em duas frigideiras grandes e aqueça em fogo alto. Tempere os bifes com sal e pimenta e frite quatro em cada frigideira, deixando por 2 minutos de cada lado. Retire e coloque em dois pratos separados.
2 Divida as maçãs entre as duas frigideiras, diminua o fogo e cozinhe por 3-4 minutos, virando na metade do tempo, até dourar. Reserve com o lombo.
3 Divida o restante do óleo, as cebolas e o aipo entre as panelas. Refogue por 10 minutos, mexendo de vez em quando, até ficarem macios. Adicione aos poucos o champanhe ou vinho às duas panelas e ferva por 5 minutos para reduzir. Divida o lombo e as maçãs entre as panelas. Deixe ferver por mais 5 minutos, virando os bifes na metade do tempo.
4 Retire as panelas do fogo e divida o creme de leite e a sálvia entre elas. Se quiser servir uma porção na hora, recoloque uma das panelas no fogo e cozinhe por mais 3-4 minutos, até o lombo cozinhar bem e o molho engrossar. Distribua em pratos e sirva com purê de batata e vagens cozidas.
5 Para congelar, coloque em recipientes próprios para congelamento e deixe esfriar. Congele por até 1 mês. Transfira para a geladeira 24 horas antes de servir e reaqueça numa frigideira em fogo médio por 10 minutos, até borbulhar.
SUGESTÃO DE BEBIDA Experimente com um vinho branco seco, como um Vouvray francês. Um champanhe suave também vai muito bem com o prato.

Lombo cremoso com maçã

Linguiça e cogumelos na cerveja

8 PORÇÕES PREPARO: **40 MINUTOS**

1 colher (sopa) de óleo
16 linguiças de porco
2 cebolas grandes em fatias
2 talos de aipo picados
12 tiras de bacon picadas
2 colheres (sopa) de farinha de trigo
2 colheres (sopa) de extrato de tomate
1 lata de cerveja
300 ml de caldo de carne quente
250 g de champignons frescos cortados ao meio
3 colheres (sopa) de salsa fresca picada para decorar
sal e pimenta-do-reino moída na hora

1 Aqueça o óleo numa panela grande em fogo médio-alto. Coloque as linguiças e frite por 6-8 minutos, mexendo até dourarem de todos os lados. Retire e reserve.
2 Junte as cebolas, o aipo e o bacon e refogue por 6-8 minutos, até ficarem macios. Misture a farinha e o extrato de tomate e cozinhe por mais 1 minuto. Despeje a cerveja, ferva e cozinhe por mais 2 minutos, até reduzir. Adicione o caldo, ferva novamente e recoloque as linguiças na panela. Acrescente os champignons. Cozinhe por 5 minutos, mexendo de vez em quando, e tempere com sal e pimenta a gosto.
3 Para congelar, transfira para dois recipientes próprios para congelamento. Deixe esfriar, rotule e congele por até 3 meses. Para consumir metade na hora: recoloque metade do cozido na panela e cozinhe por mais 10 minutos, até as linguiças cozinharem e o molho engrossar. Decore com salsa e sirva com purê de batata.
4 Antes de usar, descongele na geladeira 24 horas antes. Transfira para uma panela e cozinhe em fogo médio por 10 minutos, mexendo de vez em quando, até borbulhar.
SUGESTÃO DE BEBIDA Uma cerveja gelada casa bem com este prato, mas experimente também um vinho Merlot francês ou chileno.

Linguiça e cogumelos na cerveja

para congelar dia a dia

Mussaca de cordeiro com cobertura de queijo
8 PORÇÕES PREPARO: **1H35**

4 berinjelas grandes (cerca de 1,3 kg)
azeite para pincelar
1 kg de carne de cordeiro moída
2 cebolas grandes picadas
4 dentes de alho amassados
4 colheres (sopa) de extrato de tomate
1 colher (chá) de canela em pó
1½ colher (sopa) de ervas secas
800 g de tomates picados
sal e pimenta-do-reino moída na hora

Cobertura
2 ovos grandes
500 g de iogurte natural
200 g de queijo feta ou branco picado
25 g de parmesão ralado
pimenta-do-reino moída na hora

Mussaca de cordeiro com cobertura de queijo

1 Preaqueça o forno a 200ºC. Corte as berinjelas em fatias finas diagonais. Pincele um dos lados com azeite e distribua em dois refratários. Asse por cerca de 20 minutos, virando na metade do tempo. Pincele com mais azeite e deixe no forno até dourarem. Diminua a temperatura do forno para 180ºC.
2 Enquanto isso, aqueça uma panela grande em fogo alto. Quando estiver quente, coloque a carne e mexa com uma colher de pau por 5 minutos. Junte as cebolas e o alho e refogue por mais 5 minutos, até a carne dourar e a cebola ficar macia. Escorra para eliminar o excesso de gordura e recoloque na panela.
3 Adicione o extrato de tomate, a canela e as ervas à carne e refogue por mais 1 minuto. Junte os tomates picados e 100 ml de água. Tempere com sal e pimenta e deixe ferver por 15 minutos, mexendo de vez em quando, até a maior parte do líquido evaporar.
4 Enquanto isso, faça a cobertura. Misture os ovos com o iogurte e adicione o queijo. Tempere bem com pimenta.
5 Faça as camadas da mussaca. Distribua metade da carne entre dois refratários (1,75 litro cada) que também possam ir ao freezer. Coloque metade das berinjelas em cada e cubra com mais carne. Cubra com berinjelas e espalhe o iogurte por cima, alisando para deixar uniforme. Polvilhe com parmesão.
6 Para congelar: deixe um dos refratários esfriar e congele por até 1 mês. Se quiser consumir a outra mussaca na hora, leve ao forno por 35-40 minutos, até borbulhar e dourar. Cubra com papel-alumínio na metade do tempo se estiver dourando demais. Retire, distribua em pratos para servir e sirva com ervilhas ou uma salada.
7 Para reaquecer: descongele na geladeira 24 horas antes de usar, depois deixe ficar em temperatura ambiente. Leve ao forno preaquecido a 180ºC por 45 minutos, até borbulhar.
SUGESTÃO DE BEBIDA Um vinho tinto grego encorpado e moderno é uma ótima combinação.

165

Cordeiro keema
4 PORÇÕES PREPARO: **45 MINUTOS**

1 kg de carne de cordeiro moída
2 cebolas picadinhas
4 dentes de alho picados
8 tomates picados
4 colheres (sopa) de pasta de curry
400 ml de leite de coco

1 Aqueça uma panela grande. Coloque a carne, a cebola e o alho e frite por 5 minutos.
2 Misture os tomates, o curry e o leite de coco. Mantenha em fervura leve por 30 minutos.
3 Para servir na hora: sirva metade com arroz e decore com coentro fresco. Para congelar: deixe esfriar e transfira para um recipiente grande próprio para congelamento. Tampe e congele por até 3 meses. Descongele em temperatura ambiente, passe para uma panela e acrescente um pouco de água. Aqueça por 5-10 minutos, até borbulhar.

Almôndegas de cordeiro ao curry
4-6 PORÇÕES PREPARO: **1H30**

2 colheres (sopa) de sementes de coentro
1 colher (sopa) de sementes de cominho
2 colheres (chá) de açafrão em pó
2 colheres (chá) de garam masala
½ colher (chá) de pimenta-de-caiena
6 colheres (sopa) de óleo de girassol
4 cebolas médias picadinhas
4 dentes de alho amassados
2 pimentas vermelhas picadas
2,5 cm de gengibre ralado
2 colheres (sopa) de extrato de tomate
600 ml de caldo de cordeiro quente
1 pau de canela de 7,5 cm
6 cravos-da-índia
8 bagas de cardamomo abertas
25 ml de leite de coco
700 g de carne de cordeiro moída
3 colheres (sopa) de coentro fresco picado, mais algumas folhas para decorar
1 ovo médio batido
sal e pimenta-do-reino moída na hora

1 Aqueça uma panela grande em fogo alto. Coloque as sementes de coentro e de cominho e agite a panela por alguns segundos até escurecerem um pouco e liberarem o aroma. Passe para um pilão e amasse até virar pó. Misture o açafrão, o garam masala e a pimenta-de-caiena.
2 Aqueça o óleo numa panela grande. Misture as cebolas e o alho e frite em fogo baixo por 7-10 minutos, até dourarem levemente. Junte as pimentas vermelhas, um pouco de sal e pimenta-do-reino e cozinhe em fogo baixo por mais 5 minutos. Coloque metade numa tigela e deixe esfriar. Enquanto isso, adicione o gengibre, o extrato de tomate, o caldo, a canela, os cravos, o cardamomo e o leite de coco à panela. Deixe ferver em fogo baixo.
3 Ponha a carne, o coentro picado, o ovo batido e um pouco de sal na tigela com os ingredientes reservados e misture com as mãos. Molde bolinhos do tamanho de bolinhas de golfe e coloque no molho fervente na panela. Tampe parcialmente a panela e cozinhe por 30 minutos, mexendo com cuidado às vezes, até o molho reduzir e engrossar. Coloque as almôndegas num recipiente plástico e deixe esfriar. Tampe, rotule e leve ao freezer por até 1 mês.
4 Um dia antes de servir, transfira para a geladeira para descongelar. No dia seguinte, coloque numa panela e ferva por 15-20 minutos, mexendo na metade do tempo, até borbulhar. Sirva com coentro fresco e arroz basmati.

técnica *especial*
COMO MOER ESPECIARIAS

1. Aqueça uma panela até ficar quente. Coloque as especiarias, diminua o fogo e deixe os grãos dourarem e liberarem aroma.

2. Coloque os grãos torrados num pilão e amasse em movimentos circulares para triturar os grãos e liberar os sabores.

Molho de curry básico

4 PORÇÕES PREPARO: **25 MINUTOS**

3 cebolas grandes picadas
12 dentes de alho picados
8 cm de gengibre picado
2 colheres (chá) de sementes de cominho
2 colheres (chá) de sementes de erva-doce
2 folhas de louro
1 pau de canela
6 colheres (sopa) de óleo de amendoim
1 colher (sopa) de coentro em pó
1 colher (sopa) de açafrão em pó
2 colheres (sopa) de extrato de tomate
1 colher (chá) de sal

1 Coloque a cebola, o alho e o gengibre no processador e bata até formar uma pasta.
2 Aqueça uma frigideira antiaderente grande, coloque as sementes de cominho e de erva-doce, as folhas de louro e a canela e toste por 1 minuto (isso fará com que liberem os aromas). Acrescente o óleo e, quando estiver quente, junte a pasta do processador, refogando por 10-15 minutos, até dourar bem.
3 Acrescente as especiarias, o extrato de tomate e o sal e despeje 600 ml de água. Deixe ferver por 10 minutos, até engrossar.
4 Espere esfriar bem e divida em 3 recipientes próprios para congelamento. Rotule e congele por até 3 meses. Descongele cada porção conforme precisar. Use para fazer o Frango korma cremoso (p. 150) e o Rogan josh de cordeiro (p. 80).

Molho de curry básico

Cordeiro keema

dia a dia — **para congelar**

Ragu de carne
8 PORÇÕES PREPARO: **1H25**

1 colher (sopa) de azeite
12 tiras de bacon picadas
3 cebolas grandes picadas
4 talos de aipo picados
6 dentes de alho amassados
4 folhas de louro
2 kg de carne moída sem gordura
4 colheres (sopa) de extrato de tomate
2 colheres (chá) de ervas secas
400 ml de vinho tinto
600 ml de caldo de carne quente
800 g de tomates picados
sal e pimenta-do-reino moída na hora

1 Esquente o azeite em duas panelas grandes em fogo alto. Refogue metade do bacon em cada panela por 3-4 minutos, até dourar. Divida também a cebola, o aipo, o alho e o louro entre as panelas e cozinhe em fogo médio por 5 minutos, mexendo. Retire com escumadeira e reserve.
2 Recoloque as duas panelas no fogo. Quando estiverem quentes, coloque 1 kg de carne em cada uma e mexa com uma colher de pau. Cozinhe, por 6-8 minutos, mexendo de vez em quando, até dourar. Recoloque o bacon e os legumes nas panelas e misture bem.
3 Reparta o extrato de tomate e as ervas entre as duas panelas e cozinhe, mexendo, por 1 minuto. Despeje metade do vinho tinto em cada uma e ferva até reduzir à metade. Divida agora o caldo e os tomates. Tempere com sal e pimenta e ferva. Diminua o fogo, tampe parcialmente as panelas e cozinhe por 45 minutos, mexendo até engrossar. Deixe esfriar e descarte as folhas de louro.
4 Divida o ragu já frio em três sacos plásticos herméticos e coloque em três recipientes próprios para congelamento. Leve ao freezer até congelar e retire os sacos dos recipientes. Deixe congelar até 3 meses.
5 Para descongelar, retire do freezer e deixe em temperatura ambiente por 8 horas, ou na geladeira por 24 horas. Use como molho de macarrão, ou como base para chilli e lasanha. Use também para fazer os Nachos mexicanos (p. 223).

Carne picante com sopa de beterraba
6-8 PORÇÕES PREPARO: **2H20**

2 colheres (sopa) de azeite
1 kg de filé de boi em cubinhos
2 cebolas grandes picadinhas
4 dentes de alho picados
2 colheres (sopa) de páprica picante
2 colheres (chá) de sementes de cominho
500 g de batata em cubinhos
800 g de tomates picados
1,5 litro de caldo de carne
4 beterrabas médias
2 colheres (sopa) de dill fresco picado
4 colheres (sopa) de salsa fresca picada
sal e pimenta-do-reino moída na hora
creme de leite (ou iogurte) com gotas de limão, pão italiano ou de centeio e queijo prato picado para servir

1 Preaqueça o forno a 180ºC. Aqueça o azeite numa panela grande e doure a carne. Retire e reserve.
2 Coloque a cebola e o alho na panela e refogue em fogo baixo por 3-4 minutos. Junte a páprica e as sementes de cominho e cozinhe por mais 1 minuto. Adicione as batatas, misturando bem com os temperos, e cubra com a carne, os tomates e o caldo. Tempere com sal e pimenta, tampe e cozinhe em fogo baixo por 1h30, até a carne ficar macia e o molho reduzir e engrossar.
3 Enquanto isso, embrulhe a beterraba com papel-alumínio e asse por 40 minutos, até ficar bem macia. Retire do papel, deixe esfriar, descasque e corte em cubos de 1 cm.
4 Quando a carne estiver cozida, misture a beterraba e retire do fogo. Deixe esfriar bem e divida em recipientes próprios para congelamento. Mantenha no freezer por até 2 meses.
5 Descongele na geladeira de um dia para o outro e reaqueça bem. Misture as ervas e distribua em pratos fundos com uma porção de creme de leite (ou iogurte) com limão. Sirva com pão e salpique queijo prato por cima, para derreter.

Ragu de carne

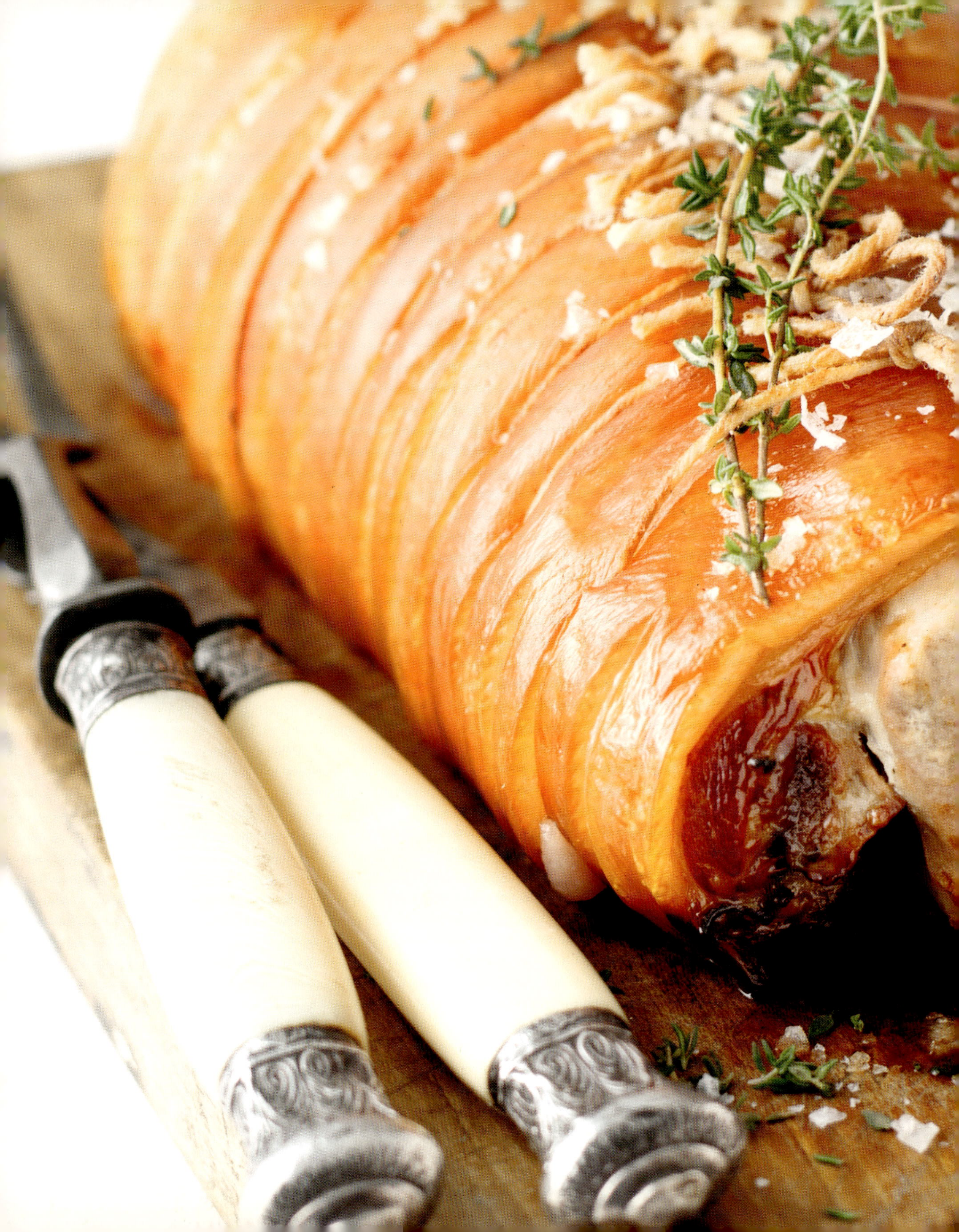

3

ocasiões
especiais

- para receber os amigos
- estrelas da mesa
- para as crianças
- ao ar livre

para receber os amigos

Sopa com cuscuz marroquino
6 PORÇÕES DE **ENTRADA** PREPARO: **1 HORA**

2 colheres (sopa) de azeite
450 g de contrafilé sem gordura em cubos
2 cebolas pequenas picadas
2 dentes de alho amassados
1 cenoura em cubinhos
2 talos de aipo em cubos
1 colher (sopa) de harissa, mais um pouco para servir
2 colheres (chá) de farinha de trigo
1,2 litro de caldo de legumes quente
1 lata de 400 g de tomates pelados
75 g de damascos secos
900 g de abóbora cortada em cubinhos
sal e pimenta-do-reino moída na hora

Cuscuz marroquino
175 g de cuscuz marroquino
300 ml de caldo de legumes quente
2 tomates em cubos
2 colheres (sopa) de hortelã picada

1 Aqueça o azeite numa panela pesada em fogo médio-alto. Refogue o contrafilé por 5 minutos, até dourar bem. Retire com a escumadeira e reserve.
2 Coloque as cebolas e o alho na panela, diminua o fogo e refogue por 5 minutos, até ficarem macios. Acrescente a cenoura e o aipo, cubra e cozinhe por 5 minutos, até amolecerem um pouco. Misture a harissa e a farinha e cozinhe por mais 2 minutos. Adicione aos poucos o caldo de legumes.
3 Junte os tomates e os damascos e ferva. Cubra e mantenha em fervura leve por 20 minutos. Tempere bem com sal e pimenta.
4 Adicione a abóbora e o filé reservado. Cubra e cozinhe por cerca de 25 minutos, mexendo às vezes, até a abóbora e a carne amolecerem.
5 Enquanto isso, prepare o cuscuz marroquino. Coloque-o numa tigela grande. Despeje por cima o caldo quente, cubra e deixe descansar por 5 minutos para absorver o líquido. Solte os grãos com um garfo e misture os tomates e a hortelã. Tempere com sal e pimenta.
6 Para servir, distribua a sopa em pratos aquecidos e coloque 1 colher (sopa) de cuscuz no centro. Sirva com harissa à parte.

Suflê de queijo de cabra
6 PORÇÕES DE **ENTRADA** PREPARO: **50 MINUTOS**

50 g de manteiga
40 g de farinha de trigo
300 ml de leite
150 g de queijo de cabra picado
3 colheres (sopa) de cebolinha picada
3 ovos grandes (claras e gemas separadas)
50 ml de creme de leite
25 g de parmesão ralado
sal e pimenta-do-reino moída na hora

1 Preaqueça o forno a 160ºC. Derreta a manteiga numa panela e pincele o interior de seis ramequins de 250 ml. Junte a farinha à manteiga que restou na panela e cozinhe por 2 minutos, mexendo sem parar.
2 Adicione aos poucos o leite, ferva e cozinhe por 3-4 minutos, até ficar espesso. Retire do fogo e misture o queijo, a cebolinha e as gemas. Bata bem e tempere com sal e pimenta.
3 Bata as claras em neve. Incorpore 1 colher (sopa) de clara ao preparado de queijo e adicione o restante aos poucos. Distribua nos ramequins, enchendo bem, e passe o dedo ao redor das bordas, pois isso ajuda o suflê a crescer. Coloque os ramequins numa assadeira com água fervente até a metade dos potes. Asse por 15-20 minutos, retire e deixe esfriar.

4 Preaqueça o forno a 200ºC. Passe uma faca nas laterais dos suflês e desenforme-os numa assadeira. Espalhe creme de leite sobre eles, polvilhe parmesão e asse por 10 minutos. Sirva na hora.
SUGESTÃO DE BEBIDA Experimente um vinho suave Sauvignon Blanc da Califórnia.

Folhados de camembert
4 PORÇÕES DE **ENTRADA** PREPARO: **30–35 MINUTOS**

375 g de massa folhada
1 camembert redondo (150 g)
4 colheres (sopa) de pimentões assados cortados em tiras (veja p. 103 ou use pimentões em conserva)
pimenta-do-reino
folhas frescas de tomilho picadas
1 gema

1 Preaqueça o forno a 180ºC com a assadeira dentro. Abra a massa numa superfície enfarinhada e corte em quatro pedaços iguais.
2 Corte o camembert em quatro. Coloque cada quarto no centro de um pedaço de massa e cubra com 1 colher (sopa) cheia de pimentões.
3 Tempere com pimenta e salpique folhas de tomilho.
4 Bata a gema de ovo com um pouco de água. Pincele as bordas com um pouco de ovo batido, dobre a massa sobre o recheio e feche, formando um folhado retangular. Pressione as bordas com um garfo para fechar bem e pincele os folhados com mais ovo batido. Se quiser, salpique tomilho por cima para decorar.
5 Coloque os folhados na assadeira preaquecida e asse por 15-20 minutos, até dourarem.

> Corte os folhados ainda quentes: eles revelarão o recheio cremoso.

Sopa com cuscuz marroquino

Folhados de camembert

ocasiões especiais — para receber os amigos

Tarte Tatin de cebola roxa com creme de parmesão

Potinhos de camarão com picles

Tarte tatin de cebola roxa com creme de parmesão
4 PORÇÕES DE **ENTRADA** PREPARO: **55 MINUTOS**

2 cebolas roxas médias
75 g de açúcar, mais um pouco para polvilhar
1 colher (chá) de manteiga, mais um pouco para pincelar
farinha de trigo para polvilhar
250 g de massa folhada
salsa picada
sal e pimenta-do-reino moída na hora

Creme de parmesão
1 colher (chá) de manteiga
4 cebolinhas picadas
100 ml de creme de leite
100 g de parmesão ralado

1 Para o creme de parmesão, derreta a manteiga numa panela e refogue as cebolinhas por 2 minutos. Acrescente o creme de leite e ferva. Retire do fogo e misture o parmesão até derreter. Quando esfriar, tempere com sal e pimenta a gosto.
2 Preaqueça o forno a 180ºC. Descasque as cebolas e corte-as ao meio. Coloque numa panelinha com água fervente e sal e cozinhe por 10 minutos. Retire do fogo e deixe esfriar.
3 Coloque o açúcar numa caçarola e misture a manteiga. Derreta em fogo médio, até caramelizar um pouco. Junte as cebolas com o lado cortado para baixo e cozinhe por 2 minutos, até caramelizarem levemente.
4 Distribua o caldo da panela em quatro forminhas de torta redondas com aro removível (8 x 2 cm) e coloque meia cebola em cada uma, com o lado cortado para baixo. Deixe esfriar.
5 Abra a massa numa superfície enfarinhada e corte 4 círculos de 10 cm de diâmetro, um pouco maiores que as fôrmas. Cubra as cebolas com os círculos de massa, pressionando nas laterais. Fure a massa com o garfo e pincele com manteiga derretida. Salpique com açúcar e asse por 15 minutos, até a massa ficar crocante e caramelizada.
6 Reaqueça o creme de parmesão e distribua nos pratos. Vire as tortas em cima do creme e salpique com salsa. Sirva o restante do creme à parte.

Potinhos de camarão com picles
6 PORÇÕES DE **ENTRADA** PREPARO: **2 HORAS**

500 g de manteiga com sal
½ colher (chá) de pimenta-de-caiena
1 colher (chá) de noz-moscada ralada na hora
600 g de camarões miúdos
torradas para servir
pimenta-do-reino moída na hora

Picles
1 pepino
25 g de açúcar
75 ml de vinagre de arroz ou
   vinagre branco
½ colher (chá) de sal

1 Coloque 200 g da manteiga numa panela de fundo grosso, junte a noz-moscada e bastante pimenta. Derreta a manteiga em fogo baixo, acrescente os camarões, retire do fogo e reserve.
2 Enquanto isso, derreta a manteiga restante numa panelinha em fogo baixo. Retire e reserve até uma camada límpida se formar na superfície, e os resíduos da manteiga ficarem no fundo.
3 Divida os camarões entre 2 ramequins de 150 ml, pressionando-os contra o fundo. Espalhe por cima a camada límpida de manteiga, tomando cuidado para que ela fique sobre os camarões e não se deposite no fundo. Descarte resíduos mais sólidos. Cubra e leve à geladeira por 1h30 para firmar.
4 Enquanto isso, faça o picles. Coloque o açúcar e o vinagre numa panelinha em fogo médio e mexa até o açúcar dissolver. Retire e deixe esfriar.
5 Corte o pepino em fatias finas (use o processador, se quiser), coloque numa tigela e salpique o sal por cima. O sal fará o pepino liberar o líquido mais amargo, deixando-o mais suave e macio. Deixe por 10 minutos, passe na água e retire. Misture o pepino ao vinagre com açúcar e deixe descansar por 20 minutos. Retire os potinhos de camarão e espere chegarem à temperatura ambiente.
6 Retire o pepino do molho e sirva 1 colher (sopa) com cada potinho de camarão e algumas torradas.

Salada oriental de truta com espinafre
2 PORÇÕES DE **ENTRADA** PREPARO: **40 MINUTOS**

500 g de batatas em cubos
2 ovos grandes
½ colher (chá) de sementes de cominho
½ colher (chá) de sementes de coentro
½ colher (chá) de gengibre em pó
2 cravos-da-índia
uma pitadinha de açafrão
2 trutas defumadas inteiras ou
   4 filés de truta defumada
1 colher (sopa) de manteiga
1 colher (sopa) de azeite
100 g de espinafre
suco de 1 limão-siciliano e
   gomos para decorar

1 Cozinhe as batatas em água fervente com sal até começarem a ficar macias. Retire, espalhe numa travessa para esfriarem e reserve. Enquanto isso, coloque os ovos numa panela com água fria, leve ao fogo e cozinhe por 5 minutos. Descasque os ovos, corte-os ao meio e reserve.
2 Numa frigideira grande, torre as especiarias por 1 minuto para que liberem seus aromas. Use um pilão para moê-las e reserve.
3 Aqueça a manteiga e o azeite numa frigideira até começar a pipocar. Junte as batatas e as especiarias moídas, aumente o fogo e frite por 7-8 minutos, até as batatas ficarem crocantes nas pontas e liberarem um ótimo aroma. Acrescente a truta defumada e mexa para misturar bem.
4 Retire e misture as batatas com truta ao espinafre e aos ovos cozidos numa saladeira. Esprema o limão por cima. Ajuste o tempero e sirva na hora com gomos de limão.

ocasiões especiais · para receber os amigos

Tortinhas de carne com pinholes

##Ravióli de salmão com manteiga de dill
2 PORÇÕES DE **ENTRADA** PREPARO: **45 MINUTOS**
MAIS **30 MINUTOS NA GELADEIRA**

....

125 g de filés de salmão defumado
150 g de ricota
2 colheres (sopa) de cebolinha picada
3 colheres (sopa) de dill fresco picado
suco de 1 limão-siciliano
25 g de manteiga
sal e pimenta-do-reino moída na hora

Massa
150 g de farinha de trigo especial
¼ de colher (chá) de sal
1 ovo batido, mais a gema de 1 ovo grande
1 colher (chá) de azeite

1 Bata o salmão no liquidificador ou processador com a ricota. Transfira para uma tigela e misture a cebolinha, metade do dill e do limão. Tempere a gosto com sal e pimenta.
2 Para fazer a massa, peneire a farinha e o sal numa superfície limpa. Faça um buraco no centro. Bata o ovo, a gema e o azeite e despeje no buraco. Use a ponta dos dedos para incorporar a farinha em movimentos circulares, criando uma massa. Adicione um pouco de água se ficar muito seco. Molde uma bola e amasse por 5 minutos, até ficar lisa e macia. Embrulhe em filme de PVC e leve à geladeira por 30 minutos.
3 Divida a massa em quatro partes, separe uma e reserve as outras, cobrindo-as com um pano de prato limpo para não secar. Abra a massa numa mesa enfarinhada até ficar com 45 cm de comprimento e 12 cm de largura. Polvilhe com farinha e reserve. Abra as outras partes de massa da mesma forma.
4 Separe 2 tiras de massa e espalhe 4 colheres (sopa) cheias do recheio de salmão, deixando espaços iguais entre elas. Pincele as bordas da massa com água. Posicione a outra massa aberta sobre esta e sele as bordas. Corte quatro círculos ao redor dos recheios, fazendo raviólis grandes. Repita com as outras duas massas, fazendo ao todo 8 raviólis. (Você pode fazer um dia antes e deixar na geladeira.)
5 Sirva 2 ou 4 raviólis para cada convidado. Se forem 2, congele os demais e sirva outro dia (veja abaixo). Para cozinhá-los, ferva água com sal numa panela grande e coloque os raviólis. Quando subirem à superfície (cerca de 30 segundos), deixe por mais 2 minutos até ficarem macios, mas ainda *al dente*. Escorra.
6 Derreta a manteiga numa frigideira pequena, esprema o limão e junte o restante do dill. Misture bem. Distribua os raviólis nos pratos, cubra com porções da manteiga e sirva.

dica *especial*
COMO CONGELAR O RAVIÓLI
Deixe-o no freezer até endurecer, retire e coloque num recipiente hermético. Armazene por até 3 meses. Cozinhe em água fervente com sal.

Vieiras com bacon, radicchio e avelãs
2 PORÇÕES DE **ENTRADA** PREPARO: **20 MINUTOS**

6 vieiras grandes
6 fatias finas de bacon
6 ramos de alecrim fresco
um pouco de manteiga
1 radicchio pequeno picado
2 colheres (sopa) de azeite extravirgem
1 colher (sopa) de vinagre balsâmico
3 colheres (sopa) de avelãs torradas picadas

1 Embrulhe cada vieira num pedaço de bacon e fixe com um ramo de alecrim (como se fosse um palito). Se estiver fazendo com antecedência, deixe na geladeira até o momento de cozinhar.
2 Derreta a manteiga numa frigideira grande em fogo alto. Refogue as vieiras por 2 minutos de cada lado, até dourarem e o bacon ficar crocante.
3 Numa tigela, misture o radicchio com o azeite, o vinagre, as avelãs e temperos a gosto. Distribua em dois pratos, coloque as vieiras por cima e cubra com o molho da panela.

Presunto cru com figo e mussarela de búfala
6 PORÇÕES DE **ENTRADA** PREPARO: **25 MINUTOS**

6 bolinhas de mussarela de búfala
6 figos
6 fatias de presunto cru
3 tomates
6 colheres (sopa) de azeite extravirgem
2 colheres (sopa) de vinagre balsâmico
salada verde
óleo para pincelar
sal e pimenta-do-reino moída na hora

1 Escorra a mussarela e seque em papel-toalha. Corte os figos ao meio no sentido do comprimento. Recheie com uma bolinha de mussarela. Coloque os figos recheados sobre as fatias de presunto e embrulhe-os, formando seis "pacotes".
2 Corte os tomates ao meio e retire as sementes, depois corte em cubos e reserve. Bata o azeite com o vinagre, sal e pimenta. Distribua a salada em 6 pratos e cubra com os tomates em cubos.
3 Pincele uma chapa com um pouco de óleo. Grelhe os figos em fogo baixo por 8-10 minutos, até o presunto começar a ficar crocante e o queijo derreter. Se preferir, coloque os figos numa assadeira e leve ao forno a 170ºC por 8-10 minutos.
4 Coloque um figo em cada prato e regue com o molho de vinagre balsâmico. Sirva na hora, enquanto o queijo está quente.

Tortinhas de carne com pinholes
8 PORÇÕES DE **ENTRADA** PREPARO: **40 MINUTOS**

150 g de carne moída
150 g de carne de porco moída
1 cebola picadinha
1 colher (sopa) de sementes de erva-doce
1 dente de alho amassado
1 colher (sopa) de orégano
750 g de massa folhada pronta
8 colheres (chá) de geleia ou chutney de cebola
125 g de mussarela em cubos
25 g de parmesão ralado
2 colheres (sopa) de pinholes torrados
raminhos de alecrim
sal e pimenta-do-reino moída na hora

1 Preaqueça o forno a 180ºC. Coloque as carnes, a cebola, as sementes de erva-doce, o alho e o orégano numa tigela e tempere com sal e pimenta a gosto. Misture bem com as mãos.
2 Corte a massa em 8 quadrados iguais. Coloque em 2 assadeiras 4 quadrados, espalhe 1 colher (chá) de geleia ou chutney de cebola em cada um e cubra-os com uma porção do recheio. Vire as bordas para que o recheio não escape. Asse por 15 minutos e cubra com os queijos, os pinholes e o alecrim. Leve ao forno por mais 10 minutos.
SUGESTÃO DE BEBIDA Sirva um delicioso vinho Chianti Clássico da Toscana com esta entrada requintada.

ocasiões especiais | para receber os amigos

Camarões com linguiça crocante
8 PORÇÕES PREPARO: **50 MINUTOS**

24 rodelas finas de linguiça
24 camarões grandes
salsa picada
manjericão picado

Torradas
½ pão de fôrma (não fatiado) sem a casca
2 colheres (sopa) de azeite
2 colheres (chá) de azeite apimentado
sal

Acompanhamento
32 alhos-porós baby cortados no sentido do comprimento
2 dentes de alho amassados
150 ml de azeite extravirgem
raspas e suco de 1 limão-siciliano
sal e pimenta-do-reino moída na hora

1 Preaqueça o forno a 170ºC. Faça as torradas. Corte o pão em 8 quadrados de 8 cm de lado e 3 cm de espessura. Coloque numa assadeira, regue com os azeites e salgue. Asse por 12-15 minutos, virando de vez em quando, até dourarem. Deixe esfriar e armazene num recipiente hermético até a hora de servir.
2 Ferva os alhos-porós baby em água com sal por 2-3 minutos, até ficarem macios. Bata o alho, o azeite, as raspas e o suco de limão numa tigelinha não metálica e tempere com sal e pimenta a gosto. Escorra os alhos-porós e misture-os em seguida nesse molho. Deixe esfriar e leve à geladeira até o momento de servir.
3 Aqueça uma frigideira grande e pesada em fogo médio. Grelhe os pedaços de linguiça, numa única camada, por 2-3 minutos de cada lado, até ficarem crocantes e dourados. Retire com uma escumadeira e coloque sobre papel-toalha. Deixe esfriar e coloque em recipiente hermético até a hora de usar.
4 Refogue os camarões na gordura da linguiça que ficou na panela e deixe grelhar por 2-3 minutos de cada lado, até ficarem rosados e cozidos. Retire e deixe esfriar. Acrescente os alhos-porós e leve à geladeira.
5 Antes de servir, retire e deixe ficar em temperatura ambiente. Coloque uma torrada em cada prato e cubra com o alho-poró sem o molho. Espalhe rodelas de linguiça e camarões sobre o alho-poró e fixe-os com um palito. Acrescente as ervas ao molho que sobrou do alho-poró, misture e regue as torradas antes de servir.

Ensopado de caranguejo do Sri Lanka
4 PORÇÕES PREPARO: **1 HORA**

2 caranguejos grandes (como caranguejos-rei) limpos
3 cravos-da-índia
1 pau de canela ou ½ colher (chá) de canela em pó
1 colher (chá) de sementes de cominho
½ colher (chá) de sementes de coentro
½ colher (chá) de sementes de erva-doce
2 colheres (sopa) de óleo
3 dentes de alho picados
2 cebolas médias picadas
2 pimentas vermelhas picadas
400 ml de leite de coco
suco de 1 limão, mais gomos para servir
½ colher (chá) de mostarda em pó
3-4 folhas de curry ou de louro

1 Retire as patas dos caranguejos e reserve. Retire a carne e leve à geladeira até a hora de usar. (Você pode usar o restante do caranguejo para preparar o Bisque de caranguejo da p. 16).
2 Aqueça uma frigideira pequena e torre os cravos, a canela e as sementes de cominho, de coentro e de erva-doce por cerca de 1 minuto, até liberarem o aroma. Retire e reserve.
3 Numa panela grande, aqueça o óleo e refogue o alho, as cebolas e as pimentas. Se não gostar de comida muito picante (como é apreciada no Sri Lanka), retire as sementes das pimentas, ou use apenas 1 delas. Deixe cozinhar em fogo alto, mesmo que as cebolas grudem um pouco na panela. Acrescente o leite de coco mais uma garrafinha de água. Mantenha em fervura leve por 10-15 minutos.

para receber os amigos ocasiões especiais

4 Misture a carne de caranguejo com o limão e a mostarda e acrescente ao conteúdo da panela junto com as patas, os cravos, as sementes torradas e as folhas de curry ou louro. Mexa um pouco e aqueça bem. Ajuste o tempero e sirva em pratos de sopa decorados com uma pata de caranguejo e gomos de limão, se quiser.

Vieiras com molho vièrge
4 PORÇÕES PREPARO: **55 MINUTOS**

azeite para grelhar
12 vieiras grandes com corais

Molho
1 pimentão vermelho picado
80 ml de azeite extravirgem
25 ml de suco de limão-siciliano
50 g de tomates sem a pele nem sementes em cubos
8 folhas de manjericão picadinhas
sal e pimenta-do-reino moída na hora

1 Preaqueça o forno a 200ºC. Faça o molho. Asse os pimentões por 20-25 minutos até a pele escurecer e coloque num saco plástico para esfriar. Rasgue os pimentões ao meio e retire o talo, as sementes e a pele. Corte a polpa em cubos. Coloque numa panelinha com o azeite, o limão e o tomate. Tempere com sal e pimenta e reserve.
2 Aqueça uma frigideira antiaderente grande até começar a esfumaçar. Diminua o fogo para médio-alto e espalhe uma camada fina de azeite. Coloque as vieiras com o lado plano para baixo. Sele por 4 minutos, temperando enquanto grelham, e vire na metade do tempo. Pressione as vieiras para que dourem bem mas sem cozinhar demais no meio. Retire, cubra e reserve.
3 Esquente o molho em fogo baixo e junte o manjericão. Espalhe um pouco do molho no centro de 4 pratos aquecidos e coloque as vieiras sobre o molho. Sirva na hora.
SUGESTÃO DE BEBIDA Capriche no tema mediterrâneo com um vinho Chardonnay ou um Viognier Vin de Pays d'Oc do sul da França.

Camarões com linguiça crocante

Ensopado de caranguejo do Sri Lanka

ocasiões especiais — para receber os amigos

Mexilhões clássicos
4 PORÇÕES PREPARO: **20 MINUTOS**

50 g de manteiga
4 echalotas ou cebolas grandes picadas
1 dente de alho picado
1,75 kg de mexilhões limpos
  (veja abaixo)
50 ml de vinho branco seco
100 ml de creme de leite fresco
2 colheres (sopa) de estragão fresco picado,
  mais folhas para decorar
sal e pimenta-do-reino moída na hora

1 Derreta a manteiga numa panela grande em fogo médio. Refogue as echalotas ou cebolas e o alho até ficarem macios mas sem ganhar muita cor. Aumente o fogo, acrescente os mexilhões e o vinho e tampe a panela. Cozinhe em fogo alto por 3-4 minutos, agitando a panela às vezes, até todos os mexilhões abrirem. Retire os mexilhões com uma escumadeira e distribua em 4 cumbucas para servir. Descarte os que não estiverem abertos.
2 Recoloque a panela no fogo e ferva o líquido até reduzir à metade. Acrescente o creme de leite fresco, o estragão, sal e pimenta. Espalhe o molho (menos o que estiver no fundo da panela) sobre os mexilhões e decore com folhas de estragão. Sirva com fatias de baguete.

técnica **especial**
COMO LAVAR OS MEXILHÕES

1. Escove os mexilhões sob água corrente, eliminando qualquer resíduo. Descarte mexilhões abertos e quebrados.

2. Para retirar a "barba", segure a concha, vire os fios para um dos lados e puxe para retirar.

Lagosta à termidor
6 PORÇÕES PREPARO: **40 MINUTOS**

3 lagostas cozidas (700 g cada)
25 g de manteiga
3 echalotas ou cebolas grandes picadas
400 ml de caldo de peixe fresco
100 ml de vinho branco seco
100 ml de creme de leite
4 colheres (sopa) de ervas mistas (como salsa,
  cebolinha e dill), mais um pouco para decorar
uma pitada de pimenta-de-caiena
30 g de parmesão ralado
sal e pimenta-do-reino moída na hora

1 Prepare as lagostas. Retire as pinças e quebre-as: embrulhe-as num pano de prato limpo e bata com cuidado com um rolo. Abra o pano e retire a carne. Descarte as pernas.
2 Corte as lagostas ao meio no sentido do comprimento. Comece pela cabeça, entre os olhos, vire e corte até a cauda. Retire a carne e corte em pedaços. Junte com a carne das pinças numa tigela. Retire as ovas vermelhas e misture com a carne – elas têm um sabor excelente. Misture com cuidado.
3 Retire as vísceras e o intestino (aquele fio longo e preto).
4 Coloque as carcaças numa assadeira. Recheie com a carne, cubra e leve à geladeira até a hora de usar.
5 Faça o molho. Derreta a manteiga numa frigideira e refogue as echalotas ou cebolas por 3-4 minutos, até começarem a amaciar. Despeje o caldo e o vinho e ferva até reduzir à metade. Junte o creme de leite e cozinhe em fogo baixo por mais 5 minutos, até o molho ganhar consistência. Retire do fogo e misture as ervas e a pimenta. Tempere com sal e pimenta a gosto.
6 Preaqueça o forno em temperatura médio-alta. Espalhe o molho sobre as carcaças de lagosta e salpique o parmesão. Leve ao forno até dourar e borbulhar. Sirva na hora decoradas com ervas.

Robalo com presunto cru
4 PORÇÕES PREPARO: **35 MINUTOS**

2 colheres (sopa) de pasta de tomate seco
12 azeitonas pretas picadas
4 filés de robalo (200 g cada)
8 fatias de presunto cru
pimenta-do-reino moída na hora
salada de folhas temperada com azeite e vinagre para servir

1 Misture a pasta de tomate seco com as azeitonas e pimenta.
2 Espalhe sobre os filés de peixe e embrulhe-os com as fatias de presunto cru.
3 Asse em forno preaquecido a 200ºC por 25 minutos.
4 Corte o peixe em fatias e sirva com a salada.

Ovos benedict com hadoque defumado
2 PORÇÕES PREPARO: **25 MINUTOS**

250 g de hadoque (ou outro peixe) defumado em filés
4 fatias de bacon
2 pãezinhos cortados ao meio
4 ovos
300 g de molho quatro queijos pronto
pimenta-do-reino moída na hora
salada verde para servir
gomos de limão-siciliano para servir

1 Coloque o peixe numa panela grande e cubra com água fria. (Corte o peixe ao meio, se preciso.) Quando a água ferver, retire a panela do fogo e deixe de molho por 10 minutos. Escorra bem, espere esfriar um pouco e retire a pele do peixe. Separe o peixe em pedaços e retire as espinhas. Reserve e mantenha aquecido.
2 Enquanto isso, coloque uma panela rasa e larga com 5 cm de água para ferver. Grelhe o bacon numa frigideira em temperatura média por 4-5 minutos, até ficar crocante. Escorra, seque em papel-toalha e reserve.
3 Torre um pouco os pãezinhos no forno por alguns minutos e reserve, mantendo aquecidos.
4 Quebre 1 ovo numa xícara de chá. Mexa a água fervente com uma colher para criar um espaço e despeje o ovo. Cozinhe por 2½ minutos. Coloque sobre papel-toalha para secar e cozinhe os outros ovos da mesma forma. (Cozinheiros experientes podem preparar todos os ovos ao mesmo tempo.)
5 Enquanto isso, aqueça o molho quatro queijos numa panelinha ou no micro-ondas, até borbulhar.
6 Coloque duas metades de pão em cada prato e cubra com ¼ do peixe. Ponha 1 ovo e 1 fatia de bacon por cima. Espalhe uma porção generosa de molho quatro queijos e tempere bem com pimenta. Sirva com salada verde e gomos de limão, se quiser.

dica especial
CUIDADO COM O SAL
Como o peixe defumado e o bacon já contêm sal, não é preciso adicionar sal para temperar. Use pimenta-do-reino fresca para dar um toque a mais.

Ovos benedict com hadoque defumado

ocasiões especiais   para receber os amigos

Tortinhas de peixe com camarão e erva-doce
6 PORÇÕES PREPARO: **1H20**

75 g de manteiga
1 cebola grande picada
1 bulbo de erva-doce em fatias
3 dentes de alho picadinhos
25 g de farinha de trigo
300 ml de caldo de peixe
3 colheres (sopa) de creme de leite fresco
450 g de hadoque ou outro peixe branco cortado em pedaços de 2,5 cm
300 g de filé de hadoque ou outro peixe defumado cortado em pedaços de 2,5 cm
250 g de camarões médios sem casca
1 colher (sopa) de alcaparras escorridas
3 colheres (sopa) de salsa picada
um punhado de cebolinha fresca
1,25 kg de batata em cubos
2 colheres (sopa) de leite
50 g de parmesão ralado
sal e pimenta-do-reino moída na hora

1 Aqueça 25 g de manteiga numa panela média até derreter e espumar. Junte a cebola, a erva-doce e o alho e cozinhe por 5-6 minutos até ficarem mais macios. Adicione a farinha e cozinhe por 1 minuto até começar a engrossar. Acrescente aos poucos o caldo de peixe, mexendo com uma colher de pau. Retire e misture o creme de leite.
2 Tempere com sal e pimenta e junte o peixe, os camarões, as alcaparras e as ervas. Reserve.
3 Coloque a batata numa panela grande e cubra com água. Ferva e cozinhe por 15-20 minutos. Escorra bem e recoloque na panela com o restante da manteiga, o leite e metade do queijo. Tempere com sal e pimenta e amasse até formar um purê.
4 Distribua o recheio em seis cumbucas de 350 ml que possam ir ao forno. Cubra com o purê e salpique com o restante do queijo.
5 Asse no forno por 35-40 minutos, até a cobertura dourar e o recheio cozinhar.

SUGESTÃO DE BEBIDA O sabor suave de baunilha de um vinho Chardonnay amadeirado combina bem com peixe defumado. Prove um Chardonnay-Semillon australiano.

Tortinhas de peixe com camarão e erva-doce

para receber os amigos · ocasiões especiais

Bacalhau fresco com missô e gengibre

Bacalhau fresco com missô e gengibre
4 PORÇÕES PREPARO: **20 MINUTOS**
MAIS **24 HORAS DE MARINADA**

75 g de açúcar
2 colheres (sopa) de saquê
250 g de missô branco suave
1 colher (sopa) de calda de gengibre
1 colher (sopa) de mirin (ou saquê culinário)
1 colher (sopa) de suco de limão-siciliano
2 colheres (chá) de raspas de limão-siciliano
½ pimenta verde picada
½ pimenta vermelha picada
1 colher (chá) de shoyu
4 filés de bacalhau fresco (150 g cada)
2 cebolinhas em tiras para servir
gengibre em conserva para servir

1 Coloque o açúcar com o saquê numa panela em fogo baixo e cozinhe, mexendo, até dissolver. Não aumente o fogo para acelerar o cozimento, pois pode queimar. Coloque essa calda numa tigela, adicione o restante dos ingredientes, exceto o bacalhau, e mexa.
2 Ponha o bacalhau na marinada. Cubra e deixe de molho por 24 horas, virando na metade do tempo.
3 Preaqueça uma chapa em temperatura médio-alta. Retire o bacalhau da marinada e grelhe sobre papel-alumínio na chapa por 3-5 minutos de cada lado, regando algumas vezes com a marinada, até ficar ao ponto.
4 Sirva na hora com cebolinha e gengibre em conserva.

dica especial
INGREDIENTES JAPONESES
Supermercados grandes costumam ter saquê, mirin e gengibre em conserva. Mas, para produtos mais específicos, procure uma loja especializada em culinária japonesa, oriental e/ou natural.

ocasiões especiais — **para receber os amigos**

Peixe com batatas

Peixe com batatas
4 PORÇÕES PREPARO: **40 MINUTOS**

6 batatas grandes com casca cortadas em bastões
azeite
4 filés de pescada ou outro peixe de carne branca (225 g cada)
farinha de trigo para empanar
dois punhados de minipepinos em conserva cortados em quartos
dois punhados de alcaparras escorridas
suco de 2 limões-sicilianos
dois punhados de salsa picada
um punhado de cebolinha em tiras
maionese para servir

1 Preaqueça o forno a 200ºC. Cozinhe as batatas em água fervente por 2-3 minutos. Escorra e deixe secar sobre papel-toalha. Coloque numa assadeira grande, regue bem com azeite e mexa para cobrir as batatas. Asse ao forno por 25-30 minutos, mexendo uma vez, até dourar.

2 Cerca de 15 minutos antes de as batatas ficarem prontas, aqueça uma frigideira pesada com azeite. Empane o peixe com a farinha e frite por 4-5 minutos com a pele para baixo. Vire e frite por mais 5-6 minutos, até ficar macio (leve ao forno por 5 minutos se os filés forem grossos). Retire.

3 Coloque os minipepinos e as alcaparras na panela e refogue por 1 minuto. Acrescente o limão e aqueça em fogo alto por 30 segundos. Retire e misture as ervas. Coloque uma colher (sopa) de maionese sobre cada filé de peixe e espalhe por cima o molho da panela. Distribua as batatas nos pratos e sirva.

Pescada grelhada com pesto de ervas
2 PORÇÕES PREPARO: **25 MINUTOS**

2 pescadas limpas (300-350 g cada)
4 ramos pequenos de alecrim
1 colher (chá) de azeite

Pesto
2 ramos de alecrim fresco
um punhado de folhas de salsa
1 dente de alho
1 colher (sopa) de parmesão ralado
raspas e suco de ½ limão-siciliano
um punhado de cebolinha picada
2-3 colheres (sopa) de azeite extravirgem
sal e pimenta-do-reino moída na hora

1 Preaqueça uma chapa em temperatura média. Faça dois ou três cortes de cada lado dos filés e coloque os ramos de alecrim dentro deles. Pincele com azeite e salgue. Grelhe por 5-7 minutos de cada lado, até ficar crocante por fora e cozido por dentro.

2 Enquanto isso, faça o pesto. Bata o alecrim, a salsa e o alho no processador, até picar bem. Junte o queijo e as raspas de limão e bata de novo. Passe para uma molheira e misture o suco de limão, a cebolinha, o azeite e um pouco de sal e pimenta.

3 Espalhe o pesto sobre o peixe. Sirva com batatas na manteiga, se quiser.

Pescada grelhada com pesto de ervas

Frango teriyaki com legumes
4 PORÇÕES PREPARO: **35 MINUTOS**

4 peitos de frango sem a pele
6 colheres (sopa) de molho teriyaki
3-4 colheres (sopa) de óleo de amendoim
600 g de legumes para refogar (repolho, brócolis, cenoura etc.)
gergelim torrado
sal e pimenta-do-reino moída na hora

1 Corte o frango em cubos. Coloque numa tigela e junte o molho. Mexa para cobrir bem.
2 Distribua os cubos de frango em 8 espetinhos, de modo que fiquem bem apoiados na grelha e cozinhem por completo. Tempere com sal e pimenta e cozinhe na grelha preaquecida por 6-8 minutos.
3 Aqueça o óleo de amendoim numa wok. Quando estiver quente, refogue os legumes com um pouco de molho teriyaki.
4 Salpique os espetinhos e os legumes com o gergelim e sirva.

Frango com crosta de queijo

Frango com crosta de queijo
4 PORÇÕES PREPARO: **20 MINUTOS**

uma pitada de açafrão
4 peitos de frango sem a pele
1 colher (sopa) de farinha de trigo
1 ovo grande batido
4 colheres (sopa) de azeite
8 colheres (sopa) de grana padano ou parmesão ralado
1 colher (sopa) de tomilho picado, mais alguns ramos para decorar
gomos de limão-siciliano para servir
sal e pimenta-do-reino moída na hora

1 Deixe o açafrão de molho em 1 colher (sopa) de água fervente por alguns minutos.
2 Enquanto isso, corte os peitos de frango ao meio no sentido do comprimento para obter 8 filés. Empane os filés com a farinha.
3 Quebre o ovo sobre o açafrão na água e adicione sal e pimenta. Bata bem.
4 Misture o queijo ralado com o tomilho num prato. Aqueça metade do azeite numa frigideira em fogo médio e, enquanto aquece, passe os filés de frango pelo ovo e depois pelo queijo.
5 Frite os filés em duas levas, adicionando o restante do azeite à panela entre as duas. Os filés devem ficar cozidos por dentro e crocantes por fora. Deixe cerca de 5 minutos de cada lado e não mexa no filé antes disso para que a crosta não grude na panela.
6 Sirva 2 filés por pessoa com gomos de limão. Decore com tomilho.
SUGESTÃO DE BEBIDA Sirva com uma garrafa de vinho branco cítrico, como um moderno Chardonnay siciliano.

dica especial
APROVEITE AS SOBRAS
Sobras de frango tornam-se um ótimo recheio para um sanduíche incrementado com maionese, alho e alface.

para receber os amigos — ocasiões especiais

Frango satay à moda indonésia
4 PORÇÕES PREPARO: **25 MINUTOS**

4 peitos de frango grandes sem pele
300 g de pasta de amendoim
165 ml de leite de coco
1 limão
350 g de legumes para refogar

1 Corte o frango em tiras de 1 cm de largura. Coloque numa tigela e espalhe metade da pasta de amendoim sobre o frango. Deixe marinar por 10 minutos.
2 Enquanto isso, deixe 12 espetinhos de madeira de molho em água quente. Preaqueça o forno em temperatura alta e forre uma assadeira com papel-alumínio. Coloque o frango marinado nos espetinhos (2-3 tiras por espeto) e deixe grelhar por 8-10 minutos, virando na metade do tempo, até cozinharem e escurecerem por fora.
3 Enquanto o frango grelha, ferva numa panela o leite de coco, o restante da pasta de amendoim e as raspas de ½ limão em fogo médio, por 5 minutos. Misture o suco de ½ limão e retire. Deixe esfriar e encorpar.
4 Divida os legumes crus e os espetinhos entre os pratos. Corte a outra metade do limão em quatro gomos e coloque uma em cada prato. Regue os legumes com o molho de coco com amendoim e sirva o restante à parte. Sirva também com arroz, se quiser.

Schnitzels de frango
4 PORÇÕES PREPARO: **30 MINUTOS**

4 peitos de frango
150 g de farinha de rosca
75 g de queijo feta ou branco picado
2 colheres (sopa) de folhas de tomilho
1 ovo grande
2-4 colheres (sopa) de azeite
sal e pimenta-do-reino moída na hora
gomos de limão-siciliano para servir

Frango satay à moda indonésia

1 Abra e achate os peitos de frango entre duas folhas de filme de PVC usando um rolo.
2 Misture a farinha de rosca com o queijo e o tomilho numa tigela. Tempere com sal e pimenta a gosto.
3 Em outra tigela, bata o ovo. Passe os filés de frango no ovo batido, cobrindo bem os dois lados, e depois na farinha de rosca temperada.
4 Leve os filés à geladeira até a hora de preparar. Aqueça o azeite numa frigideira e frite um ou dois filés por vez por 3-4 minutos de cada lado, até dourarem. Sirva com gomos de limão, batatas na manteiga e legumes refogados.

dica **especial**
VARIAÇÕES
Em vez de achatar os peitos de frango, abra uma fresta para recheá-los com queijo feta ou branco e tomilho. Passe-os no ovo e na farinha de rosca e frite por 3-4 minutos de cada lado, depois leve ao forno preaquecido a 170ºC por 15 minutos, até dourarem e ficarem crocantes.

ocasiões especiais — para receber os amigos

Peito de pato ao molho agridoce
4 PORÇÕES PREPARO: **50 MINUTOS**
MAIS **12 HORAS DE MACERAÇÃO**

....

4 peitos de pato (175-200 g cada)

Molho
75 g de uvas-passas
300 ml de vinho tinto, como Cabernet Sauvignon
25 g de açúcar
1 colher (sopa) de vinagre de vinho
¾ de colher (chá) de araruta
sal e pimenta-do-reino moída na hora

....

1 Um dia antes, coloque os peitos de pato num prato e cubra com papel-manteiga (isso ajuda a secar a pele e deixar a carne mais crocante no cozimento). Leve à geladeira. Coloque as uvas-passas para macerar no vinho de um dia para o outro.
2 No dia seguinte, aqueça o açúcar em 1 colher (sopa) de água fria em fogo baixo, até dissolver. Aumente o fogo e deixe ferver até obter um caramelo. Retire do fogo, afaste-se um pouco (pois vai espirrar) e acrescente o vinagre.
3 Recoloque a panela no fogo e adicione as uvas-passas com o vinho. Deixe ferver em fogo baixo por 20 minutos, até obter uma consistência de molho. Junte a araruta e 2 colheres (sopa) de água. Cozinhe por mais 1 minuto. Tempere com sal e pimenta e mantenha aquecido.
4 Faça talhos nos peitos de pato, formando losangos, mas sem penetrar demais a carne. Tempere a carne com sal e pimenta e a pele com sal. Aqueça uma frigideira grande em fogo alto e coloque o pato com a pele para baixo. Reduza o fogo para médio e cozinhe por 3-4 minutos, até a pele ficar crocante e dourada.
5 Vire o pato e cozinhe por 5 minutos se quiser ao ponto, ou por mais tempo para os filés ficarem bem-passados. Retire, coloque numa tábua e deixe descansar por 5 minutos. Corte a carne em tiras grossas, na diagonal. Passe para pratos aquecidos e sirva com o molho, batatas sauté e espinafre, se quiser.

Pato picante com molho de amoras

Pato picante com molho de amoras
4 PORÇÕES PREPARO: **25 MINUTOS**

....

4 peitos de pato
4 colheres (sopa) de pimenta-chinesa moída
6 colheres (sopa) de vinho do Porto
4 colheres (sopa) de vinagre de vinho tinto
8 colheres (sopa) de conserva ou geleia de amora
400 g de brócolis para servir
sal

....

1 Faça cortes leves na pele do pato. Pressione a pimenta sobre a pele e tempere com sal.
2 Grelhe o pato com a pele para baixo, em fogo alto, por 6 minutos. Quando ficar crocante, vire e grelhe por mais 4 minutos. Retire e reserve. Tire a gordura liberada da panela.
3 Coloque o Porto, o vinagre e a conserva de amora numa panela. Deixe ferver por 2 minutos até engrossar e tempere com sal e pimenta-do-reino a gosto.

para receber os amigos — ocasiões especiais

Macarrão com pato desfiado

4 Enquanto isso, ferva água com sal numa panelinha e cozinhe o brócolis por 3 minutos, até ficar macio; reserve. Corte o pato em fatias diagonais e distribua em pratos aquecidos. Espalhe molho por cima e sirva com o brócolis e purê de batata, se quiser.

Macarrão com pato desfiado
4 PORÇÕES PREPARO: **15 MINUTOS**

150 g de macarrão tipo soba
1 colher (chá) de óleo
1 pimenta vermelha picada
180 g de repolho picado
20 g de gengibre ralado
100 ml de molho hoisin
peito de 1 pato desfiado e temperado (se encontrar, opte por um pato pronto à moda chinesa)
200 g de soja em grão congelada
4 cebolinhas em tiras

1 Cozinhe o macarrão em água fervente, de acordo com as instruções da embalagem. Escorra, passe sob água fria e reserve.
2 Aqueça o óleo numa wok grande em fogo médio e adicione a pimenta. Refogue por 30 segundos e acrescente o repolho, o gengibre e 3 colheres (sopa) de água.
3 Refogue por mais 1 minuto antes de acrescentar o molho hoisin, o pato e a soja. Quando ferver, junte o macarrão e misture.
4 Misture a maior parte da cebolinha e use o restante para decorar quando o macarrão já estiver dividido nos pratos para servir.

Transforme o pato comprado pronto num prato oriental de efeito.

ocasiões especiais para receber os amigos

Galinha-d'angola com recheio de pistache
2 PORÇÕES PREPARO: **2 HORAS**

1 galinha-d'angola de 1 kg com os miúdos
2 tiras de bacon
200 g de carne de porco moída
folhas de 1 ramo de alecrim
2 dentes de alho
50 g de pistache sem a casca
½ colher (chá) de sal
½ colher (chá) de pimenta-do-reino moída
2 colheres (sopa) de rum ou brandy
2 folhas duras (externas) de repolho
1 colher (sopa) de manteiga em temperatura ambiente
2 colheres (sopa) de azeite
6 cebolas redondinhas
1 talo de aipo picado
2 cenouras em rodelas
1 colher (sopa) de farinha de trigo
100 ml de vinho branco
1 colher (sopa) de extrato de tomate
sal

1 Retire os miúdos da galinha e pique bem o fígado junto com o bacon. Descarte o restante dos miúdos (ou use para fazer um caldo). Misture o fígado e o bacon com a carne de porco numa tigela grande. Pique o alecrim, o alho e os pistaches e adicione à carne. Tempere com sal e pimenta e regue com o rum. Leve à geladeira.
2 Escalde as folhas de repolho em água fervente por 2 minutos, escorra e passe para uma tigela com água fria. Escorra de novo e seque em papel-toalha. Retire o recheio da geladeira e espalhe sobre as folhas. Embrulhe, formando pacotes.
3 Tempere a cavidade da galinha e coloque os pacotes de recheio dentro dela. Pincele a pele da galinha com manteiga e salgue.
4 Aqueça o azeite numa panela grande em fogo médio-alto e doure a galinha de todos os lados. Transfira-a para um prato e coloque a cebola, o aipo e as cenouras na panela. Refogue por 10 minutos, caramelizando um pouco. Adicione a farinha, cozinhe por mais 1 minuto e acrescente o vinho, o extrato de tomate e 200 ml de água. Recoloque a galinha na panela, com o peito virado para cima. Tampe, reduza o fogo para médio-baixo e refogue por 1h15. Para verificar se está cozida, espete a coxa e veja se é liberado um líquido transparente. Nesse caso, é preciso cozinhar mais. Quando estiver pronta, deixe-a descansar no molho por 10 minutos antes de fatiar. Sirva com um pacote de recheio por pessoa.

Schnitzels de porco com chucrute
4 PORÇÕES PREPARO: **50 MINUTOS**

4 escalopes de lombo de porco de 75 mm de espessura
100 g de farinha de trigo
1 ovo levemente batido
100 g de farinha de rosca fresca
óleo vegetal
sal e pimenta-do-reino moída na hora
gomos de limão-siciliano para servir

Chucrute
1 colher (sopa) de azeite
1 cebola em fatias finas
600 g de repolho roxo em tiras
2 maçãs cortadas ao meio em fatias finas
4 colheres (sopa) de vinagre de vinho branco
2 colheres (chá) de açúcar mascavo
uma pitada de sal

1 Faça o chucrute. Aqueça o azeite numa panela grande. Coloque a cebola e refogue por 6-8 minutos, até ficar macia. Junte o repolho, as maçãs, o vinagre, o açúcar e uma boa pitada de sal. Tampe a panela e ferva em fogo brando por 30-35 minutos. Mexa de vez em quando.
2 Enquanto isso, tempere os escalopes com sal e pimenta e passe na farinha, no ovo batido e depois na farinha de rosca.
3 Esquente 2 cm de óleo numa frigideira em fogo médio e frite os schnitzels por 2-3 minutos de cada lado, até cozinharem bem. Escorra em papel-toalha e sirva com o chucrute e gomos de limão-siciliano.

para receber os amigos — ocasiões especiais

Tender agridoce com batata gratinada
4 PORÇÕES PREPARO: **1H30**

1 tender de 1 kg
2 colheres (sopa) de mel
1 colher (sopa) de mostarda em grão
1 colher (chá) de pimenta-do-reino moída

Gratinado
1 kg de batata em fatias finas
1 cebola picadinha
25 g de manteiga
50 g de farinha de trigo
sal
750 ml de leite desnatado

1 Preaqueça o forno a 180ºC. Comece pelo gratinado. Coloque ¼ das batatas num refratário e espalhe ⅓ da cebola, ⅓ da manteiga e ⅓ da farinha por cima. Salgue. Faça mais duas camadas, finalizando com uma camada de batatas. Despeje por cima o leite e leve ao forno por 1h20, até dourar e o molho engrossar.
2 Ao mesmo tempo, coloque o tender numa assadeira pequena. Cubra com papel-alumínio e leve ao forno com as batatas por 1 hora.
3 Enquanto assam, misture o mel, a mostarda e a pimenta. Após 1 hora no forno, retire o tender e faça cortes em xadrez na superfície, formando losangos (isso fará o tender liberar gordura). Leve de volta ao forno pro 20 minutos.
4 Deixe o tender e o gratinado descansarem por 5 minutos. Sirva fatias de tender com o gratinado e legumes.

Schnitzels de porco com chucrute

> O tender agridoce com batata gratinada é muito saboroso.

Tender agridoce com batata gratinada

ocasiões especiais — para receber os amigos

Filé de cordeiro com molho de hortelã e pimenta
4 PORÇÕES PREPARO: **20 MINUTOS**

folhas de 1 maço de hortelã, mais algumas para decorar
1 colher (chá) de açúcar
2 colheres (sopa) de vinagre de vinho
1 colher (sopa) de alcaparras escorridas
1 colher (chá) de mostarda de Dijon
uma pitada de pimenta em flocos
4 colheres (sopa) de azeite, mais um pouco para fritar
1 dente de alho grande sem casca
4 filés de cordeiro
pimenta-do-reino moída na hora

1 Pique a hortelã e coloque no processador com o açúcar, o vinagre, as alcaparras, a mostarda e a pimenta e bata bem. Adicione o azeite e bata até ficar homogêneo. Tempere com pimenta-do-reino e reserve em local fresco para os sabores se fundirem.
2 Esfregue o dente de alho nos filés. Aqueça o azeite numa panela grande e frite os filés por 2-3 minutos de cada lado, até ficarem rosados no centro. Deixe mais alguns minutos se preferir bem-passados.
3 Corte os filés em fatias mais finas e distribua nos pratos com o molho por cima. Decore com hortelã e sirva na hora.

Cordeiro e hortelã formam uma parceria infalível. Adicione pimenta para um toque inesperado.

Costela de cordeiro com crosta de ervas
4 PORÇÕES PREPARO: **1H15**

2 costelas de cordeiro
1 colher (sopa) de azeite
15 g de manteiga
100 ml de vinho tinto
1 ramo de alecrim fresco
2 colheres (chá) de geleia de frutas vermelhas
sal e pimenta-do-reino moída na hora

Crosta de ervas
1 maço pequeno de salsa picada
folhas de 3 ramos de tomilho fresco
folhas picadas de 2 ramos de alecrim fresco
50 g de farinha de rosca
4 azeitonas pretas picadas
4 alici em conserva escorridos e picados
1 colher (sopa) de mostarda de Dijon
pimenta-do-reino moída na hora

Acompanhamento
2 abobrinhas em rodelas médias
1 berinjela em fatias médias
1 pimentão vermelho sem sementes
1 pimentão amarelo sem sementes
4-5 colheres (sopa) de azeite
1 folha de louro
1 ramo de alecrim
3 dentes de alho cortados ao meio

1 Prepare as costelas. Retire a capa de gordura, raspe a carne por baixo dela e reserve para fazer o molho. Tempere bem com sal e pimenta. Esfregue a gordura na carne para ficar mais crocante ao assar.
2 Aqueça o azeite e a manteiga numa frigideira grande em fogo médio. Quando espumar, grelhe as costelas de todos os lados, até dourar. Retire e reserve. Quando esfriar, descarte a gordura e limpe a panela com papel-toalha.
3 Faça a crosta de ervas. Bata as ervas no processador com a farinha de rosca, as azeitonas e o alici, até obter uma farofa verde úmida de cor vibrante. Tempere com pimenta. Pincele as costelas com

para receber os amigos ocasiões especiais

Costela de cordeiro com crosta de ervas

mostarda e espalhe a farofa por cima, pressionando bem. Coloque-as numa assadeira grande e reserve.
4 Para o acompanhamento de legumes, raspe um pouco as laterais das fatias de abobrinha e berinjela. Use um descascador para tirar a pele dos pimentões e corte-os em tiras. Reserve as raspas e os retalhos de pimentão.
5 Aqueça 1 colher (sopa) de azeite numa chapa ou frigideira em fogo médio-alto. Quando começar a esfumaçar, coloque uma parte dos legumes e dos pimentões, das ervas e do alho numa única camada. Refogue por 1-2 minutos, até escurecerem um pouco e ficarem macios. Transfira para um refratário e cubra com filme de PVC, para continuarem cozinhando no vapor. Faça o mesmo com os ingredientes restantes. Reserve e descarte o alho e as ervas antes de servir.
6 Preaqueça o forno a 220ºC. Enquanto isso, faça o molho. Aqueça a panela que foi limpa em fogo médio, coloque as raspas de carne, as raspas dos legumes e os retalhos dos pimentões. Refogue por 5 minutos, até dourar. Adicione o vinho e o alecrim e deixe reduzir à metade. Acrescente 300 ml de água fervente e deixe por 5-6 minutos, retirando a espuma que se formar na superfície. Misture a geleia e deixe ferver mais um pouco. Passe para uma jarra. Deve ficar líquido mas com sabor bem definido.
7 Enquanto isso, asse as costelas por 10-14 minutos para ficarem ao ponto. Deixe descansar cobertas com papel-alumínio por 5 minutos. Corte as porções entre os ossos.
8 Divida em 4 pratos com os legumes e regue com o molho.

dica especial
POUPE TEMPO
Faça o refogado de legumes um dia antes. Cubra e deixe na geladeira de um dia para o outro. Reaqueça com o cordeiro por 5 minutos.

ocasiões especiais — para receber os amigos

Cordeiro picante com damascos

Filé ao molho pizzaiola
4 PORÇÕES PREPARO: **20 MINUTOS**

4 filés de alcatra (175 g cada) de 4 cm de espessura
3 colheres (sopa) de azeite, mais um pouco para pincelar
2 dentes de alho picadinhos
450 g de tomates picados
folhas de 3 ramos de orégano picadas
1 colher (sopa) de alcaparras escorridas
1 maço pequeno de rúcula
sal e pimenta-do-reino moída na hora

1 Pincele os filés com um pouco de azeite e tempere com sal e pimenta. Aqueça uma frigideira em fogo alto até esfumaçar. Coloque os filés, abaixe o fogo para médio-alto e grelhe por 2 minutos de cada lado se quiser malpassados, ou por 2½ minutos para ficarem ao ponto. Reserve aquecidos.
2 Enquanto isso, aqueça 3 colheres (sopa) de azeite e o alho numa frigideira média em fogo alto. Quando começar a espirrar, acrescente os tomates e o orégano e cozinhe por 2 minutos, agitando a panela de vez em quando. Tempere com sal e pimenta.
3 Distribua o molho nos pratos e salpique com as alcaparras. Coloque os filés por cima e sirva com rúcula.

Cordeiro picante com damascos
2 PORÇÕES PREPARO: **25 MINUTOS**

250 g de filé de cordeiro
1 cebola pequena picada
1 colher (chá) de pimenta-da-jamaica em pó
2 colheres (sopa) de óleo
200 g de tomates pelados picados
150 ml de caldo de galinha quente
75 g de damascos secos picados
2 colheres (sopa) de amêndoas torradas em flocos
sal e pimenta-do-reino moída na hora

1 Corte os filés em cubos grandes e coloque numa tigela com a cebola, a pimenta-da-jamaica e o óleo. Tempere bem com sal e misture.
2 Aqueça uma frigideira grande e refogue a mistura de cordeiro por 5 minutos, até a carne dourar e a cebola ficar macia. Junte os tomates picados, o caldo e os damascos.
3 Ferva por 10 minutos, até o cordeiro cozinhar bem e o molho engrossar. Tempere com sal e pimenta, divida em 2 pratos e salpique as amêndoas.

técnica especial
COMO GRELHAR FILÉS

1. Enquanto a frigideira esquenta, pincele os filés (contrafilé ou alcatra) com azeite e tempere com sal e pimenta.

2. Grelhe numa chapa frisada e vire os filés 45º durante o cozimento para deixar um desenho na carne.

Filé à tagliata
6 PORÇÕES PREPARO: **20 MINUTOS**

32 tomates-cereja
8 colheres (sopa) de azeite extravirgem
4 contrafilés (225-250 g)
1 colher (chá) de mostarda de Dijon
4 colheres (chá) de vinagre balsâmico
175 g de rúcula
75 g de parmesão em lascas
sal e pimenta-do-reino moída na hora

1 Preaqueça o forno a 160ºC. Coloque os tomates numa assadeira, regue com 3 colheres (sopa) de azeite e tempere com sal e pimenta. Asse por 12-15 minutos, até ficarem macios.
2 Enquanto isso, pincele os filés dos dois lados com 1 colher (sopa) de azeite e sal e pimenta a gosto. Aqueça uma frigideira grande em fogo alto, até começar a esfumaçar. Grelhe os filés por 2 minutos de cada lado, para ficarem malpassados, ou por 3 minutos para ficarem ao ponto. Transfira para uma tábua para descansarem.
3 Enquanto os filés grelham, bata a mostarda com o vinagre numa tigelinha e acrescente o restante do azeite. Tempere a gosto com sal e pimenta e reserve.
4 Divida a rúcula em 4 pratos, espalhando as folhas no centro. Fatie os filés na diagonal e coloque sobre as porções de rúcula. Regue com o molho e espalhe por cima as lascas de parmesão. Sirva com os tomates assados.

> Incremente filés simples com sabores do Mediterrâneo.

Filés ao salmoriglio
4 PORÇÕES PREPARO: **25 MINUTOS**

900 g de batata sem casca
óleo
4 contrafilés (225-300 g)

Salmoriglio
5 colheres (sopa) de orégano, tomilho ou manjerona picado
1 dente de alho grande picado
1 colher (chá) de sal marinho
2 colheres (sopa) de suco de limão-siciliano
8 colheres (sopa) de azeite extravirgem
pimenta-do-reino moída na hora

1 Faça o salmoriglio. Triture a erva escolhida no pilão com o alho e o sal, até formar uma pasta (ou bata no processador). Acrescente o limão e adicione aos poucos o azeite, sem parar de bater, até ficar parecendo um pesto. Tempere bem com pimenta. Deixe descansar para acentuar os sabores.
2 Preaqueça uma chapa ou frigideira em temperatura média. Corte as batatas em rodelas de 1 cm de espessura. Coloque numa tigela grande, regue com o óleo e misture até cobrir bem as batatas. Espalhe-as na grelha e cozinhe por 10-14 minutos, virando na metade do tempo. Retire e reserve.
3 Coloque depois os bifes e grelhe por 8-10 minutos de cada lado (para ficarem bem-passados, deixe por mais 1-2 minutos). Disponha-os numa travessa com as batatas ao redor. Espalhe o salmoriglio sobre a carne e sirva com salada verde.

dica **especial**
AO AR LIVRE
Esta receita pode ser preparada na churrasqueira também. Calcule os mesmos tempos para cozinhar a carne e as batatas na churrasqueira a carvão. Se for uma grelha pequena, asse algumas batatas por vez e mantenha as outras aquecidas.

ocasiões especiais — **para receber os amigos**

Torta de carne com cebola caramelizada e cerveja

Torta de carne com cebola caramelizada e cerveja
6 PORÇÕES PREPARO: **2H45**

25 g de farinha de trigo
1 kg de coxão mole (ou patinho) cortado em cubos
5 colheres (sopa) de óleo de girassol
25 g de manteiga
225 g de champignons frescos
2 cebolas cortadas ao meio e fatiadas
1 colher (sopa) de açúcar
4 dentes de alho amassados
300 ml de caldo de carne de boa qualidade
300 ml de cerveja preta
1 colher (chá) de extrato de tomate
folhas de 3 ramos de tomilho
3 colheres (sopa) de molho inglês
sal e pimenta-do-reino moída na hora

Massa
350 g de farinha de trigo com fermento, mais um pouco para polvilhar
1 colher (sopa) de mostarda inglesa em pó
1 colher (chá) de sal
175 g de manteiga
1 gema batida

1 Faça a massa. Peneire a farinha, a mostarda e o sal numa tigela e misture à manteiga. Adicione 250 ml de água fria e amasse até obter uma pasta. Embrulhe em filme de PVC e leve à geladeira.
2 Para fazer o recheio, tempere a farinha com sal e pimenta numa tigela e empane a carne na farinha. Bata para retirar o excesso. Aqueça 3 colheres (sopa) do óleo numa panela e refogue metade da carne em fogo alto até dourar bem. Transfira para uma travessa. Faça o mesmo com a carne restante. Retire e reserve.
3 Coloque metade da manteiga e os champignons na panela e frite por 2 minutos. Reserve com a carne.
4 Acrescente o óleo restante à panela e cozinhe as cebolas com o açúcar em fogo médio-alto por 20-30 minutos, mexendo até caramelizarem. Adicione a manteiga restante e o alho e refogue por mais 1 minuto. Misture a farinha reservada com as cebolas, o caldo, a cerveja, o extrato de tomate, as folhas de tomilho e o molho inglês. Deixe ferver, mexendo, e recoloque a carne e os champignons na panela. Tempere com sal e pimenta e cozinhe com a panela semitampada por 1h30, até o molho reduzir e a carne ficar macia.
5 Preaqueça o forno a 200°C. Coloque o recheio num refratário redondo ou oval (2 litros). Posicione um funil de papel no meio para liberar o vapor durante o cozimento.
6 Retire a massa do filme de PVC e abra-a numa superfície enfarinhada até ficar um pouco maior do que o refratário. Corte as sobras ao redor da borda. Pincele a borda com um pouco de água e pressione para fixar, depois pincele mais água na massa. Faça um corte em cruz no centro para que o vapor do funil saia. Pincele toda a massa com a gema batida com um pouco de água. Asse por 30-35 minutos, até dourar e ficar crocante.
SUGESTÃO DE BEBIDA Uma garrafa de vinho Bordeaux tinto maduro é a combinação tradicional. Um copo de cerveja também vai bem.

Carne à Wellington

4-6 PORÇÕES PREPARO: **1H10**

3 colheres (sopa) de azeite
300 g de cogumelos frescos grandes (como o portobello) em cubos
1 cebola picadinha
1 peça de contrafilé ou maminha (900 g-1,2 kg) sem gordura
750 g de massa folhada pronta
farinha de trigo para polvilhar
1 ovo batido com 2 colheres (sopa) de leite
175 g de patê de fígado de frango
sal e pimenta-do-reino moída na hora

1 Aqueça 1 colher (sopa) de azeite numa frigideira em fogo baixo e salteie os cogumelos e a cebola. Cozinhe até o líquido dos cogumelos evaporar (cerca de 25 minutos, dependendo do tamanho da panela).
2 Esfregue o restante do azeite na carne e tempere-a com sal e pimenta. Aqueça uma frigideira de ferro até sair fumaça. Grelhe a carne por 1 minuto de cada lado. Se quiser que fique bem-passada, dobre o tempo. Transfira para uma grelha e deixe esfriar.
3 Preaqueça o forno a 180ºC. Divida a massa em dois e abra-as numa superfície enfarinhada até ficarem 2 cm mais largas e mais longas do que a carne. Separe os retalhos de massa.
4 Coloque uma das folhas de massa numa assadeira forrada com papel-manteiga. Pincele o ovo na massa e coloque a carne por cima. Espalhe o patê sobre a carne e nas laterais. Coloque a outra folha de massa por cima e una as duas nas laterais.
5 Abra os retalhos de massa e corte tiras para fazer uma treliça sobre a carne à Wellington. Pincele com mais ovo.
6 Asse por 20 minutos, virando a assadeira na metade do tempo. Retire apenas quando a massa estiver dourada e crocante (espere mais 5-10 minutos, se preciso). Deixe descansar por 10 minutos antes de fatiar.

Rosbife malpassado com salada de repolho

8 PORÇÕES PREPARO: **1H10**

1 peça de contrafilé (1,5 kg)
150 ml de óleo de girassol
½ repolho pequeno
1 raiz ou talo de aipo pequeno
2 peras
suco de 2 limões-sicilianos pequenos
1 gema
2 colheres (sopa) de mostarda de Dijon
sal e pimenta-do-reino moída na hora

1 Preaqueça o forno a 170ºC. Esfregue a carne com o óleo, o sal e a pimenta. Grelhe a carne rapidamente numa frigideira bem quente. Leve ao forno por 35 minutos. Reserve.
2 Pique o repolho. Descasque e corte o aipo e as peras em tiras longas. Misture com o repolho e tempere com suco de um limão. Reserve.
3 Bata a gema com a mostarda e adicione o óleo aos poucos. Tempere com sal e o suco do outro limão e misture ao repolho. Sirva com fatias da carne.

Carne à Wellington

estrelas da mesa

Canelones de linguiça com espinafre e queijo
8 PORÇÕES PREPARO: **1H15**

600 g de espinafre
14 linguiças de boa qualidade (cerca de 700 g)
2 dentes de alho amassados,
   mais 1 dente em lâminas finas
um punhado de orégano fresco picado
um punhado de salsa picada
75 g de parmesão ralado
100 g de farinha de rosca
1 ovo grande levemente batido
3 colheres (sopa) de azeite extravirgem
700 g de molho de tomate
1 lata de 400 g de tomates pelados picados
32 canelones
600 ml de creme de leite fresco
250 g de mussarela picada
sal e pimenta-do-reino moída na hora

1 Preaqueça o forno a 160ºC. Aqueça o espinafre lavado, ainda úmido, numa panela grande, até murchar. Se preciso, divida-o em duas porções. Escorra e reserve para esfriar. Quando estiver frio, molde uma bola e esprema para eliminar o excesso de líquido. Pique e reserve.
2 Retire a pele das linguiças. Coloque a carne numa tigela com o alho amassado, metade do orégano, a salsa, 50 g do parmesão e a farinha de rosca. Tempere com sal e pimenta a gosto. Adicione o ovo e o espinafre e misture bem.
3 Aqueça o azeite numa panela grande e refogue as lâminas de alho por 30 segundos. Junte o molho de tomate e os tomates pelados picados. Encha a lata de água e adicione. Misture o restante do orégano e tempere com sal. Deixe ferver por 15 minutos até obter um molho de tomate leve.
4 Enquanto isso, recheie os canelones com o preparado de linguiça. Espalhe o molho de tomate num refratário (para que os canelones fiquem por cima numa única camada – se preciso, use dois refratários). Distribua os canelones sobre o molho.
5 Numa tigela, misture o creme de leite fresco com metade do parmesão restante e um pouco de água. Espalhe sobre os canelones e polvilhe o parmesão, a mussarela e bastante pimenta. Asse por 30-35 minutos, até dourar e aquecer bem.

Paella de frango com linguiça
8 PORÇÕES PREPARO: **45 MINUTOS**

220 g de linguiça curada em rodelas
2 cebolas grandes em fatias
2 colheres (sopa) de páprica defumada suave
2 colheres (chá) de páprica picante
6 peitos de frango cortados em pedaços grandes
um pouco de manteiga
600 g de arroz arbório
2 litros de caldo de galinha quente
2 pimentões vermelhos em rodelas
um punhado de vagem cortada ao meio
20 tomates-cereja cortados ao meio
1 maço de salsa picada

1 Aqueça um panela grande em fogo médio e frite as rodelas de linguiça até dourarem e soltarem a gordura. Retire e reserve.
2 Coloque a cebola na panela e refogue por 5 minutos. Tempere com os dois tipos de páprica e refogue por mais 2 minutos.
3 Junte o frango à cebola e refogue por 7-8 minutos. Retire e reserve.
4 Aqueça a manteiga na panela e adicione o arroz e o caldo de galinha. Misture e cozinhe por 15 minutos.
5 Recoloque a linguiça, o frango e a cebola na panela com o arroz. Junte o pimentão, as vagens e os tomates. Adicione sal a gosto e cozinhe por mais 8-10 minutos, até o arroz ficar macio.
6 Salpique a salsa picada e sirva a paella na hora.

Jambalaya de camarão com linguiça

8 PORÇÕES PREPARO: **45 MINUTOS**

300 g de linguiça calabresa em cubos
2 pimentões vermelhos pequenos em fatias
1 cebola grande em rodelas finas
4 talos de aipo em fatias diagonais
4 dentes de alho amassados
2 pimentas vermelhas picadinhas
folhas de alguns ramos de tomilho
400 g de arroz de grão longo
450 g de tomates pelados picados
1,4 litro de caldo de legumes ou de galinha quente
1 colher (chá) de tabasco, mais um pouco para servir
400 g de camarões grandes limpos e sem casca
8 cebolinhas picadas
sal e pimenta-do-reino moída na hora
gomos de limão para servir

1 Frite a linguiça numa frigideira grande em fogo médio-alto por 3-4 minutos, mexendo de vez em quando. Retire e coloque sobre papel-toalha para escorrer.
2 Acrescente o pimentão, a cebola, o aipo, o alho e a pimenta e cozinhe por 8 minutos, mexendo às vezes, até ficarem macios. Junte o tomilho e o arroz, cozinhe por 2 minutos e acrescente o tomate, o caldo e o tabasco. Ferva, tampe a panela e diminua o fogo. Cozinhe por 18 minutos, mexendo de vez em quando até a maior parte do líquido evaporar. Tempere com sal e pimenta a gosto.
3 Junte a linguiça, os camarões e a cebolinha e cozinhe por mais 1 minuto. Sirva com gomos de limão.
SUGESTÃO DE BEBIDA Uma taça de vinho rosé gelado forma uma combinação fantástica com o prato.

Jambalaya de camarão com linguiça

ocasiões especiais — estrelas da mesa

Robalo assado com ratatouille e batata

Biryani de cordeiro
6 PORÇÕES PREPARO: **1H30** MAIS **12 HORAS DE MARINADA**

250 ml de iogurte natural
1 pimenta verde picada
4 dentes de alho amassados
50 g de gengibre ralado
¼ de colher (chá) de cravo-da-índia em pó
¼ de colher (chá) de canela em pó
2 colheres (chá) de cominho em pó
2 colheres (chá) de coentro em pó
750 g de filés de cordeiro sem gordura em cubos
350 g de arroz basmati
100 ml de leite
1 colher (chá) de filetes de açafrão
75 g de ghee (manteiga clarificada), mais 1 colher (sopa)
2 cebolas grandes em rodelas finas
1 pau de canela grande quebrado em 3 pedaços
12 bagas de cardamomo amassadas
coentro fresco picado para decorar
sal

1 Um dia antes de servir, misture o iogurte, a pimenta, o alho, o gengibre, a canela, os cravos e metade do coentro e do cominho numa tigela. Tempere com sal e acrescente o cordeiro. Mexa para cobrir bem. Tampe e leve à geladeira para marinar de um dia para o outro.
2 No dia seguinte, mantenha a marinada em temperatura ambiente. Deixe o arroz de molho em água fria por 30 minutos. Aqueça o leite até ficar quente e misture o açafrão.
3 Preaqueça o forno a 130ºC. Aqueça a ghee numa panela, adicione a cebola e refogue em fogo baixo por 15 minutos. Junte o cominho e o coentro restantes e cozinhe por 1 minuto. Reserve.
4 Coloque a canela, o cardamomo e uma boa pitada de sal numa panela, encha até a metade com água e ferva. Misture o arroz e deixe ferver de novo. Cozinhe por 2 minutos, escorra e acrescente à cebola refogada.
5 Derreta a colher (sopa) de ghee em outra panela em fogo baixo. Forre o fundo de uma fôrma com uma camada fina de arroz e cubra com metade do cordeiro e do molho da marinada. Cubra com o restante do arroz, regue com metade do leite com açafrão e coloque o restante do cordeiro por cima. Faça depois mais uma camada de arroz e regue com o leite restante. Cubra bem com papel-alumínio e aumente o fogo por 30 segundos. Leve ao forno por 30-35 minutos, até o cordeiro e o arroz ficarem macios. Retire um pedaço de cordeiro para verificar o cozimento.
6 Salpique o coentro picado e distribua em pratos aquecidos. Sirva com mais iogurte, picles indiano e pão sírio.

Robalo assado com ratatouille e batata
8 PORÇÕES PREPARO: **50 MINUTOS**

1 kg de batata
4 colheres (sopa) de azeite, mais um pouco para regar
1,2 kg de Ratatouille descongelada (p. 156)
4 colheres (sopa) de alcaparras escorridas
2 pimentas vermelhas picadas
8 filés de robalo (200 g cada)

2 limões-sicilianos em rodelas finas
sal e pimenta-do-reino moída na hora

1 Preaqueça o forno a 180ºC. Corte as batatas em fatias finas e coloque numa tigela. Misture o azeite, bastante pimenta-do-reino e uma pitada de sal. Distribua uma camada de batata em dois refratários grandes e asse por 20-25 minutos até dourar.
2 Espalhe a ratatouille sobre a batata e salpique as alcaparras e as pimentas vermelhas.
3 Distribua os filés de peixe por cima e decore com rodelas de limão. Regue com mais azeite, salpique sal e leve ao forno por 15 minutos, até cozinhar por completo.

Salmão com bacon
8 PORÇÕES PREPARO: **1H25**

350 ml de caldo de galinha
½ colher (chá) de filetes de açafrão
25 g de manteiga
50 g de cebolas redondinhas picadas
175 g de arroz de grão longo
¼ de colher (chá) de sal
3 colheres (sopa) de ervas frescas picadas, como salsa e cebolinha
raspas finas de ½ limão-siciliano
2 colheres (chá) de suco de limão-siciliano
2 filés de salmão (550 g cada) sem a pele
16 fatias finas de bacon
4 folhas de louro frescas
2 colheres (sopa) de azeite
sal e pimenta-do-reino moída na hora

1 Coloque o caldo e o açafrão numa panela, ferva e mantenha aquecido sobre fogo baixo. Derreta a manteiga numa panelinha e refogue a cebola por alguns minutos, até ficar macia. Misture o arroz, o caldo quente e o sal e ferva. Mexa e tampe a panela. Diminua o fogo e cozinhe por 15 minutos. Retire e reserve por 5 minutos.
2 Destampe a panela e solte os grãos com um garfo. Misture as ervas, as raspas e o suco de limão, sal e pimenta a gosto.
3 Preaqueça uma assadeira antiaderente grande no forno a 180ºC. Corte os filés de salmão do mesmo tamanho e tempere-os com sal e pimenta. Cubra um filé com uma camada de arroz, pressionando bem, e coloque outro filé por cima.
4 Coloque duas fatias de bacon numa tábua, colocando a ponta de uma sobre a ponta de outra para formar uma tira longa. Arrume as outras tiras assim também. Coloque o salmão por cima da junção das duas tiras e traga as pontas para cima, "embrulhando" o salmão.
5 Coloque as folhas de louro por cima. Amarre seis barbantes ao redor do salmão para segurar bem tudo junto.
6 Transfira o salmão com cuidado para a assadeira. Regue com azeite e asse no forno por 35-40 minutos, até ficar ao ponto, ou por mais tempo se quiser bem-passado.
7 Retire, cubra e reserve por 5-10 minutos. Corte em fatias grossas e sirva com o molho de sua preferência.

Salmão com bacon

Peru assado com bacon e linguiças carameladas

8 PORÇÕES PREPARO: **4H35** MAIS **30-45 MINUTOS DE DESCANSO**

2 colheres (sopa) de mel
16 linguiças finas
24 fatias de bacon
1 peru de 5,5 kg (com os miúdos)
1 cebola cortada em quartos
3 laranjas pequenas cortadas em quartos
5 ramos de alecrim cortados ao meio
8 ramos de tomilho
40 g de manteiga em temperatura ambiente
sal e pimenta-do-reino moída na hora
folhas de louro para decorar

1 Aqueça o mel e use para pincelar as linguiças. Embrulhe cada linguiça numa fatia de bacon, coloque num refratário e leve à geladeira até a hora de usar.
2 Preaqueça o forno a 170ºC. Retire os miúdos do peru e reserve para fazer um molho. Pese a ave para calcular o tempo de cozimento (p. 294). O de 5,5 kg precisa de 3h50 para cozinhar. Enxágue o interior do peru com água fria e seque. Tempere a cavidade com sal e pimenta e coloque dentro a cebola, 5 gomos de laranja e metade das ervas, alternando esses ingredientes. Coloque três gomos de laranja e o restante das ervas no pescoço do peru. Use barbante de cozinha para amarrar a parte traseira e as coxas do peru, acertando o formato. Coloque sobre um apoio metálico dentro de uma assadeira grande.
3 Espalhe a manteiga por cima da ave e tempere com sal e pimenta. Coloque as tiras de bacon restantes sobre o peru. Despeje 450 ml de água na assadeira e cubra-a com papel-alumínio. Leve ao forno por 3h20 (ou pelo tempo correspondente ao tamanho do peru menos 30 minutos).
4 Cerca de 30 minutos antes de o peru ficar pronto, retire o papel, regue com o líquido da assadeira e leve de volta ao forno por mais 30 minutos. Para verificar se está cozido, espete um palito na parte mais grossa da coxa. Se o líquido sair transparente, está pronto.
5 Retire o peru e aumente a temperatura do forno para 180ºC. Leve o refratário com as linguiças ao forno por 30 minutos.
6 Retire com cuidado o peru da assadeira, deixando o escorrer o máximo de líquido possível. Coloque numa travessa aquecida e mantenha quente e coberto com papel-alumínio, por 30-45 minutos, para a carne ficar mais macia e úmida.
7 Passe os líquidos da assadeira para uma jarra. Deixe descansar e retire o excesso de gordura da superfície. Acrescente o restante ao Molho caseiro (p. 205).
8 Decore o peru na travessa com as folhas de louro e os gomos de laranja restantes. Sirva com as linguiças carameladas e o molho.

A laranja, as ervas e a cobertura de bacon dão um toque muito especial a este peru assado.

dica especial
PERU MAIS SUCULENTO
Acrescentar água à assadeira durante o cozimento do peru é uma ótima maneira de deixá-lo mais úmido e macio. Essa técnica é ainda mais preciosa no caso de aves grandes. No final, você terá também mais líquido para fazer o molho.

Peru assado com bacon e linguiças carameladas

ocasiões especiais — estrelas da mesa

Frango assado com pimentões
8 PORÇÕES PREPARO: **1H20**

2 frangos de 2 kg cada
4 colheres (sopa) de azeite
dentes de 2 cabeças de alho
2 pimentões vermelhos em fatias
2 pimentões amarelos em fatias
raspas e suco de 2 limões-sicilianos
4 ramos de alecrim cortados ao meio
um pouco de vinho branco
200 ml de caldo de galinha
sal e pimenta-do-reino moída na hora

1 Separe os frangos em 8 pedaços (veja abaixo) ou compre o frango em pedaços, mas lembre-se de que desmembrar a ave em casa sai mais barato. Se for comprar já em pedaços, verifique se há coxas, sobrecoxas e peitos.
2 Preaqueça o forno a 180ºC. Coloque os pedaços de frango numa assadeira grande com o alho e os pimentões. Regue com azeite e salpique as raspas de limão. Espalhe o alecrim entre os pedaços de frango.
3 Despeje um pouco de vinho branco e caldo de galinha por cima. Tempere com sal e pimenta e asse por 50 minutos-1 hora, até o frango cozinhar por completo.
4 Deixe descansar por 5-10 minutos e sirva com purê de batata e legumes.
SUGESTÃO DE BEBIDA Um vinho tinto leve, como um Chianti clássico, complementa o sabor dos pimentões. Se preferir um branco, prove com um Riesling alemão ou um Chardonnay delicado.

técnica *especial*
COMO DESMEMBRAR O FRANGO

1. Use uma faca afiada para tirar o osso esterno, raspando a carne. Segure a carne com uma mão e torça o osso com a outra para puxá-lo.

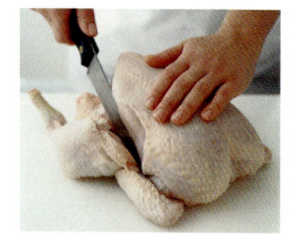

2. Coloque o frango sobre uma tábua, com o peito para cima. Use uma faca afiada para cortar as juntas das pernas, separando-as do frango.

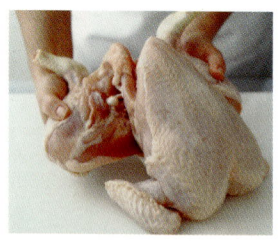

3. Puxe uma perna para trás, deslocando a junta. Quando a perna se destacar do osso, corte-a. Repita com a outra perna.

4. Puxe uma asa e corte no meio da junta com uma tesoura de cozinha afiada. Faça o mesmo com a outra asa.

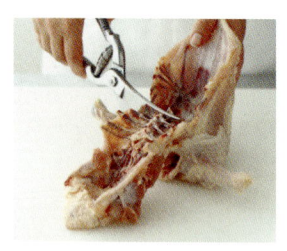

5. Separe a coluna do peito do frango com a mão e puxe. Use a tesoura para destacar o osso da base do corpo.

6. Separe agora os peitos do frango. A partir do pescoço, corte com a tesoura ao longo do osso do peito.

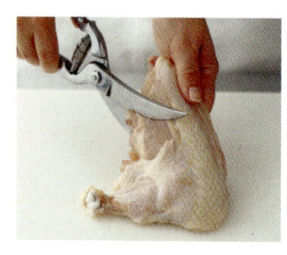

7. Ainda com a tesoura, corte os dois peitos ao meio na diagonal, separando, assim, os peitos das sobrecoxas.

8. Corte as pernas na junta do joelho, acima do osso que as conecta com as coxas, separando-as.

Frango assado com xarope de bordo
8 PORÇÕES PREPARO: **2 HORAS**

2 frangos de 2 kg cada
10 colheres (sopa) de vinagre de vinho tinto
8 colheres (sopa) de xarope de bordo ou melado
2 colheres (chá) de canela em pó
2 colheres (sopa) de gergelim
sal e pimenta-do-reino moída na hora

1 Preaqueça o forno a 180ºC. Tempere os frangos com sal e pimenta e regue o interior deles com 2 colheres (sopa) de vinagre. Coloque-os em uma assadeira grande e leve ao forno por 1h30.
2 Enquanto isso, misture o vinagre restante com o xarope de bordo, a canela e o gergelim. Pincele metade desse molho sobre os frangos e leve-os de volta ao forno por 10 minutos.
3 Pincele os frangos novamente e leve ao forno por mais 10 minutos, até dourarem. Deixe descansar por 5 minutos antes de fatiar.

Molho caseiro de frango ou peru
8 PORÇÕES PREPARO: **1H30**

1 colher (sopa) de óleo de girassol
miúdos, ossinhos e caldos liberados
    no cozimento
4 cebolas grandes cortadas ao meio
1 cenoura grande em rodelas
2 talos de aipo em rodelas
2 folhas de louro
6 grãos de pimenta-do-reino
25 g de manteiga em temperatura ambiente
25 g de farinha de trigo
sal e pimenta-do-reino moída na hora

1 Aqueça o óleo em fogo alto. Coloque os miúdos e os ossinhos e refogue por 3-4 minutos. Acrescente os legumes e refogue por mais 8 minutos.
2 Junte as folhas de louro, os grãos de pimenta e 1,2 litro de água e deixe ferver. Diminua o fogo e cozinhe, sem tampa, por 1 hora. Coe numa peneira e leve o caldo ao fogo. Você deve ter cerca de 600 ml de caldo. Se tiver mais, ferva para reduzir.
3 Misture a manteiga com a farinha para obter uma pasta (beurre manié). Adicione os caldos de cozimento ao molho. Deixe ferver por 5 minutos. Acrescente aos poucos a pasta de farinha, batendo sem parar, até engrossar. Ferva por mais 5 minutos. Tempere com sal e pimenta a gosto e sirva.

Frango assado com pimentões

Tender com crosta doce de mostarda
8 PORÇÕES PREPARO: **35 MINUTOS**

1 tender de 2,5 kg
2 colheres (sopa) de mostarda escura
1 gema
2 colheres (sopa) de mostarda inglesa em pó
25 g de açúcar
75 g de farinha de rosca
um punhado de cravos-da-índia

1 Preaqueça o forno a 180ºC. Misture a mostarda escura com a gema e espalhe sobre o tender.
2 Misture a mostarda em pó, o açúcar e a farinha de rosca e pressione sobre a carne. Finque os cravos no tender e asse por 20-25 minutos.

ocasiões especiais estrelas da mesa

Lombo com farofa picante

Lombo com farofa picante
6 PORÇÕES PREPARO: **2H15**

1 colher (sopa) de sálvia picada
1 colher (sopa) de tomilho picado
3 dentes de alho amassados
3 biscoitos champanhe quebrados
1 lombo de porco de 1,4 kg com capa de gordura
3 colheres (chá) de sal
óleo de girassol para untar
1 colher (chá) de farinha de trigo
600 ml de caldo de porco ou de galinha quente
sal e pimenta-do-reino moída na hora

Farofa
1 cebola média picadinha
25 g de manteiga, mais um pouco para pincelar
75 g de farinha de rosca
25 g de biscoito champanhe quebrado
1 colher (sopa) cheia de sálvia picada
1 colher (sopa) de tomilho picado
½ ovo batido
sal e pimenta-do-reino moída na hora

1 Preaqueça o forno na temperatura máxima. Numa tigela, misture a sálvia, o tomilho, o alho e os biscoitos e tempere bem com sal e pimenta. Abra o lombo, apoie com a capa de gordura para baixo e espalhe as ervas sobre a carne. Enrole o lombo novamente e faça voltas de barbante a 2 cm uma da outra. Pese para calcular o tempo de cozimento (p. 294). Uma peça de 1,4 kg recheada com cerca de 100 g de ervas leva 1h45 para assar. Faça cortes sobre o lombo e esfregue 3 colheres (chá) de sal, para que o sal se aloje nos cortes. Coloque numa assadeira untada, asse por 20 minutos, diminua a temperatura para 160ºC e asse pelo restante do tempo de cozimento.
2 Enquanto isso, prepare a farofa. Refogue a cebola na manteiga em fogo baixo até dourar e ficar macia. Passe para uma tigela e misture a farinha de rosca, os biscoitos quebrados, a sálvia e o tomilho. Tempere com sal e pimenta a gosto. Misture o ovo e transfira para um refratário. Alise a superfície, cubra e reserve.
3 Meia hora antes de o lombo ficar pronto, pincele a farofa com um pouco de manteiga e leve ao forno para assar também.
4 Quando o lombo estiver pronto, retire e deixe descansar, descoberto, por 15 minutos. Desligue o forno. Cubra o refratário com a farofa com papel-alumínio e mantenha aquecido no forno.
5 Para fazer o molho, retire o excesso de gordura da assadeira e aqueça o caldo de cozimento restante em fogo médio. Junte a farinha e aos poucos o caldo, mexendo e raspando o fundo. Ferva até reduzir. Transfira para uma molheira. Leve o lombo à mesa decorado com folhas de tomilho, se desejar. Retire o barbante e sirva acompanhado da farofa e do molho.

dica especial
O MELHOR CORTE
Um lombo aberto com capa de gordura de um lado é ideal para fazer este prato. A gordura mantém a carne úmida enquanto assa. Peça para o açougueiro abrir o lombo para você.

Lombo recheado com laranja
8 PORÇÕES PREPARO: **40-45 MINUTOS**

8 fatias de pão sem a casca
suco e raspas finas de 2 laranjas
12 ramos de tomilho fresco (folhas à parte)
4 filés de lombo (450 g cada) sem gordura
4 colheres (chá) de farinha de milho
600 ml de caldo de legumes ou
  de galinha quente
sal e pimenta-do-reino moída na hora

1 Preaqueça o forno a 220ºC. Bata o pão no processador até obter uma farofa. Passe para uma tigela e misture com as raspas de laranja, o tomilho, sal e pimenta.
2 Coloque os filés de lombo sobre uma tábua e faça um corte no centro de cada filé, no sentido do comprimento, sem atravessar totalmente a carne. Recheie com a farofa e feche os filés com palitos. Tempere com sal e pimenta, espalhe em duas assadeiras e asse por 20-25 minutos, até cozinhar por completo. Transfira para uma travessa e cubra.
3 Misture o suco de laranja com a farinha de milho, até formar uma pasta. Raspe o caldo de cozimento dos lombos que ficou nas assadeiras e leve ao fogo alto. Adicione a pasta e misture bem. Acrescente o caldo e ferva, mexendo sem parar, por 3-4 minutos, até engrossar. Tempere com sal e pimenta a gosto.
4 Retire os palitos dos filés e corte em fatias diagonais. Divida em 4 pratos aquecidos. Regue com o molho e sirva com batatas sauté e legumes.

Quem resiste a um assado que fica pronto em apenas 45 minutos?

Tagine de cordeiro com tâmara e cuscuz de romã
6-8 PORÇÕES PREPARO: **3H30**

2 colheres (sopa) de azeite
2 cebolas picadas
gengibre fresco picado
4 dentes de alho amassados
1 pau de canela
1 colher (sopa) de sementes de coentro moídas
1 colher (chá) de sementes de cominho moídas
1 perna ou 1 paleta de cordeiro de
  1,5 kg em cubos
200 g de tâmaras picadas
1 lata de 400 g de tomates pelados
400 ml de caldo de galinha quente
2 limões-sicilianos em gomos para servir

Cuscuz de romã
500 g de cuscuz marroquino
1 colher (sopa) de azeite
raspas e suco de 1 limão-siciliano
um punhado de hortelã picada
sementes de 1 romã

1 Aqueça o azeite numa panela grande em fogo baixo e refogue a cebola, o gengibre e o alho por 10 minutos, até ficarem macios. Acrescente a canela e as sementes de coentro e cominho e cozinhe por mais 5 minutos. Junte o cordeiro e deixe por mais 10 minutos.
2 Acrescente os tomates e as tâmaras e despeje por cima o caldo. Ferva, tampe a panela e cozinhe em fogo baixo por 2h30-3h, até o cordeiro ficar macio.
3 Coloque o cuscuz marroquino, o azeite e as raspas e o suco de limão numa tigela e cubra com 600 ml de água fervente. Tampe e deixe esfriar por completo. Use um garfo para soltar os grãos e misture a hortelã e as sementes de romã.
4 Sirva o cuscuz com o tagine e decore com gomos de limão.
SUGESTÃO DE BEBIDA Os sabores doces e as especiarias do prato combinam com um vinho tinto maduro, frutado e um pouco picante, como o Shiraz australiano.

Cordeiro recheado com gremolata
6 PORÇÕES PREPARO: **1H50** MAIS **20 MINUTOS DE DESCANSO**

Gremolata
4 colheres (sopa) de azeite extravirgem
1 cebola média picada
125 g de folhas de espinafre
raspas de 1 limão-siciliano
2 dentes de alho grandes picados
15 g de salsa picada
sal e pimenta-do-reino moída na hora

Cordeiro
1 perna de cordeiro de 1,75-2 kg (com o osso do pernil e sem o osso do quadril)
sal e pimenta-do-reino moída na hora

Molho
200 ml de vinho branco
400 ml de caldo de galinha quente
2 colheres (chá) de manteiga em temperatura ambiente
2 colheres (chá) de farinha de trigo
sal e pimenta-do-reino moída na hora

1 Aqueça metade do azeite numa panela grande em fogo médio-baixo. Refogue a cebola por 7-8 minutos, até ficar macia. Reserve numa tigela.
2 Aqueça 1 colher (sopa) do azeite restante na mesma panela e refogue o espinafre até murchar. Coe, esprema e pique o espinafre.
3 Para fazer a gremolata, misture as raspas de limão, o alho e a salsa numa tigela grande. Adicione o espinafre com a cebola reservada, misture e tempere com sal e pimenta. Coloque a gremolata na cavidade onde estava o osso do quadril do cordeiro e feche com palitos. Pese o cordeiro para calcular o tempo de cozimento: 16 minutos para cada 450 g de cordeiro ao ponto.
4 Preaqueça o forno a 210ºC. Esfregue o cordeiro com o resto do azeite e tempere com sal e pimenta. Asse numa assadeira por 15 minutos, até começar a dourar. Baixe a temperatura para 180ºC e deixe assar pelo resto do tempo. Quando estiver pronto, retire e passe para uma travessa. Cubra com papel-alumínio e deixe descansar por 20 minutos, para que a carne fique macia.
5 Enquanto isso, faça o molho. Descarte 2 colheres (sopa) de gordura da assadeira. Coloque a assadeira com a gordura restante sobre as bocas do fogão, em fogo médio, e acrescente o vinho. Ferva, raspando o fundo para misturar bem. Deixe reduzir a 4 colheres (sopa) de molho. Misture com o caldo e ferva por 4-5 minutos, até reduzir e obter um molho saboroso. Misture a manteiga com a farinha para formar uma pasta e bata com o molho para engrossá-lo. Deixe cozinhar por 2-3 minutos, tempere com sal e pimenta e mantenha aquecido.
6 Retire os palitos do cordeiro, fatie e sirva em pratos aquecidos com um pouco de molho por cima e o restante à parte.

Rosbife
6 PORÇÕES PREPARO: **2H30**

1 peça de 2 kg de contrafilé
azeite ou tempero para carne pronto
1 colher (chá) de farinha de trigo
600 ml de caldo de carne
sal e pimenta-do-reino moída na hora

1 Preaqueça o forno na temperatura máxima. Esfregue a peça de carne com azeite, sal e pimenta. Coloque numa assadeira e leve ao forno por 15 minutos, até dourar de todos os lados. Diminua a temperatura para 170ºC e cozinhe, para cada 500 g: 12-13 minutos se quiser que fique malpassado; 17-18 minutos para ficar ao ponto; e 22-24 minutos para ficar bem-passado.
2 Retire do forno e aumente a temperatura para 200ºC, se for fazer em seguida os Bolinhos de Yorkshire (ao lado). Passe a carne para uma tábua e cubra com papel-alumínio. Deixe descansar em local aquecido por 30 minutos.
3 Enquanto isso, faça o molho. Retire o excesso de gordura da assadeira. Esquente a assadeira nas bocas do fogão, em fogo médio. Polvilhe com a farinha. Misture bem com um batedor pequeno, acrescente um pouco do caldo e bata de novo. Raspe o fundo da assadeira para misturar os resíduos e ficar mais saboroso. Adicione o caldo restante e cozinhe até reduzir e ficar um molho

estrelas da mesa — ocasiões especiais

saboroso. Passe para uma panela e mantenha aquecido.
4 Tire o papel e acrescente o caldo liberado pela carne à panela com o molho. Corte fatias finíssimas de carne e sirva com os Bolinhos de Yorkshire, o molho e legumes.

Bolinhos de Yorkshire
4-6 PORÇÕES PREPARO: **40 MINUTOS**

2 colheres (sopa) de óleo
100 ml de leite integral
50 ml de água com gás
115 g de farinha de trigo
¼ de colher (chá) de sal
2 ovos batidos
pimenta-do-reino moída na hora

1 Preaqueça o forno a 200ºC. Unte 4 ou 6 fôrmas para bolinhos com o óleo. Leve-as ao forno quente por 5 minutos, até o óleo ficar bem quente e esfumaçar.
2 Enquanto isso, misture o leite com a água com gás numa jarra. Peneire a farinha e o sal numa tigela grande. Quebre os ovos numa tigela, bata e tempere com pimenta. Abra um buraco no centro da farinha peneirada e adicione o ovo batido. Incorpore aos poucos a farinha aos ovos em movimentos circulares. Adicione o leite com água e bata até obter uma massa cremosa e homogênea.
3 Passe a massa para uma jarra. Retire as fôrmas do forno e despeje a massa enquanto ainda estiverem quentes, enchendo ¾ delas. Recoloque no forno e asse, sem abrir a porta, por 20-25 minutos, até os bolinhos crescerem e dourarem bem. Sirva na hora.

Bolinhos de Yorkshire

para as crianças

Pizza na baguete
8 PORÇÕES PREPARO: **45 MINUTOS**

4 baguetes pequenas congeladas
1 dente de alho cortado ao meio
8 colheres (sopa) de purê de tomate
16 colheres (sopa) de molho de tomate
recheios variados, como: presunto cozido
  ou cru, salame, atum, milho, pimentão em
  tiras, cogumelos fatiados, fatias de tomates-
  -cereja, mussarela, parmesão ralado, pesto

1 Preaqueça o forno a 200ºC. Asse as baguetes por 12-15 minutos. Corte-as no sentido do comprimento e leve de volta ao forno por 5 minutos para ficarem crocantes.
2 Esfregue alho no lado interno das baguetes. Espalhe por cima de cada uma 1 colher (sopa) de purê de tomate e 2 colheres (sopa) de molho.
3 Deixe as crianças escolherem recheios e criarem combinações.
4 Coloque as pizzas numa assadeira e leve ao forno por 6-8 minutos, até o queijo derreter e/ou o recheio dourar bem.

Pizza de tomate-cereja e calabresa
8 PORÇÕES PREPARO: **20 MINUTOS**

4 pães sírios
580 g de molho de tomate com manjericão
300 g de mussarela em fatias
100 g de linguiça calabresa em fatias
folhas de manjericão
sal

1 Preaqueça o forno a 180ºC. Coloque os pães sírios numa assadeira grande. Distribua o molho nos pães e espalhe bem.
2 Cubra com fatias de mussarela e linguiça. Tempere com sal e leve ao forno por 10-12 minutos, até borbulhar e o queijo dourar.
3 Salpique o manjericão e sirva.

Batata chips caseira
8 PORÇÕES PREPARO: **30 MINUTOS**

8 batatas grandes
óleo de milho ou de girassol para fritar
maionese e ketchup para servir

1 Descasque e corte as batatas em fatias redondas de 1 cm de espessura. Corte cada fatia em rodelas bem finas. Espalhe num pano de prato limpo e seque o máximo que puder. Forre 2 assadeiras com papel-toalha.
2 Encha 1/3 de uma panela grande com óleo. Aqueça em fogo médio. Quando um cubo de pão fritar e escurecer em 1 minuto, o óleo estará no ponto. Coloque com cuidado uma porção de rodelas de batata. Frite por 4-5 minutos, mexendo para que não grudem umas nas outras, até ficarem macias mas não douradas. Retire com uma escumadeira e espalhe sobre o papel-toalha numa assadeira.

---

técnica especial
FATIANDO PIMENTÃO

1. Ponha o pimentão na tábua e retire as pontas. Coloque-o em pé e corte ao meio. Retire todas as sementes.

2. Deite as duas metades do pimentão na tábua e retire as fibras internas. Então, fatie do modo desejado.

para as crianças ocasiões especiais

Repita o processo até fritar tudo.
3 Adicione mais óleo à panela, se preciso. Leve de volta ao fogo, até um cubo de pão dourar em 45 segundos. Frite as batatas de novo, algumas por vez, por 2-3 minutos, até ficarem douradas e crocantes. Retire com a escumadeira, transfira para a outra assadeira e mantenha aquecidas. Quando estiverem prontas, retire a panela do fogo e deixe em lugar seguro até esfriar.
4 Sirva as batatas na hora com maionese, ketchup e outros molhos escolhidos pelas crianças.

Batatinhas com molho
8 PORÇÕES PREPARO: **35 MINUTOS**

1 kg de batatas grandes
8 colheres (sopa) de azeite
4 colheres (sopa) de temperos de sua preferência
280 ml de creme de leite com gotas de limão
4 cebolinhas picadas

1 Corte as batatas ao meio e coloque-as com o lado cortado para baixo numa tábua. Corte cada metade em 6 lascas.
2 Aqueça o azeite numa frigideira grande. Coloque as batatas, salpique com os temperos e misture para envolver bem. Frite por 25 minutos em fogo médio, mexendo de vez em quando, até as batatas dourarem por fora e ficarem macias por dentro.
3 Coloque o creme de leite com limão numa tigelinha e salpique a cebolinha. Sirva as batatinhas com o molho e outros acompanhamentos de sua preferência.

Sirva as batatinhas com molho levemente apimentado.

Pizza na baguete

Batatinhas com molho

ocasiões especiais — para as crianças

Bolinhos de salmão

Bolinhos de salmão
8 UNIDADES PREPARO: **50 MINUTOS**

1 kg de batata
50 g de manteiga
600 ml de leite
350 g de bacalhau ou outro peixe branco fresco
2 folhas de louro
6 pimentas (não muito ardidas)
100 g de salmão defumado picado
um punhado de cebolinha picada
um punhado de salsa picada
farinha de trigo para polvilhar
2 ovos batidos
100 g de farinha de rosca
óleo para fritar
gomos de limão-siciliano para servir
sal

Molho tártaro
25 g de minipepinos em conserva picados
25 g de alcaparras picadas
salsa picada
um pouco de suco de limão-siciliano
4 colheres (sopa) cheias de maionese

Iscas de peixe
6 PORÇÕES PREPARO: **20 MINUTOS**

6 colheres (sopa) de farinha de trigo
4 fatias de pão trituradas
raspas finas de ½ limão-siciliano
1 ovo
500 g de peixe branco sem pele nem espinhas
sal

1 Coloque a farinha num prato e tempere com sal. Misture os farelos de pão com as raspas de limão em outro prato. Bata o ovo numa tigela com 1 colher (sopa) de água.
2 Preaqueça o forno a 160ºC. Corte o peixe em tiras.
3 Passe as tiras de peixe na farinha, bata para tirar o excesso, mergulhe no ovo e, por último, empane no pão.
4 Unte uma assadeira com um pouco de óleo. Coloque as iscas na assadeira e leve ao forno por 5 minutos. Vire e asse por mais 5 minutos. O peixe deve ficar dourado por fora e bem cozido por dentro. Sirva com gomos de limão-siciliano.

1 Corte as batatas em pedaços iguais e cozinhe em água fervente com sal por 15-20 minutos, até ficarem macias. Escorra, recoloque na panela e aqueça por 30 segundos para secá-las. Junte a manteiga e um pouco de leite e amasse.
2 Enquanto isso, coloque o bacalhau numa panela e cubra com leite. Adicione um pouco de água se o leite não chegar a cobrir o peixe. Coloque também as folhas de louro e as pimentas e deixe ferver.
3 Diminua o fogo e mantenha em fervura leve por 5-6 minutos, até o peixe ficar macio. Retire. Desfie o peixe, descartando escamas e espinhas. Misture com o purê de batata, o salmão e as ervas. Salgue e molde 8 bolinhos.
4 Coloque a farinha, o ovo e a farinha de rosca em 3 pratos separados. Passe os bolinhos na farinha, depois no ovo e, por último, na farinha de rosca.
5 Misture todos os ingredientes do molho tártaro.
6 Aqueça o óleo numa frigideira e frite os bolinhos por 5-6 minutos de cada lado, até aquecerem bem. Sirva com o molho e os gomos de limão.

Iscas de peixe

ocasiões especiais — **para as crianças**

Franguinho empanado

Franguinho empanado
16 UNIDADES PREPARO: **30 MINUTOS**

óleo para untar
3 peitos de frango
ketchup
3 pacotes de cereal matinal sem açúcar

1 Preaqueça o forno a 170ºC. Unte a assadeira com um pouco de óleo.
2 Corte o frango em tiras.
3 Coloque 3 colheres (sopa) de ketchup numa tigela e junte o frango. Misture para cobrir bem o frango com o ketchup.
4 Quebre o cereal dentro dos pacotes para que fiquem bem moídos. Coloque numa tigela grande e passe as tiras de frango para cobri-las com os pedacinhos de cereal.
5 Coloque as tiras empanadas numa assadeira untada com óleo. Asse por 10-12 minutos, até o frango ficar cozido e a cobertura dourar e ficar crocante.
6 Sirva-os com o ketchup.

Frango melado
8 PORÇÕES PREPARO: **20 MINUTOS**

4 colheres (sopa) de mel
4 colheres (sopa) de molho suave de pimenta
um pouco de limão
8 coxas de frango desossado e sem pele
arroz para servir

1 Preaqueça o forno a 160ºC. Misture o mel e o molho de pimenta numa panelinha. Acrescente o limão e misture bem. Leve ao fogo e deixe ferver em fogo médio, até engrossar.
2 Enquanto isso, asse as coxas no forno preaquecido por 10 minutos.
3 Pincele as coxas com o molho e leve de volta ao forno por mais 10 minutos, até dourarem e ficarem meladas. Sirva com arroz.

Torta de linguiça
8 PORÇÕES PREPARO: **55 MINUTOS**

375 g de massa pronta para torta em temperatura ambiente
1 colher (sopa) de azeite
2 cebolas picadas
10 folhas de sálvia picadas
600 g de linguiça de porco
100 g de farinha de rosca
1 ovo batido
2 colheres (sopa) de mel
1 colher (sopa) de gergelim
pimenta-do-reino moída na hora

1 Preaqueça o forno a 160ºC. Abra a massa e use para forrar uma fôrma com aro removível de 20 x 30 cm. Coloque papel-manteiga sobre a massa e espalhe feijão cru por cima para assar por igual. Leve ao forno e cozinhe por 5 minutos. Retire o papel e o feijão.
2 Enquanto isso, aqueça o azeite numa frigideira pequena em fogo médio. Refogue as cebolas por 8 minutos, mexendo às vezes, até a cebola ficar macia e começar a dourar. Junte a sálvia e frite por mais 1 minuto. Passe as cebolas para uma tigela.

3 Tire a pele das linguiças e misture na tigela com a cebola, a farinha de rosca, o ovo e bastante pimenta. Mexa bem.
4 Espalhe o recheio sobre a massa e asse por 20 minutos. Pincele com o mel, salpique o gergelim e asse por mais 5-10 minutos, até dourar.
5 Corte em pedaços e sirva.

Costelinhas agridoces com salada de repolho
8 PORÇÕES PREPARO: **50 MINUTOS**

1,2 kg de costelinhas de porco (2 por criança)
150 ml de molho inglês com tomate ou ketchup
1 cebola roxa
250 g de feijão cozido
2 tomates em cubos
um punhado de salsa picada
½ repolho roxo picadinho
1 cenoura ralada
4 colheres (sopa) de maionese light
suco de 1 limão-siciliano
sal

1 Preaqueça o forno a 180ºC. Coloque as costelinhas numa assadeira, espalhe o molho por cima e misture bem. Asse por 40-45 minutos, virando na metade do tempo e regando de novo com o molho. Asse até as costelinhas mudarem de cor e ficarem um pouco meladas.
2 Enquanto isso, faça o vinagrete. Pique metade da cebola e misture com o feijão, o tomate e a salsa.
3 Para a salada de repolho, pique o restante da cebola e misture com o repolho e a cenoura numa saladeira. Misture a maionese e o limão e tempere com sal a gosto.
4 Sirva as costelinhas com o vinagrete e a salada de repolho.

dica especial
COSTELAS PARA AS CRIANÇAS
As costelinhas são uma boa opção para a criançada. Você pode cortar a costela em pedaços usando uma tesoura.

Frango melado

Torta de linguiça

ocasiões especiais | para as crianças

Cheeseburger

Rolinhos de linguiça
8-10 PORÇÕES PREPARO: **45 MINUTOS**

8 linguiças grandes sem a pele
1 cebola pequena picada
3 tomates secos picados
3-4 folhas de sálvia picadas
3 colheres (sopa) de salsa picada
500 g de massa folhada pronta
1 ovo médio levemente batido
25 g de parmesão ralado
sal

1 Preaqueça o forno a 180ºC. Coloque a carne da linguiça numa tigela com a cebola, os tomates, as ervas e uma pitada de sal. Misture com uma colher de pau ou com as mãos até ficar homogêneo.
2 Corte a massa ao meio e abra uma metade para obter um retângulo de 40 cm x 17 cm e 3 mm de espessura. Espalhe o recheio ao longo de uma das laterais da massa, deixando uma borda de 5 mm livre. Pincele a borda com ovo e dobre a massa sobre o recheio. Pressione a borda com os dedos ou um garfo para selar bem. Corte a massa em 8 rolinhos. Faça o mesmo com a outra metade de massa.
3 Pincele com o ovo batido e polvilhe com o queijo. Coloque numa assadeira grande forrada com papel-manteiga. Asse por 20-25 minutos no forno quente até dourar e crescer. Retire e deixe esfriar.

Linguiça com mel
20 PORÇÕES PREPARO: **40 MINUTOS**

400 g de linguiças finas
2 colheres (sopa) de mostarda em grãos
2 colheres (sopa) de mel
1 colher (sopa) de molho inglês
folhas de 3 ramos de alecrim (opcional)

1 Preaqueça o forno a 180ºC. Corte cada linguiça ao meio.
2 Num refratário raso que possa ir ao forno, misture a mostarda, o mel e o molho inglês. Misture as linguicinhas para cobrir bem com o molho.
3 Asse por 15 minutos, vire e acrescente o alecrim, se as crianças gostarem. Asse por mais 15 minutos até dourarem bem e ficarem meladas, mas sem queimar.
4 Sirva em palitinhos. Para festinhas, acrescente tomates-cereja no palito.

técnica especial
ABRIR A MASSA

1. Uma superfície de mármore ou granito é ideal. Abra a massa diretamente sobre a superfície enfarinhada ou sobre papel-manteiga. Coloque cada mão numa ponta do rolo e deslize-o por cima da massa.

para as crianças ocasiões especiais

Cheeseburger
8 PORÇÕES PREPARO: **30 MINUTOS**
MAIS **30 MINUTOS NA GELADEIRA**

um pouco de azeite
4 dentes de alho amassados
1 cebola picadinha
1,3 kg de carne moída magra
um pouco de molho inglês
450 g de mussarela ou queijo prato em fatias finas
8 pães de hambúrguer com gergelim
alface, fatias de tomate e de cebola, ketchup e maionese para servir
sal

1 Aqueça o azeite numa frigideira e refogue o alho e a cebola por 1-2 minutos, até ficarem macios. Deixe esfriar um pouco e misture numa tigela com a carne e o molho inglês e salgue.
2 Divida a carne em oito partes e molde os hambúrgueres. Leve à geladeira por 30 minutos para ficarem firmes. Enquanto isso, preaqueça a chapa em temperatura médio-alta.
3 Grelhe os hambúrgueres por 10-12 minutos, virando na metade do tempo. Cubra com o queijo nos últimos 2-3 minutos.
4 Torre os pães por 1-2 minutos. Coloque os hambúrgueres nos pães e deixe as crianças escolherem os acompanhamentos. Sirva com ketchup e maionese.

Outras boas opções são carne de cordeiro moída com hortelã e carne de porco moída com maçã ralada.

Rolinhos de linguiça

ocasiões especiais **para as crianças**

Maçã caramelada

Maçã caramelada
4 PORÇÕES PREPARO: **15 MINUTOS**

100 g de manteiga
100 g de açúcar
6 maçãs cortadas em fatias
½ colher (chá) de canela em pó
um punhado de nozes-pecãs torradas e picadas

1 Aqueça a manteiga e o açúcar numa panela. Quando caramelizar, misture as maçãs e a canela e cozinhe por 5 minutos. Mexa para cobrir as maçãs.
2 Junte as nozes e sirva na hora.

Bolo de caramelo
8-10 PORÇÕES PREPARO: **1H15**

225 g de manteiga em temperatura ambiente
125 g de açúcar mascavo
100 g de açúcar comum
4 ovos grandes
225 g de farinha de trigo com fermento
2 colheres (chá) de essência de baunilha
2 colheres (sopa) de leite, se preciso
400 g de cream cheese

Caramelo
50 g de manteiga
75 g de açúcar mascavo
50 g de açúcar comum
150 g de mel
120 ml de creme de leite
1 colher (chá) de essência de baunilha

1 Preaqueça o forno a 170ºC. Unte duas fôrmas quadradas de 20 cm (e 2 cm de altura).
2 Faça o caramelo. Coloque a manteiga, os dois tipos de açúcar e o mel numa panela e mexa em fogo baixo por 10-15 minutos. Junte o creme de leite e a baunilha e deixe esfriar.
3 Faça o bolo. Bata a manteiga e os dois tipos de açúcar até obter um creme fofo e pálido. Bata adicionando aos poucos os ovos, um a um, e 1 colher (sopa) de farinha após cada adição. Misture a baunilha. Incorpore a farinha restante e um pouco de leite se a massa não soltar facilmente da colher.

Tortinhas de carne com cereja (Caras de monstrinhos)

4 Divida a massa entre as fôrmas e asse por 25 minutos, até que, ao espetar um palito, ele saia limpo. Deixe esfriar por 10 minutos, desenforme e espere esfriar.
5 Bata o cream cheese até ficar cremoso. Junte 8 colheres (sopa) do caramelo. Coloque um dos bolos numa travessa, espalhe o caramelo por cima e cubra com o outro bolo. Decore com mais calda.

Tortinhas de carne com cereja (Caras de monstrinhos)
12 UNIDADES PREPARO: **35 MINUTOS**

manteiga para untar
375 g de massa folhada pronta
farinha para polvilhar
12 colheres (chá) de carne moída
24 cerejas em calda

1 Preaqueça o forno a 180ºC. Unte 12 fôrmas para bolinhos.
2 Abra a massa numa superfície enfarinhada. Use cortadores de biscoito para cortar 12 círculos um pouco maiores do que as forminhas. Coloque as massas nas fôrmas e fure a base com um garfo.
3 Asse no forno aquecido por 6 minutos, até dourar.
4 Corte 12 tirinhas com a massa restante para fazer as bocas.
5 Retire do forno e coloque 1 colher (chá) de carne moída em cada massa. Decore com 2 pedacinhos de cereja e uma tirinha de massa. Leve ao forno por 8-10 minutos.
6 Deixe esfriar por alguns minutos e com uma faca lisa retire das forminhas.

Puxa-puxa fácil
70-80 UNIDADES PREPARO: **2 HORAS**

450 g de açúcar glacê, mais um pouco para polvilhar
100 g de marshmallows
2 colheres (sopa) de leite
100 g de manteiga
algumas gotas de essência de baunilha

1 Peneire o açúcar numa tigela grande.
2 Coloque os marshmallows numa panela e acrescente o leite, a manteiga e a essência de baunilha. Mexa em fogo baixo até derreter.
3 Despeje o marshmallow no centro do açúcar e misture bem até obter uma massa lisa. Deixe esfriar por 10 minutos e molde uma bola. Embrulhe em filme de PVC e leve à geladeira por 1 hora.
4 Corte a massa em quatro partes iguais e abra para ficarem com 5 mm de espessura. Corte 70-80 figuras usando cortadores de biscoito.
5 Distribua sobre papel-manteiga e deixe por 30 minutos até firmarem. Guarde em recipiente hermético, com papel-manteiga entre as camadas. Dura até 3 semanas em local fresco.

> **dica especial**
> **MASSA AÇUCARADA**
> Quando estiver trabalhando com uma massa assim, polvilhe a superfície de trabalho e o rolo com açúcar glacê para ela não grudar.

Puxa-puxa fácil

ocasiões especiais — **para as crianças**

Cocada colorida

Cocada colorida
40 UNIDADES PREPARO: **15 MINUTOS**
MAIS **12 HORAS DE DESCANSO**

---

manteiga para untar
1 lata de leite condensado
350 g de coco ralado
350 g de açúcar glacê
algumas gotas de essência de baunilha
corante comestível rosa ou vermelho

---

1 Você vai precisar de uma fôrma de 23 cm x 20 cm e 4 cm de altura. Unte a fôrma com manteiga e forre com papel-manteiga (inclusive as laterais).
2 Coloque o leite condensado numa tigela grande, junte o coco, o açúcar e a baunilha e misture bem. Espalhe metade dessa massa na fôrma e pressione com os dedos úmidos.
3 Adicione algumas gotas de corante ao restante da massa e misture até ficar homogêneo. Espalhe a massa colorida sobre a outra na fôrma e alise a superfície com os dedos úmidos.
4 Cubra com filme de PVC e deixe descansar de um dia para o outro para firmar (são necessárias ao menos 12 horas). Segure as pontas do papel para puxar a cocada para fora e corte em 40 pedaços. Guarde em recipiente hermético por até 3 semanas.

Sanduíche de pão de mel com marshmallow
8 PORÇÕES PREPARO: **1H20**

---

150 g de framboesas
50 g de açúcar glacê
4 colheres (sopa) de xarope de groselha
250 g de mascarpone ou cream cheese
140 ml de creme de leite para chantilly
100 g de marshmallows cor-de-rosa em pedacinhos
50 g de pão de mel em pedacinhos
16 retângulos de wafer

---

1 Coloque as framboesas numa tigela e peneire por cima o açúcar glacê. Regue com o xarope de groselha e amasse até virar um purê. Junte o mascarpone ou cream cheese.
2 Em outra tigela, bata o creme de leite até formar picos suaves. Incorpore ao creme de framboesa, acrescentando os marshmallows e o pão de mel. Cubra com filme de PVC e leve à geladeira por 1 hora.
3 Coloque o recheio gelado entre dois wafers, pressionando um pouco. Consuma na hora ou, para transformar em sorvete, embrulhe em papel-manteiga e leve ao freezer por algumas horas para gelar. O wafer vai amolecer, mas vale a pena experimentar.

---

dica especial

DECORAÇÃO
Para decorar os sanduíches, passe os quatro lados numa travessa com chocolate granulado, coco ralado ou castanhas picadas. Os pedacinhos vão grudar no recheio.

Sanduíche de pão de mel com marshmallow

ocasiões especiais — ao ar livre

ao ar livre

Travessa de petiscos
8 PORÇÕES PREPARO: **35 MINUTOS**

16 fatias de presunto cru
150 g de azeitonas

Bruschetta
1 pão italiano em fatias
4 colheres (sopa) de azeite extravirgem
1 dente de alho grande
6 tomates picados
sal e pimenta-do-reino moída na hora

Queijo temperado
3 colheres (sopa) de azeite extravirgem
suco de 1 limão-siciliano pequeno
2 colheres (sopa) de orégano
500 g de queijo haloumi ou branco

1 Para o queijo, misture o azeite com o suco de limão e o orégano e reserve para acentuar o sabor.
2 Para as bruschettas, aqueça uma frigideira ou chapa. Pincele as fatias de pão com um pouco de azeite e grelhe até dourarem bem. Esfregue o alho num dos lados das fatias e distribua na travessa.
3 Misture os tomates picados numa tigela com 2 colheres (sopa) de azeite, uma pitada de sal e bastante pimenta. Espalhe o recheio sobre as fatias e regue com azeite.
4 Corte o queijo branco em bastões e grelhe-os na chapa usada para fazer o pão. Grelhe por 1 minuto de cada lado, até dourarem bem, e distribua na travessa. Regue com o tempero reservado, salpique sal e pimenta e sirva com as bruschettas, as fatias de presunto e as azeitonas.
SUGESTÃO DE BEBIDA Um vinho rosé leve e frutado é a combinação perfeita para petiscos como esses. Opte por um provençal ou de outra parte do Mediterrâneo.

Falafel rápido com molho de harissa
2 PORÇÕES PREPARO: **20 MINUTOS**

250 g de grão-de-bico cozido
4 cebolinhas picadas
½ colher (chá) de cominho em pó
2 colheres (sopa) de harissa
1 limão-siciliano
3 colheres (sopa) de azeite
sal

1 Coloque o grão-de-bico no liquidificador ou processador. Junte ¾ da cebolinha, o cominho e 1 colher (sopa) de harissa. Corte o limão ao meio. Esprema uma metade e acrescente 1 colher (sopa) de limão ao grão-de-bico. Corte a outra metade em gomos para servir. Tempere com sal e bata até obter uma pasta homogênea. Molde 6 bolinhos.
2 Aqueça 1 colher (sopa) de azeite numa frigideira em fogo médio. Frite os bolinhos por 3-4 minutos de cada lado, até dourarem bem.
3 Enquanto isso, misture a harissa restante com o azeite e um pouco de limão. Tempere com sal e junte a cebolinha restante. Divida em duas porções e regue com o molho. Sirva com gomos de limão-siciliano, rúcula e pão ciabatta torrado, se desejar.

O queijo branco fica ótimo com o tempero azedinho.

ao ar livre — ocasiões especiais

Nachos mexicanos
2 PORÇÕES PREPARO: **20 MINUTOS**

300 g de Ragu de carne descongelado (p. 168)
150 g de tortilhas de milho
60 g de queijo prato ralado

Guacamole
1 abacate maduro
suco de 1 limão pequeno, mais gomos para servir
1 tomate picado
1 pimenta vermelha picada
coentro fresco picado

1 Preaqueça o forno a 180ºC. Coloque o ragu numa panelinha e aqueça por 5 minutos, até começar a ferver.
2 Distribua as tortilhas em duas assadeiras, formando camadas irregulares. Espalhe o ragu de forma homogênea por cima das tortilhas e salpique o queijo. Leve ao forno por alguns minutos até o queijo derreter e dourar bem.
3 Enquanto isso, corte o abacate em cubos e misture aos outros ingredientes do molho. Espalhe o molho por cima dos nachos e sirva na hora com os gomos de limão.

Falafel rápido com molho de harissa

Nachos mexicanos

técnica especial
CORTAR O ABACATE

1. Use uma faca grande para cortar o abacate ao meio, passando a lâmina ao redor do caroço. Separe as metades com cuidado.

2. Pressione a lâmina no caroço e puxe para retirá-lo (retorça um pouco, se preciso).

ocasiões especiais ao ar livre

Milho na churrasqueira
4 PORÇÕES PREPARO: **25 MINUTOS**

4 espigas de milho
125 g de manteiga em temperatura ambiente
1 pimenta vermelha
coentro picado

1 Coloque as espigas numa tigela com água fria e deixe de molho por 30 minutos.
2 Pique bem a pimenta e misture com a manteiga e o coentro. Escorra as espigas e coloque-as sobre papel-alumínio. Espalhe a manteiga temperada sobre elas e feche o papel.
3 Cozinhe as espigas na churrasqueira (nível médio de calor) por 25-30 minutos, virando de vez em quando. Retire da churrasqueira e abra o papel com cuidado, sem deixar escorrer a manteiga.

Milho na churrasqueira

Patê de pimentão e berinjela
8 PORÇÕES PREPARO: **55 MINUTOS**

4 berinjelas
4 pimentões vermelhos
azeite para pincelar
4 dentes de alho grandes amassados
½ colher (chá) de cominho em pó
½ colher (chá) de páprica
suco de 1 limão-siciliano
300 ml de iogurte natural
coentro fresco picado
sal e pimenta-do-reino moída na hora
8 pães sírios para servir

1 Acenda a churrasqueira. Pincele as berinjelas e os pimentões com azeite. Grelhe por 20-25 minutos, virando na metade do tempo, até escurecerem e ficarem macios. Retire da grelha. Coloque os pimentões num saco plástico, feche e deixe por 15 minutos.
2 Abra as berinjelas ao meio e retire a polpa; bata no liquidificador ou processador. Retire a casca e as sementes dos pimentões e adicione ao processador com o alho, o cominho, a páprica e o limão. Salgue e bata até obter um purê. Adicione o iogurte e o coentro e bata de novo. Ajuste o tempero.

Homus rápido

3 Torre um pouco o pão sírio na churrasqueira por 1-2 minutos. Sirva quente com a pasta.

Tapenade
4 PORÇÕES PREPARO: **15 MINUTOS**

100 g de azeitonas pretas sem caroço
2 colheres (sopa) de alcaparras escorridas
1 dente de alho grande amassado
85 ml de azeite extravirgem, mais um pouco para armazenar
pimenta-do-reino moída na hora

1 Coloque as azeitonas, as alcaparras e o alho no liquidificador ou processador e bata até ficar cremoso. Sempre batendo, adicione o azeite em filete contínuo.
2 Tempere bem com pimenta e transfira para uma travessa de servir ou um recipiente hermético. Cubra com uma camada de azeite antes de fechar.

Homus rápido
12 PORÇÕES PREPARO: **30 MINUTOS**

150 g de grão-de-bico
raspas e suco de 1 limão-siciliano
3 colheres (sopa) de tahine
2 dentes de alho grandes amassados
120-140 ml de azeite
sal

1 Deixe o grão-de-bico de molho de um dia para o outro. Escorra e cozinhe em água fervente por 45-55 minutos, até ficar macio. Coe e deixe esfriar.
2 Bata no liquidificador ou processador com as raspas e o suco do limão, o tahine e os dentes de alho. Bata adicionando aos poucos o azeite. Tempere bem com sal.

Picles de verão
1 POTE GRANDE PREPARO: **45 MINUTOS**

½ pepino
1 cebola roxa cortada em fatias finas
minicenouras
rabanetes pequenos
1 pimentão vermelho ou amarelo cortado em tiras
1 bulbo de erva-doce cortado em tiras
2 colheres (chá) de sementes de mostarda
1 colher (chá) de sementes de coentro moídas
1 colher (chá) de sementes de erva-doce
250 ml de vinagre de maçã ou de arroz
1 colher (sopa) de açúcar
2-3 pimentas vermelhas cortadas ao meio
2-3 folhas de louro
2-3 ramos de tomilho fresco
2-3 dentes de alho cortados ao meio
sal marinho

1 Abra o pepino ao meio e retire as sementes. Corte em bastões de 5 cm ou em meias-luas e coloque numa peneira. Misture com 1 colher (chá) de sal marinho e deixe por 30 minutos para retirar a umidade. Passe na água e escorra.
2 Enquanto isso, desfaça as fatias de cebola. Corte as minicenouras ao meio ou em quatro partes, dependendo do tamanho. Lave, retire as pontas dos rabanetes e corte-os em fatias.
3 Misture os legumes, exceto o pepino, numa tigela não metálica. Cubra com água fervente, escorra, passe sob água fria e escorra. Recoloque na tigela e junte o pepino e a erva-doce picada.
4 Coloque as sementes de mostarda, coentro e erva-doce numa frigideira média em fogo baixo e torre até começarem a pular. Acrescente o vinagre, o açúcar, ½ colher (chá) de sal, as pimentas, as folhas de louro, o tomilho e o alho. Deixe em fervura leve por alguns minutos. Despeje o vinagre e deixe esfriar, misturando de tempos em tempos.
5 Coloque os vegetais e as ervas num recipiente esterilizado. Prove o vinagre e adicione mais açúcar, se preciso. Despeje sobre os legumes, cobrindo-os bem. Feche e deixe na geladeira.

dica especial
MAIS TEMPO, MAIS SABOR
Você pode consumir os picles após algumas horas, mas eles duram na geladeira por algumas semanas. Os vegetais perdem um pouco a cor e a consistência, mas o sabor fica mais acentuado.

Pizza antepasto
4 PORÇÕES PREPARO: **1H25**

2 colheres (sopa) de azeite extravirgem
1 dente de alho grande picado
750 ml de molho de tomate
1 colher (sopa) de orégano ou tomilho
½ colher (chá) de açúcar
250 g de fundos de alcachofra em conserva escorridos e cortados ao meio
200 g de pimentões vermelhos em conserva sem o óleo
80 g de tomates secos em conserva sem o óleo
250 g de bolinhas de mussarela de búfala (cerca de 10) cortadas ao meio
50 g de azeitonas pretas sem caroço
50 g de mussarela ralada
sal

Massa
350 g de farinha de trigo, mais um pouco para polvilhar
2 colheres (chá) de fermento biológico seco
1 colher (chá) de sal
azeite

1 Faça a massa. Peneire a farinha, o fermento e o sal numa tigela. Acrescente 225 ml de água morna e misture até obter uma massa homogênea. Trabalhe a massa sobre uma superfície enfarinhada por 5 minutos, até ficar macia e elástica. Coloque numa tigela untada, cubra com filme de PVC e deixe crescer por 1 hora, até dobrar de tamanho.
2 Se assar na churrasqueira a carvão, acenda 30 minutos antes de usar. Se usar a churrasqueira a gás, preaqueça 10 minutos antes.
3 Enquanto isso, faça o recheio. Aqueça azeite numa frigideira média e refogue o alho por 1-2 minutos, até começar a espirrar. Acrescente o molho de tomate, o orégano, o açúcar e o sal e ferva por 30 minutos, mexendo de vez em quando, até engrossar. Reserve.
4 Dê soquinhos na massa para liberar o ar, passe para uma superfície enfarinhada e amasse. Divida em duas partes e abra dois discos de 25 cm de diâmetro. Transfira para

Pizza antepasto

duas assadeiras e pincele com azeite.
5 Vire as massas, com os lados pincelados para baixo, sobre a churrasqueira. Asse em temperatura média por 2-3 minutos, até ficar com as marcas da grelha. Vire e asse por mais 2 minutos.
6 Retire da churrasqueira. Espalhe o molho de tomate. Cubra com as alcachofras, os pimentões, os tomates, a mussarela de búfala, as azeitonas e a mussarela ralada. Grelhe por 5 minutos. Sirva com salada.

Tortinhas de tomate, mussarela e manjericão
4 PORÇÕES PREPARO: **55 MINUTOS**

600 g de massa pronta para torta
4 colheres (chá) de pesto
8 fatias de mussarela
1 tomate grande fatiado
2 dentes de alho em lâminas
folhinhas de manjericão
3 colheres (chá) de azeite
sal e pimenta-do-reino moída na hora

1 Abra a massa sobre uma folha de papel-manteiga. Apoie uma forminha de 12 cm de diâmetro sobre a massa e corte quatro discos 3 cm maiores.
2 Coloque os discos de massa em forminhas, pressionando nas laterais. Passe o rolo por cima delas para retirar as sobras de massa das bordas. Fure a base da massa algumas vezes com um garfo para que não se formem bolinhas enquanto estiver no forno.
3 Para que assem sem perder a forma, coloque papel-manteiga sobre as massas e ponha feijão cru por cima. Leve as forminhas à geladeira por 15 minutos (assim a massa não diminui enquanto assa). Preaqueça o forno a 200ºC.
4 Asse as massas por 10-15 minutos, até dourarem um pouco. Retire o papel e o feijão e espere esfriar um pouco. Deixe o forno aceso.
5 Espalhe um pouco de pesto nas massas e coloque duas fatias de mussarela e 2-3 fatias de tomate sobre cada uma. Espalhe o alho, um pouco de sal e pimenta por cima. Finalize com 2-3 folhas de manjericão e regue com azeite.
6 Coloque as forminhas numa assadeira e leve ao forno por 10 minutos, até o queijo borbulhar. Retire as tortas das forminhas e sirva com salada.

Cuscuz com legumes e queijo
4 PORÇÕES PREPARO: **30 MINUTOS**

250 g de cuscuz marroquino integral
1 abobrinha cortada em bastões finos
1 berinjela cortada em fatias finas no sentido do comprimento
2 pimentões vermelhos cortados em tiras
3 colheres (sopa) de azeite
1 colher (sopa) de sementes de cominho
1 colher (sopa) de sementes de erva-doce
suco de 1 limão-siciliano grande
1 pimenta vermelha grande picada
50 g de pinholes torrados
50 g de damasco ou ameixa secos
150 g de queijo feta ou branco picado
coentro fresco picado
homus para servir
sal

1 Coloque o cuscuz marroquino numa tigela grande e cubra com água fervente. Cubra com um pano de prato limpo e deixe por 5 minutos, até absorver a água. Solte os grãos com um garfo.
2 Aqueça uma frigideira, coloque a abobrinha, a berinjela e o pimentão numa tigela e misture com 2 colheres (sopa) de azeite e as sementes de cominho e de erva-doce. Passe para a frigideira, um pouco por vez, e grelhe por 2 minutos de cada lado, até escurecerem um pouco e ficarem macios.
3 Misture os legumes ao cuscuz com o azeite restante, o limão, a pimenta, os pinholes e o damasco seco picado. Junte o queijo e o coentro e tempere com sal. Sirva com homus.

dica especial
COMO ESCOLHER O CUSCUZ
Opte pelo cuscuz marroquino integral, se o encontrar no supermercado, pois possui sabor mais amendoado e textura melhor para um prato como esse.

ocasiões especiais **ao ar livre**

Sardinhas grelhadas com panzanella
4 PORÇÕES PREPARO: **1 HORA**

12 sardinhas (cerca de 100 g cada)
2 pimentões amarelos pequenos
2 pimentões vermelhos pequenos
3 colheres (sopa) de azeite extravirgem
2 colheres (sopa) de vinagre de vinho tinto
200 g de tomates pequenos cortados ao meio
1 cebola roxa pequena em fatias
1 colher (sopa) de alcaparras escorridas
125 g de pão italiano ou ciabatta em cubos
manjericão fresco
sal marinho

1 Passe as sardinhas na água fria e retire as escamas (ou compre-as já limpas). Seque--as em papel-toalha e esfregue sal marinho sobre elas. Reserve enquanto faz o molho.
2 Para assar os pimentões, corte-os ao meio e coloque-os na grelha. Retire quando a pele tiver murchado e escurecido. Deixe esfriar numa tigela coberta com filme de PVC, pois o vapor ajudará a soltar a pele. Quando esfriarem, retire a pele e as sementes e corte a polpa em tiras. Recoloque na tigela com o líquido que escorrer dos pimentões. Se preferir os pimentões crus, apenas retire o talo e as sementes e corte em tiras.
3 Faça a panzanella. Misture o azeite e o vinagre numa tigela grande e acrescente os temperos de sua preferência. Incorpore os tomates, a cebola, a alcaparra e o pão ao pimentão reservado. Regue com o molho e misture o pão. Reserve a panzanella por 20 minutos para que o pão fique embebido.
4 Aqueça uma chapa frisada em fogo alto (ou a churrasqueira). Quando ficar bem quente, grelhe as sardinhas (algumas por vez, se preciso), por 4 minutos, virando na metade do tempo. Não coloque óleo, pois as sardinhas ficam melhores grelhadas sem gordura. Retire e deixe esfriar por 2 minutos para que fiquem macias.
5 Salpique a panzanella com folhas de manjericão, divida em pratos e sirva com as sardinhas.

Tortinhas de caranguejo e camarão
4 PORÇÕES PREPARO: **45 MINUTOS**

375 g de massa para torta pronta em temperatura ambiente
25 g de manteiga
bastante cebolinha picada
1 pimenta vermelha grande picada
250 g de camarões médios sem casca
170 g de carne de caranguejo
200 ml de creme de leite
3 gemas grandes
coentro fresco picado
raspas de 1 limão
sal e pimenta-do-reino moída na hora

1 Preaqueça o forno a 160ºC. Corte a massa em 4 quadrados e forre 4 forminhas de torta de 10 cm de diâmetro e 2 cm de altura. Retire as sobras de massa da borda e fure o fundo várias vezes com um garfo. Forre as massas com papel-manteiga e cubra com feijão cru ou arroz. Asse por 15 minutos.
2 Enquanto isso, derreta a manteiga numa frigideira e refogue a cebolinha e a pimenta por 2-3 minutos. Junte os camarões e cozinhe por 2 minutos, até ficarem rosados. Retire e misture a carne de caranguejo. Tempere com sal e pimenta a gosto.
3 Misture o creme de leite, as gemas, o coentro e as raspas de limão numa jarra. Retire o papel e os grãos das forminhas, recheie com os camarões com caranguejo e despeje por cima o preparado de gemas. Asse por mais 15 minutos até ficar firme mas um pouco cremoso. Deixe descansar por 10 minutos antes de servir.
SUGESTÃO DE BEBIDA Esta mistura de sabores pede uma taça de vinho Riesling neozelandês.

A leveza dos peixes e frutos do mar combina com dias quentes.

Tortinhas de caranguejo e camarão

Espetinhos de frango com salada de repolho

4 PORÇÕES PREPARO: **45 MINUTOS** MAIS **12 HORAS DE MARINADA**

330 ml de refrigerante tipo cola
200 g de molho de tomate
15 g de gengibre ralado
1 dente de alho grande amassado
2 colheres (sopa) de molho inglês
1 colher (sopa) de shoyu
1½ colher (sopa) de vinagre de maçã
1 colher (sopa) de açúcar mascavo
4 peitos de frango sem pele cortados em cubos de 3 cm
2 pimentões vermelhos cortados em pedaços de 3 cm
sal e pimenta-do-reino moída na hora
gomos de limão para servir

Salada de repolho
100 ml de iogurte desnatado
1 colher (chá) de açúcar
1 colher (chá) de mostarda de Dijon
1 colher (sopa) de vinagre de maçã
1 cenoura grande ralada
100 g de rabanete ralado
4 cebolinhas em tiras diagonais
3 talos de aipo em tiras diagonais
sal

1 Deixe 12 espetinhos de molho em água fria. Enquanto isso, coloque o refrigerante, o molho de tomate, o gengibre, o molho inglês, o alho, o shoyu, o vinagre e o açúcar numa panela antiaderente grande. Deixe ferver e cozinhe por 15-20 minutos até ficar espesso. Tempere com sal e pimenta e deixe esfriar. Acrescente o frango, misture bem e deixe marinar de um dia para o outro.
2 No dia seguinte, faça a salada de repolho. Bata o iogurte, o açúcar, a mostarda e o vinagre numa tigela grande. Adicione a cenoura, o rabanete, a cebolinha e o aipo. Misture e tempere com sal.
3 Preaqueça a churrasqueira ou grelha em temperatura média.
4 Alterne pedaços de frango e de pimentão nos espetinhos. Tempere e grelhe por 10 minutos, virando na metade do tempo, até o frango cozinhar.

Espetinhos de frango com salada de repolho

5 Sirva os espetinhos com a salada de repolho e gomos de limão.

Asinhas de frango picantes
4-6 PORÇÕES PREPARO: **40 MINUTOS**
MAIS **1-6 HORAS DE MARINADA**

24 asas grandes de frango
4 colheres (sopa) de tabasco
azeite para pincelar
100 g de manteiga sem sal
4 colheres (chá) de vinagre de maçã
2 colheres (chá) de molho de pimenta
sal e pimenta-do-reino moída na hora

Molho
50 g de gorgonzola
1 dente de alho amassado
4 colheres (sopa) de maionese
2 colheres (chá) de limão-siciliano
4 colheres (sopa) de iogurte natural
1 cebola picada
1 colher (sopa) de salsa picada
1 colher (sopa) de leite (opcional)

1 Corte a extremidade pontuda das asas de frango e faça um talho raso na pele. Regue-as com 1 colher (chá) de tabasco e misture com as mãos de modo que o molho se deposite nos cortes. Cubra e deixe marinar na geladeira por 1-6 horas.
2 Se for assar na churrasqueira a carvão, acenda 30 minutos antes; se a churrasqueira for a gás, 10 minutos antes.
3 Faça o molho. Pique o queijo e coloque numa tigela com 2 colheres (sopa) de maionese e o alho. Mexa para obter um creme. Junte o limão, o iogurte, a cebola, a salsa e o restante da maionese. Adicione o leite, se preciso. Distribua em 4 potinhos, cubra e leve à geladeira antes de servir.
4 Pincele as asas de frango com um pouco de azeite, tempere com sal e pimenta e asse na churrasqueira em temperatura média por 8 minutos de cada lado, até dourar e cozinhar por completo.
5 Pouco antes de as asas ficarem prontas, derreta a manteiga numa frigideira na churrasqueira. Misture o restante do tabasco, o vinagre e o molho de pimenta e sal a gosto. Use um pegador para colocar as asas na panela e cobrir bem com o molho. Sirva com os potinhos de molho. As asinhas também combinam com aipo, alface e pão italiano.

Coxas de frango crocantes
6 PORÇÕES PREPARO: **1H20**

2 colheres (sopa) de mostarda de Dijon
raspas e suco de 1 limão-siciliano
2 colheres (sopa) de estragão picado
6 coxas de frango
sal e pimenta-do-reino moída na hora

1 Misture a mostarda, as raspas de limão, o estragão e sal e pimenta. Passe o tempero entre a pele e a carne.
2 Coloque as coxas numa travessa, esprema o limão por cima e tempere com sal e pimenta. Deixe marinar em temperatura ambiente por 30 minutos. Grelhe na churrasqueira por 40 minutos, virando uma vez, até cozinhar e ficar crocante.

Coxas de frango crocantes

ocasiões especiais **ao ar livre**

Espetinhos de carne de porco

Espetinhos de carne de porco
6 PORÇÕES PREPARO: **1 HORA**

2 lombos de porco (350-450 g cada)
2 fatias de pão cortadas em 24 cubos
200 g de linguiças finas cortadas em 24 rodelas
6 colheres (sopa) de azeite
½ colher (chá) de páprica
1 colher (sopa) de sálvia picada
óleo para pincelar

1 Deixe 6 espetos de churrasco de molho em água fria pelo menos por 30 minutos. Preaqueça a churrasqueira.
2 Enquanto isso, retire o excesso de gordura do lombo e corte a carne em 24 cubos. Alterne 4 cubos de carne, 4 de linguiça e 4 de pão em cada espeto. Misture o azeite com a páprica, a sálvia e temperos a gosto. Pincele os espetinhos, encharcando bem o pão.
3 Pincele a grelha com um pouco de óleo. Grelhe os espetinhos em temperatura média por 10-12 minutos, virando na metade do tempo e pincelando com o tempero que sobrou. Sirva com cuscuz marroquino, tomates assados e rúcula, se desejar.

Filé de lombo com molho picante de abacaxi
4 PORÇÕES PREPARO: **30 MINUTOS** MAIS **O TEMPO DA MARINADA**

430 g de abacaxi em lata
150 ml de molho de pimenta
2,5 cm de gengibre ralado
1 colher (sopa) de óleo
2 filés de lombo de porco sem gordura (300 g cada)
2 cebolinhas em tiras
sal e pimenta-do-reino moída na hora

1 Preaqueça a churrasqueira. Separe o abacaxi da calda e reserve. Numa travessa rasa, misture todos os ingredientes, exceto 1 colher (sopa) de molho de pimenta com o gengibre, 2 colheres (sopa) da calda de abacaxi e o óleo. Cubra bem os filés com o molho e deixe marinar pelo menos por 30 minutos, ou de um dia para o outro.

2 Retire os filés e o excesso de molho. Leve à churrasqueira quente, cobertos, por 20 minutos, até grelharem bem, virando na metade do tempo. Deixe descansar por 5 minutos.
3 Enquanto isso, pique o abacaxi e aqueça numa panela com a calda e o molho de pimenta restante. Retire do fogo e tempere com sal e pimenta a gosto. Corte os filés em tiras grossas e sirva com o molho de abacaxi e batatas-doces assadas.

Coxa de cordeiro grelhada com molho de tomate e hortelã
6 PORÇÕES PREPARO: **50 MINUTOS**
MAIS **12 HORAS DE MARINADA**

1,3-1,5 kg de coxa de pernil desossada (veja abaixo)
3 dentes de alho em lâminas
3 cebolas redondinhas cortadas ao meio
alguns ramos de alecrim fresco
3 folhas de louro
alguns ramos de orégano fresco
375 ml de vinho tinto
sal e pimenta-do-reino moída na hora
óleo para pincelar

Molho
6 tomates cortados ao meio sem sementes
um punhado de hortelã picada
uma pitada de açúcar
um punhado de cebolinha em tiras
2 dentes de alho amassados
1 colher (sopa) de azeite extravirgem
2 colheres (chá) de vinagre balsâmico

1 Tempere o cordeiro com sal e pimenta. Coloque-o num saco plástico e adicione o alho, a cebola e as ervas. Segure o plástico com cuidado e adicione o vinho. Feche, coloque num recipiente e deixe na geladeira de um dia para o outro.
2 Algumas horas antes de servir, faça o molho. Corte o tomate em cubos e coloque numa tigela com a hortelã. Polvilhe o açúcar e acrescente a cebolinha, o alho, o azeite e o vinagre balsâmico. Misture bem e reserve.
3 Retire o cordeiro da marinada e descarte o líquido. Pincele a grelha da churrasqueira com óleo. Grelhe o cordeiro em temperatura média por 15-25 minutos para deixar ao ponto, virando na metade do tempo. Deixe descansar por 5 minutos antes de fatiar. Sirva com o molho.

técnica especial
COMO PREPARAR O CORDEIRO

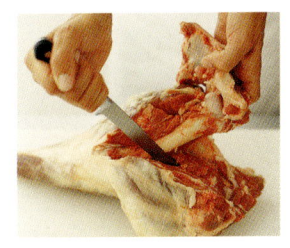

1. Corte a coxa para localizar o osso maior. Vá cortando de cima para baixo, empurrando e puxando a faca, até chegar à junta com o pernil. Retire o osso inteiro.

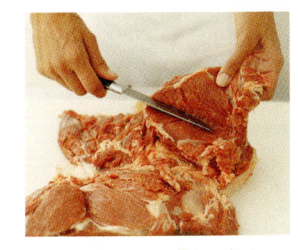

2. Os três ossos (da pélvis, da coxa e do pernil) devem sair juntos. Faça cortes nas partes mais espessas, expondo toda a extensão da coxa ao cozimento.

Coxa de cordeiro grelhada com molho de tomate e hortelã

ocasiões especiais — ao ar livre

Hambúrguer tandoori de cordeiro
10 PORÇÕES PREPARO: **45 MINUTOS**

1 kg de carne de cordeiro moída
1 cebola pequena picada
2 dentes de alho amassados
1 colher (sopa) de chutney de manga
2,5 cm de gengibre fresco ralado
1 colher (chá) de coentro em pó
½ colher (chá) de garam masala
¼ de colher (chá) de açafrão em pó
uma pitada de pimenta-de-caiena
sal e pimenta-do-reino moída na hora

Para servir
1 colher (sopa) de óleo de girassol
1 pepino
1 cebola roxa em anéis
suco de 1 limão-siciliano
uma pitada de sal e uma de açúcar
10 minipães sírios
raita de hortelã
hortelã fresca para decorar

1 Misture todos os ingredientes do hambúrguer. Tempere bem com sal e pimenta e misture com as mãos molhadas. Molde 10 hambúrgueres. Cubra e leve à geladeira por 1 hora.
2 Aqueça a churrasqueira em temperatura alta (se for a carvão, acenda 30 minutos antes). Pincele os dois lados dos hambúrgueres com óleo e grelhe por 3-4 minutos de cada lado, até cozinharem por inteiro.
3 Enquanto isso, com o descascador de legumes, corte tiras do pepino. Coloque numa tigela com a cebola, o suco de limão, uma pitada de açúcar e de sal e deixe descansar por 10 minutos. Torre os pães.
4 Espalhe pepino com cebola sobre os pães. Cubra com os hambúrgueres e um pouco de raita de hortelã. Salpique com folhas de hortelã, se desejar.

Kebab de cordeiro com molho de homus
4 PORÇÕES PREPARO: **25 MINUTOS**

500 g de carne de cordeiro moída
1 colher (sopa) de tempero marroquino (combinação de especiarias)
1 cebolinha picada
2 colheres (sopa) de coentro fresco picado, mais um pouco para a salada
4 colheres (sopa) de geleia de damasco aquecida
3 colheres (sopa) de homus
150 ml de iogurte natural
sal e pimenta-do-reino moída na hora
pão sírio quente para servir
salada verde com cebola roxa para servir

1 Preaqueça a churrasqueira em temperatura médio-alta. Deixe 8 espetos de madeira de molho em água fria.
2 Enquanto isso, numa tigela, misture o cordeiro, o tempero, a cebolinha e o coentro. Tempere com sal e pimenta. Molde 32 almôndegas e coloque 4 em cada espeto. Leve à churrasqueira por 10-15 minutos, virando às vezes, até grelhar. Pouco antes de ficar pronto, pincele a geleia.
3 Misture o homus e o iogurte. Tempere com sal e pimenta. Sirva os kebabs com os pães sírios aquecidos, a salada salpicada com o coentro e o molho de homus.

ao ar livre | ocasiões especiais

Kebab de cordeiro com molho de homus

Bife agridoce com molho de manga e pimenta
4 PORÇÕES PREPARO: **1 HORA**

6 colheres (sopa) de mel
4 colheres (sopa) de shoyu
uma pitada de cinco especiarias chinesas
4 bifes de contrafilé ou alcatra
   (225 g-300 g cada) de 2,5 cm de espessura
óleo para pincelar
sal e pimenta-do-reino moída na hora

Molho
1 manga grande madura em cubos
1 pimenta vermelha em tiras
3 cebolinhas em tiras diagonais
1 colher (sopa) de suco de limão
uma pitada de sal

1 Misture o mel, o shoyu, as cinco especiarias e bastante pimenta. Esfregue esse tempero dos dois lados dos bifes. Cubra e reserve por 30 minutos.

2 Se for grelhar na churrasqueira a carvão, acenda 30 minutos antes. Salgue os bifes. Pincele a grelha com óleo e coloque os bifes. Deixe 3 minutos de cada lado para ficar malpassado; 4-5 minutos para ao ponto; e 6-7 minutos para bem-passado. Reserve, cobertos com papel-alumínio, por 5 minutos.
3 Enquanto isso, misture os ingredientes do molho com uma pitada de sal e sirva com os bifes.

técnica especial
COMO CORTAR MANGA EM CUBOS

1. Segure bem a manga e corte-a rente ao caroço dos dois lados. Coloque as metades viradas para cima sobre uma tábua.

2. Corte um quadriculado com a ponta da faca, sem furar a casca. Puxe a casca para trás para que os cubos saltem e passe a faca para retirá-los.

ocasiões especiais   ao ar livre

Hambúrguer recheado com queijo

Hambúrguer recheado com queijo
4 PORÇÕES PREPARO: **25 MINUTOS**

1 cebola roxa grande
500 g de carne moída
2 colheres (sopa) de molho inglês
salsa picada
80 g de queijo prato cortado em 4 cubos
azeite para pincelar
4 pães ciabatta cortados ao meio
½ alface pequena
2 tomates em fatias
molho de tomate ou outro de sua preferência para servir
sal e pimenta-do-reino moída na hora

1 Preaqueça a grelha ou churrasqueira (se for uma churrasqueira a carvão, acenda 30 minutos antes). Corte metade da cebola em fatias e reserve. Pique o restante e coloque numa tigela grande com a carne, o molho inglês e a salsa. Tempere com sal e pimenta e misture bem com as mãos.
2 Molde quatro hambúrgueres e coloque um cubo de queijo no meio deles. Feche bem para o queijo ficar no centro. Pincele os hambúrgueres com azeite e grelhe por 10 minutos, virando na metade do tempo, até ficarem prontos e escurecerem um pouco. Deixe descansar por alguns minutos cobertos com papel-alumínio.
3 Enquanto isso, pincele o interior dos pães com azeite e grelhe um pouco para ficar crocante.
4 Coloque fatias de tomate e de cebola e folhas de alface sobre a base dos pães. Coloque o hambúrguer por cima, espalhe o molho e feche o sanduíche. Sirva com molho à parte e batata frita, se desejar.

O hambúrguer feito na churrasqueira é ótimo para os fins de semana em família.

Sanduíche de filé com abacate
4 PORÇÕES PREPARO: **35 MINUTOS**

3 pimentões vermelhos furados com o garfo
2 contrafilés de 300 g cada sem gordura
2 colheres (sopa) de azeite
1 cebola roxa em fatias
4 baguetes pequenas
um punhado de folhas verdes
1 abacate maduro cortado ao meio
4 colheres (sopa) de vinagrete ou outro molho de sua preferência
pimenta-do-reino moída na hora

1 Aqueça a grelha ou a churrasqueira (se for uma churrasqueira a carvão, acenda 30 minutos antes). Grelhe os pimentões por 20 minutos, virando de vez em quando, até escurecerem e amolecerem. Transfira-os para uma tigela, cubra com filme de PVC e deixe esfriar.
2 Enquanto isso, coloque os filés numa tábua e embrulhe-os com filme de PVC. Use um rolo para amassá-los, deixando-os com 1 cm de espessura. Pincele os filés com metade do azeite e coloque-os num prato. Salpique pimenta.
3 Grelhe os filés por 1-2 minutos de cada lado para ficarem ao ponto, ou por mais tempo se preferir bem-passados. Deixe descansar por 5 minutos e corte-os ao meio. Enquanto descansam, pincele as fatias de cebola com o azeite restante. Grelhe as fatias por 3-4 minutos, virando na metade do tempo, para ficarem macias.
4 Retire a casca e as sementes dos pimentões e corte-os em tiras. Corte as baguetes ao meio e grelhe-as por 1 minuto de cada lado para ficarem crocantes.
5 Recheie os sanduíches com folhas verdes e espalhe abacate por cima. Cubra com metade de um filé, um pouco de vinagrete e fatias de cebola. Feche o sanduíche e sirva.

Sanduíche de filé com abacate

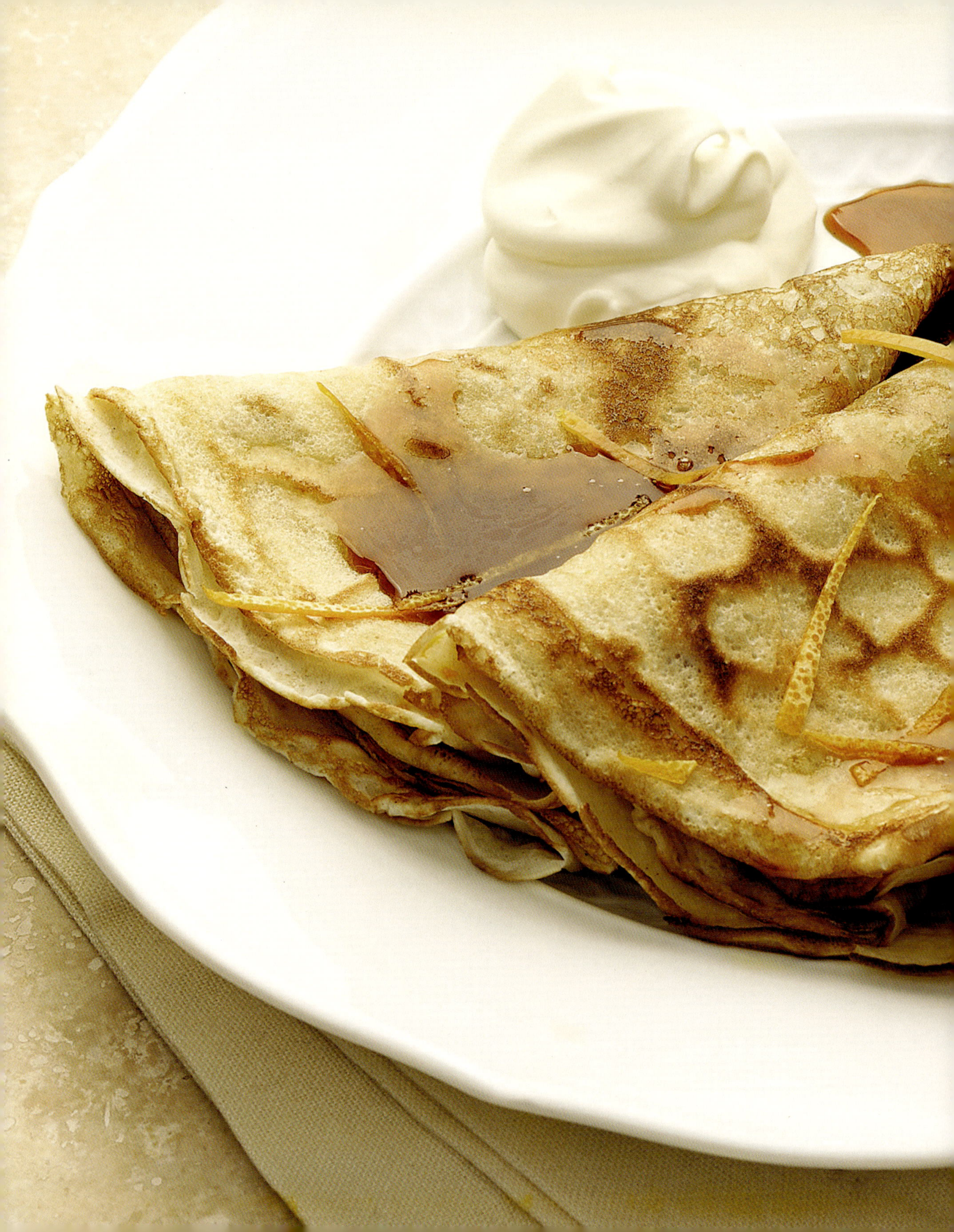

4

sobremesas e quitutes

- para o dia a dia
- doces tentações
- bolos
- pães e biscoitos

para o dia a dia

Rabanada com frutas e sorvete
6 PORÇÕES PREPARO: **10 MINUTOS**

6 fatias de pão doce ou panettone
2 ovos grandes
2 colheres (sopa) de leite
3 colheres (sopa) de essência de baunilha
1 colher (sopa) de açúcar
frutas e sorvete para servir

1 Bata o ovo, o leite e a essência de baunilha numa tigela rasa.
2 Mergulhe as fatias de pão ou panettone nessa mistura, retire, polvilhe o açúcar por cima e grelhe em um pouco de manteiga, até dourar e caramelizar. Sirva com frutas e sorvete.

Farofa de ameixa e maçã
6 PORÇÕES PREPARO: **1 HORA**

550 g de ameixas cortadas em quartos
3 maçãs sem casca cortadas em fatias
125 g de açúcar
75 g de manteiga
170 g de farinha de trigo
30 g de aveia

1 Preaqueça o forno a 160ºC. Coloque as ameixas e maçãs numa fôrma de torta média e polvilhe com 50 g de açúcar.
2 Faça a farofa. Misture a farinha e a aveia com a manteiga usando a ponta dos dedos. Quando ficar parecendo uma farofa (não amasse demais, pois deve ficar crocante), junte o açúcar restante.
3 Espalhe a farofa sobre as frutas e leve ao forno por 30-45 minutos, até dourarem. Sirva quente com chantilly ou sorvete de creme.

Farofa de frutas e canela
6 PORÇÕES PREPARO: **35 MINUTOS**

500 g de peras
suco de ½ limão-siciliano
200 g de açúcar
1 colher (chá) de canela
500 g de frutas vermelhas congeladas
100 g de manteiga gelada
200 g de farinha de trigo comum ou integral
150 g de aveia para mingau

1 Preaqueça o forno a 180ºC. Descasque e corte as peras em fatias. Espalhe as fatias numa fôrma média e esprema o limão por cima. Adicione a canela e 100 g de açúcar e misture as frutas vermelhas.
2 Corte a manteiga em pedaços. Coloque a farinha e o restante do açúcar numa tigela (ou processador) e misture aos poucos com a manteiga, até virar uma farofa (veja abaixo). Junte a aveia, misture e espalhe sobre as frutas. Asse por 20 minutos, até dourar levemente. Sirva com queijo fresco.

técnica **especial**
COMO FAZER A FAROFA DOCE

1. Peneire a farinha numa tigela e junte a manteiga gelada em cubos.

2. Misture com a ponta dos dedos, até parecer uma farofa, e adicione o açúcar.

Torta de cereja clássica

8-10 PORÇÕES PREPARO: **2 HORAS**

1 kg de cerejas frescas
limão-siciliano a gosto
2 colheres (sopa) de farinha de milho
100 g de açúcar, mais um pouco para polvilhar
½ fava de baunilha cortada no sentido do comprimento
1 colher (sopa) de licor (opcional)

Massa
350 g de farinha de trigo, mais um pouco para polvilhar
150 g de manteiga fria em cubos
100 g de açúcar
50 g de amêndoas moídas
2 gemas grandes
um pouco de leite frio

1 Faça a massa. Misture a manteiga e a farinha com as mãos ou no processador. Quando a massa ficar com textura de farofa, acrescente o açúcar, as amêndoas e as gemas. Amasse com as mãos ou bata mais no processador. Adicione um pouco de leite frio para dar liga, se preciso. Embrulhe a massa em filme de PVC e leve à geladeira por 30 minutos.
2 Enquanto isso, retire o caroço e o cabinho das cerejas. Esprema um pouco de limão sobre elas e reserve. Numa tigelinha, misture a farinha de milho com 2 colheres (sopa) de água até formar uma pasta e reserve.
3 Use uma faca afiada para raspar a fava de baunilha, retirando as sementes (p. 256). Coloque o açúcar numa panela grande e junte as sementes de baunilha. Dissolva o açúcar em fogo baixo e aumente o fogo, sem mexer, até obter um caramelo escuro.
4 Diminua o fogo e junte as cerejas e o licor. Não se preocupe se a mistura ficar estranha no começo, pois as cerejas vão liberar líquido conforme forem cozinhando. Quando obtiver uma compota escura, junte a farinha de milho e misture até ficar consistente a ponto de cobrir o dorso de uma colher. Retire e reserve para esfriar.
5 Preaqueça o forno a 180ºC e aqueça uma fôrma grande. Numa superfície enfarinhada, abra ⅔ da massa e use para forrar uma fôrma para torta de 20 cm de diâmetro. Recheie com a compota.
6 Abra o restante da massa. Pincele as bordas com água e cubra o recheio na fôrma. Use um garfo para selar bem as bordas. Pincele com um pouco de leite frio.
7 Coloque a torta na fôrma aquecida e asse por 30-35 minutos, até dourar e começar a borbulhar. Deixe descansar por 10 minutos. Polvilhe açúcar por cima e sirva quente ou fria com sorvete de creme.

Todo mundo adora esse tipo de torta.

Torta de cereja clássica

Torta de limão

numa superfície enfarinhada. Forre com ela uma fôrma redonda ondulada de 23 cm de diâmetro e leve à geladeira por 30 minutos. Preaqueça o forno a 170ºC.
2 Cubra a massa com papel-manteiga e espalhe feijão cru por cima. Leve ao forno por 10 minutos. Retire o feijão e o papel, recoloque no forno e asse por mais 5 minutos, até a massa ficar seca. Pincele a massa com a clara e leve de volta ao forno por 5 minutos, até a clara secar e a massa ficar brilhante. Isso faz com que a massa não amoleça quando adicionar o recheio. Diminua o fogo para 130ºC.
3 Para o recheio, bata o açúcar e os ovos até ficar cremoso. Incorpore o creme de leite e as raspas e o suco de limão. Espalhe sobre a massa na fôrma e leve ao forno por 40-50 minutos, até firmar. Não se preocupe se ficar mais cremoso no centro, pois vai assentar conforme esfriar. Retire da fôrma e polvilhe com açúcar glacê antes de servir.

Torta de limão
8-10 PORÇÕES PREPARO: **1H15**

200 g de farinha de trigo
50 g de amêndoas moídas
½ colher (chá) de sal
2 colheres (sopa) de açúcar glacê, mais um pouco para polvilhar
125 g de manteiga gelada em cubos
2 gemas
1 clara de ovo batida

Recheio
200 g de açúcar
4 ovos
140 ml de creme de leite
raspas e suco de 2 limões

1 Bata a farinha, as amêndoas, o sal, o açúcar glacê e a manteiga no processador, até formar uma farofa. Acrescente as gemas e 2-3 colheres (sopa) de água e bata até obter uma massa firme mas úmida. Molde a massa numa bola e abra

Torta de melado
6 PORÇÕES PREPARO: **1H20**

250 g de melado ou glicose de milho
175 g de farinha de rosca
raspas e suco de 1 limão-siciliano
farinha para polvilhar

Massa
200 g de farinha de trigo
100 g de manteiga gelada em cubos
2 gemas
uma pitada de sal

1 Faça a massa. Peneire a farinha numa tigela com uma pitada de sal. Adicione a manteiga e misture aos poucos com a ponta dos dedos para ficar com aspecto de farofa (p. 240). Junte as gemas e 1 colher (chá) de água fria. Misture com as mãos, usando os dedos para amassar. A massa deve ficar mole mas não pegajosa.
2 Faça uma bola com a massa sobre papel-manteiga. Embrulhe a massa em filme de PVC e leve à geladeira por 20 minutos. Assim a massa fica leve e não encolhe com facilidade.

3 Preaqueça o forno a 180ºC. Leve uma fôrma ao forno para aquecer. Abra a massa e use-a para forrar uma fôrma de torta de aro removível de 20 cm de diâmetro e 2,5 cm de altura. Reserve as sobras de massa para decorar. Leve à geladeira por 20 minutos.
4 Enquanto isso, aqueça o melado em fogo baixo, até ficar líquido. Retire e misture a farinha de rosca e as raspas e o suco de limão. Espalhe esse recheio sobre a massa na fôrma.
5 Numa superfície enfarinhada, junte os retalhos de massa e corte 10-12 tiras longas e finas. Torça as tiras e coloque metade sobre o recheio da torta, uma paralela à outra. Coloque as outras tiras sobre estas, formando um quadriculado. Pressione as extremidades das tiras e retire o excesso.
6 Coloque a torta na outra fôrma aquecida e asse por 10 minutos. Diminua o fogo para 160ºC e deixe por mais 20 minutos, até o recheio firmar e a massa dourar. Deixe esfriar na fôrma por 10 minutos e passe para uma travessa. Sirva as fatias com sorvete.

2 Faça a base de bolachas. Coloque as bolachas num saco plástico e amasse com o rolo de massa. Passe as bolachas moídas para uma tigela. Derreta a manteiga restante numa panela, despeje sobre as bolachas e misture. Espalhe esse farelo sobre as maçãs na panela e pressione com a colher de pau. Deixe firmar por cerca de 10 minutos. Sirva direto da panela, virando as fatias para que a maçã fique por cima. Sirva com creme de leite ou sorvete.

Esta torta prática será muito apreciada em sua casa.

Torta de maçã caramelada
6 PORÇÕES PREPARO: **30 MINUTOS**

suco de ½ limão-siciliano
8 maçãs sem casca em fatias
150 g de manteiga
175 g de açúcar
4 colheres (sopa) de creme de leite, mais um pouco para servir
12 bolachas tipo maisena ou maria

1 Coloque o suco de limão numa tigela, junte as maçãs e misture. A acidez impedirá que as maçãs escureçam. Derreta 100 g de manteiga numa frigideira antiaderente de 25 cm de diâmetro em fogo baixo. Junte o açúcar e o creme de leite e cozinhe por alguns minutos, mexendo, até o açúcar dissolver. Acrescente as maçãs com limão e cozinhe por 15 minutos, mexendo de vez em quando, até as maçãs ficarem macias e carameladas. Reserve.

Torta de melado

sobremesas e quitutes — **para o dia a dia**

Pudim de pão com uva-passa
6-8 PORÇÕES PREPARO: **1 HORA**

50 g de manteiga em temperatura ambiente
7 fatias de pão de fôrma sem a casca
9 colheres (sopa) de geleia
100 g de uvas-passas brancas
225 ml de creme de leite, mais chantilly para servir
225 ml de leite integral
3 ovos
50 g de açúcar
1 fava de baunilha cortada ao meio no sentido do comprimento
açúcar glacê para polvilhar

1 Preaqueça o forno a 170ºC. Passe manteiga num lado das fatias de pão e espalhe uma boa camada de geleia por cima. Disponha uma camada com metade das fatias de pão num refratário próprio para ir ao forno. Espalhe as uvas-passas por cima. Corte os outros pães em triângulos e ponha outra camada por cima.
2 Bata o creme de leite, o leite, os ovos e o açúcar numa tigela e peneire. Raspe as sementes da fava de baunilha sobre esse creme e descarte a fava. Despeje sobre o pão no refratário e deixe descansar por 5 minutos.
3 Coloque o refratário numa fôrma. Despeje água quente na fôrma, cobrindo as laterais do refratário até a metade. Asse por 30 minutos, até a superfície dourar e firmar, mas ficar ainda um pouco cremosa. Retire e deixe esfriar por 10 minutos. Mantenha o forno aceso.
4 Polvilhe açúcar glacê sobre o pudim e leve ao forno novamente por 1-2 minutos, até dourar. Tome cuidado para não queimar. Sirva quente com chantilly.

Pudim com calda de laranja
4-6 PORÇÕES PREPARO: **1H50**

100 g de manteiga em temperatura ambiente, mais um pouco para untar
125 ml de melado ou glicose de milho
raspas e suco de 2 laranjas (cerca de 100 ml)
100 g de açúcar
2 ovos grandes
2 colheres (sopa) de geleia de laranja
100 g de farinha de trigo com fermento
50 ml de leite

1 Unte uma fôrma de pudim de 1 litro com manteiga. Coloque 2 colheres (sopa) de melado e 2 colheres (chá) de raspas de laranja no fundo da fôrma.
2 Numa tigela, bata a manteiga e o açúcar até obter um creme fofo. Adicione os ovos, um por vez, batendo depois de cada adição. Acrescente a geleia e bata. Peneire por cima metade da farinha e incorpore com cuidado. Adicione um pouco de leite para deixar mais líquido e peneire o restante da farinha. Despeje o restante do leite até obter uma massa um pouco líquida.
3 Transfira a massa para a fôrma e cubra com um disco de papel-manteiga (lado oleoso para baixo). Cubra com papel-alumínio e faça uma dobra no centro para deixar espaço para o pudim crescer. Amarre um barbante ao redor da fôrma para segurar bem.
4 Encaixe a fôrma sobre uma panela com água suficiente para cobrir ¾ da lateral (banho-maria). Assim o pudim vai assar sem queimar. Deixe a água ferver e tampe a panela. Reduza o fogo para manter em fervura leve por 1½ hora, acrescentando mais água quente à panela, se preciso.
5 Enquanto isso, faça a calda. Coloque o melado e as raspas de laranja e o suco restantes numa panelinha e deixe ferver. Mantenha em fervura leve por 5-6 minutos, até virar uma calda.
6 Retire o pudim da panela, vire num prato e cubra com a calda para servir.

---

dica especial
USO DE OVOS E MANTEIGA
Utilize ovos e manteiga em temperatura ambiente, para evitar que eles talhem ao serem batidos.

Pudim com calda de laranja

Bolo cremoso de chocolate

Bolo cremoso de chocolate
6-8 PORÇÕES PREPARO: **1 HORA**

225 g de manteiga, mais um pouco para untar
100 g de chocolate amargo
2 ovos grandes
250 g de açúcar mascavo
200 g de farinha de trigo
1 colher (chá) de fermento em pó
1 colher (sopa) de café forte sem açúcar

1 Preaqueça o forno a 160ºC. Corte a manteiga e o chocolate em cubos. Coloque num refratário sobre uma panela com água fervente (banho-maria), sem deixar a água tocar o refratário. Derreta devagar, sem mexer para não errar no ponto do chocolate.
2 Bata os ovos e o açúcar na batedeira, até obter um creme pálido. Incorpore o chocolate, depois a farinha e o fermento, batendo até ficar cremoso. Por último, junte o café e 250 ml de água fervente. A massa agora deve estar bem cremosa.
3 Unte com manteiga uma fôrma quadrada de 18 cm e forre com papel-manteiga. Despeje a massa e asse por 35-40 minutos. Para verificar se está pronto, espete um palito no centro. Ele não deve sair totalmente limpo, pois o bolo fica úmido. Retire e deixe esfriar por 20-30 minutos antes de cortar em quadrados e servir com chantilly ou sorvete.

Bolo cremoso de limão
6 PORÇÕES PREPARO: **1 HORA**

75 g de manteiga, mais um pouco para untar
190 g de açúcar
raspas e suco de 3 limões-sicilianos
3 ovos (claras e gemas separadas)
75 g de farinha de trigo com fermento
200 ml de leite
chantilly para servir (opcional)

1 Unte um refratário de 1,5 litro com um pouco de manteiga. Preaqueça o forno a 160ºC.
2 Bata a manteiga, o açúcar e as raspas de limão na batedeira (ou com um mixer), até ficar cremoso. Junte as gemas, uma por vez, e incorpore a farinha. Adicione aos poucos o leite e o suco de limão. Pode parecer que vai coalhar, mas não se preocupe.
3 Bata as claras em neve até ficarem firmes. Com uma colher grande de metal, incorpore-as ao creme de limão. Despeje essa massa no refratário untado e leve ao forno por 40 minutos, até firmar e dourar.
4 Fatie o bolo e sirva na hora com chantilly, se desejar.

> Bolos cremosos ficam ótimos com chantilly, creme de leite ou sorvete.

Pavê de framboesa com chocolate branco
6-8 PORÇÕES PREPARO: **40 MINUTOS**

- 115 g de açúcar
- 115 g de manteiga em temperatura ambiente
- 2 ovos grandes
- 115 g de farinha de trigo com fermento
- 200 g de chocolate branco picado
- 450 g de framboesas frescas ou congeladas, mais algumas para decorar (se preferir, use morangos)
- 3 colheres (sopa) de açúcar glacê
- 250 ml de creme de leite
- 300 g de mascarpone
- 100 ml de licor amaretto
- 500 ml de creme de confeiteiro pronto

1 Preaqueça o forno a 170ºC. Bata a manteiga e o açúcar até obter um creme leve. Acrescente os ovos, um por vez, misturando bem após cada adição. Peneire por cima a farinha e incorpore com cuidado. Junte ⅔ do chocolate e ¼ das framboesas a essa massa. Coloque 12 forminhas de papel numa assadeira e encha-as com massa até a metade. Asse por 12-15 minutos, até dourarem bem.
2 Amasse metade das outras framboesas com 1 colher (sopa) de açúcar numa tigela e reserve. Em outra tigela, bata o creme de leite, o mascarpone e o restante do açúcar glacê, até ficar homogêneo e cremoso.
3 Retire os bolos das forminhas, corte-os ao meio na horizontal e use-os para forrar o fundo de um bonito refratário transparente. Pressione o bolo para não ficarem espaços vazios. Regue com o amaretto e cubra com as framboesas amassadas e inteiras e o chocolate restante. Espalhe o creme de confeiteiro e, sobre ele, o creme de mascarpone. Decore com framboesas.

dica especial
ECONOMIZE TEMPO
Esta sobremesa pode ser preparada no dia anterior. Deixe-a na geladeira de um dia para o outro. Se tiver pouco tempo, substitua os bolinhos de chocolate branco por pão de ló ou biscoito champanhe.

Pavê de framboesa com chocolate branco

sobremesas e quitutes para o dia a dia

Minicheesecakes com calda de framboesa
9 UNIDADES PREPARO: **2 HORAS**

100 g de chocolate amargo em lascas
40 g de manteiga
250 g de bolacha tipo maisena
300 g de cream cheese
6 colheres (sopa) de açúcar glacê
140 ml de creme de leite
suco de 1 laranja
250 g de framboesas, mais
   algumas para decorar

1 Forre uma fôrma para muffins com 9 forminhas de papel (ou use forminhas individuais). Quebre as bolachas até virarem uma farofa (use o liquidificador ou o processador, ou coloque num saco plástico e amasse com o rolo de massa). Coloque o chocolate e a manteiga numa panela média em fogo baixo. Misture até derreterem. Retire do fogo, junte a farofa de biscoitos e misture.
2 Espalhe nas forminhas, pressionando no fundo e nas laterais. Leve à geladeira por 15 minutos.
3 Para o recheio, coloque o cream cheese e 4 colheres (sopa) de açúcar glacê numa tigela e bata com o batedor manual até ficar cremoso. Adicione aos poucos o creme de leite, sem parar de bater, e 2 colheres (sopa) do suco de laranja, até formar picos leves. Distribua sobre a massa nas forminhas e leve à geladeira por 1 hora.
4 Enquanto isso, coloque as framboesas numa panela com o restante do açúcar glacê e do suco de laranja. Leve ao fogo médio, mexendo para dissolver o açúcar, e mantenha em fervura leve por 2-3 minutos. Passe por uma peneira fina e deixe descansar para firmar e engrossar um pouco.
5 Cubra cada cheesecake com algumas framboesas e regue com a calda para servir.

Musse de chocolate
4 PORÇÕES PREPARO: **25 MINUTOS**

3 ovos (claras e gemas separadas)
250 g de chocolate amargo picado
2 colheres (sopa) de brandy ou rum
300 ml de creme de leite

1 Numa tigelinha, bata levemente as gemas. Derreta 200 g de chocolate com o brandy ou rum num refratário resistente colocado sobre uma panela com água fervente (banho-maria). Não deixe a água tocar o refratário. Misture às vezes para ficar cremoso.
2 Retire e junte aos poucos as gemas batidas ao chocolate. Incorpore o creme de leite.
3 Bata as claras em neve firme. Incorpore-as ao chocolate e divida em taças para servir. Cubra com filme de PVC e leve à geladeira pelo menos por 3 horas antes de firmar.
4 Rale o restante do chocolate e salpique sobre a musse antes de servir.

dica especial
CUIDADO AO USAR OVOS CRUS
Carne e ovos crus podem conter a bactéria salmonela, que causa intoxicação alimentar. Diminua o risco lavando bem os ovos antes do uso e comprando-os frescos e de boa qualidade.

Ruibarbo em calda com iogurte e biscoitos
4 PORÇÕES PREPARO: **1 HORA**

suco de 2 laranjas
2 colheres (sopa) de açúcar
3 lâminas de gengibre
1 kg de ruibarbo em tiras (ou maçã em fatias)
1 pote de iogurte natural

Biscoitos
250 g de manteiga gelada
400 g de farinha de trigo
125 g de açúcar
raspas de 1 laranja

1 Faça os biscoitos. O ideal é fazer no processador: bata todos os ingredientes até ficar um pó espesso e homogêneo. Se preferir amassar com as mãos, use a ponta dos dedos, como se estivesse fazendo uma farofa (p. 240). Acrescente as raspas de laranja e amasse até formar uma bola. Não se preocupe se a massa ficar estranha de início, é normal!

2 Forme com a massa um cilindro de 5 cm de diâmetro e embrulhe em filme de PVC. Leve à geladeira pelo menos por meia hora. Deverá estar bem fria quando for fatiada.
3 Preaqueça o forno a 160ºC. Retire a massa de biscoitos da geladeira e use uma faca afiada para cortá-la em fatias de 0,5 cm de espessura. Coloque os biscoitos numa assadeira deixando 2 cm entre eles. Para lindos biscoitos amarelo-claros, asse por 15-20 minutos, até formarem pequenas rachaduras na superfície. Retire da assadeira só quando estiverem bem frios.
4 Enquanto isso, esprema as laranjas numa tigela e acrescente o açúcar, o gengibre e o ruibarbo. Misture e deixe ferver levemente. Cubra e retire do fogo. Você pode servir o ruibarbo em calda ainda morno depois de cerca de 10 minutos, ou deixar esfriar por completo. Sirva com os biscoitos e o iogurte. Se sobrarem biscoitos, armazene-os num recipiente hermético.

Ruibarbo em calda com iogurte e biscoitos

Panquecas de maçã com calda de caramelo
4-6 PORÇÕES PREPARO: **30 MINUTOS**

50 g de manteiga
225 g de farinha de trigo com fermento
2 colheres (chá) de fermento em pó
50 g de açúcar
175 ml de creme de leite fresco
2 ovos
175 ml de leite integral
500 g de maçã
1 colher (chá) de essência de baunilha
iogurte natural para servir

Caramelo
50 g de manteiga
50 g de açúcar mascavo
2 colheres (sopa) de glicose de milho
2 colheres (sopa) de creme de leite

1 Faça o caramelo. Coloque a manteiga, o açúcar e a glicose numa caçarola pequena e ferva, mexendo sempre. Diminua o fogo e cozinhe por 3 minutos, até engrossar. Misture o creme de leite, retire e reserve.
2 Derreta a manteiga, retire do fogo e deixe descansar. Retire a camada límpida que se formar na superfície e descarte os resíduos do fundo da panela.
3 Peneire a farinha, o fermento e o açúcar numa tigela. Abra uma cova no centro e despeje o creme de leite fresco, os ovos e o leite. Incorpore os ingredientes, partindo do centro, até obter uma massa.
4 Descasque e tire as sementes das maçãs. Rale até obter 300 g de fruta. Misture a maçã à massa e junte também a baunilha.
5 Aqueça uma frigideira antiaderente grande em fogo médio. Unte o fundo com um pouco da manteiga clarificada. Coloque na panela 4 colheres (sopa) da massa, deixando espaço entre elas, e grelhe por 2 minutos, até a superfície das panquecas formar bolhas. Vire e grelhe por mais 1 minuto. Transfira para uma travessa e mantenha aquecidas enquanto prepara o restante da massa, que é suficiente para fazer 16 panquecas.
6 Cubra as panquecas com 1 colher (sopa) de iogurte e regue com o caramelo. Sirva na hora.

Crocante de maçã com sorvete
8 PORÇÕES PREPARO: **3H30** MAIS **12 HORAS NA GELADEIRA**

gemas de 5 ovos grandes
120 g de açúcar
300 ml de leite integral
280 ml de creme de leite
2 colheres (chá) de essência de baunilha
500 g de maçã
25 g de manteiga
açúcar cristal a gosto

Farofa
75 g de farinha de trigo
uma pitada de sal
50 g de manteiga gelada em cubos
50 g de açúcar

1 Bata as gemas e o açúcar numa tigela, até obter um creme pálido. Despeje o leite e o creme de leite numa caçarola pequena e ferva. Adicione aos poucos esse leite quente ao preparado da tigela. Recoloque tudo na panela e cozinhe em fogo baixo até ficar espesso o suficiente para cobrir as costas de uma colher. Adicione a baunilha. Deixe na geladeira de um dia para o outro.
2 No dia seguinte, descasque as maçãs e corte-as em cubos de 1 cm. Derreta a manteiga numa frigideira grande e pesada, acrescente o açúcar e cozinhe em fogo médio até ficar cor de caramelo. Junte os cubos de maçã e cozinhe por 5-7 minutos, até ficarem macios mas sem desmanchar. Se ficarem um pouco azedos, acrescente açúcar. Reserve.
3 Preaqueça o forno a 170°C. Faça a farofa. Peneire a farinha e uma pitada de sal sobre uma tigela e junte a manteiga gelada. Misture com as pontas dos dedos até obter uma farofa (p. 240). Adicione o açúcar e amasse entre os dedos até começar a grudar. Espalhe numa assadeira grande e asse por 10 minutos, até ficar cor de bolacha. Deixe esfriar.

para o dia a dia — sobremesas e quitutes

Sorvete de baunilha

4 Para fazer o sorvete, prepare o creme gelado na sorveteira ou faça à mão (veja abaixo). Acrescente o preparado de maçã e a farofa, misture e sirva.

Sorvete de baunilha
8-10 PORÇÕES PREPARO: **7 HORAS**

560 ml de creme de leite
560 ml de leite integral
2 favas de baunilha cortadas no sentido do comprimento
gemas de 5 ovos grandes
225 g de açúcar
uma pitada de sal

1 Aqueça o creme de leite, o leite e as favas de baunilha numa panela grande e pesada até quase começar a ferver. Retire do fogo e deixe em infusão por 20 minutos. Retire as favas de baunilha, raspe as sementes e misture ao creme.
2 Bata por 3 minutos as gemas, o açúcar e o sal. Incorpore ao outro creme e transfira para uma panela bem limpa.
3 Cozinhe em fogo bem baixo, mexendo de vez em quando, por cerca de 10 minutos. O creme aderirá à colher se estiver na consistência certa. Passe para uma tigela e cubra com filme de PVC. Deixe esfriar por 1 hora e leve à geladeira pelo menos por 2 horas.
4 Coloque o creme numa sorveteira ou faça à mão (veja abaixo) até ficar espesso mas ainda cremoso. Transfira para um recipiente plástico de 2 litros e leve ao freezer no mínimo por 3 horas antes de servir.

dica especial
SORVETE FEITO EM CASA
Para fazer sorvete em casa, coloque o creme num recipiente grande e leve ao freezer por 45 minutos. Retire do freezer e bata vigorosamente. Recoloque no freezer e bata de novo, a cada 30 minutos, durante 2-3 horas.

doces tentações

Musse de chocolate com menta
6 PORÇÕES PREPARO: **1H40**

75 g de açúcar
10 g de folhas de hortelã, mais algumas para decorar
100 g de chocolate amargo
2 colheres (sopa) de café expresso
140 ml de creme de leite
claras de 2 ovos grandes

1 Amasse o açúcar e a hortelã num pilão, até obter um açúcar esverdeado. Reserve. Quebre o chocolate em pedaços e coloque num refratário com o café. Posicione-o sobre água fervente (banho-maria), sem deixar a água tocar o recipiente. Deixe derreter o chocolate, retire e espere esfriar.
2 Bata o creme de leite com 1/3 do açúcar com hortelã, até ficar firme. Bata também as claras em neve firme. Acrescente o restante do açúcar ao creme de leite batido aos poucos, até obter um creme brilhante.
3 Quando o chocolate estiver bem frio, misture-o às claras com cuidado. Junte o creme de leite batido, incorporando tudo para que não sobrem traços de creme claro. Distribua em 6 taças e leve à geladeira pelo menos por 1 hora, até firmar. Decore com folhas de hortelã.
SUGESTÃO DE BEBIDA Esta sobremesa combina com vinhos frescos e leves, como o Riesling alemão, ou com uma xícara de café bem forte!

Pudim de chocolate com mirtilos no cassis
6 PORÇÕES PREPARO: **1H20**

200 g de chocolate meio amargo cortado em pedaços
100 g de manteiga sem sal em seis pedaços
4 ovos (claras e gemas separadas)
150 g de mirtilos
150 ml de licor de cassis
6 colheres (sopa) de iogurte natural ou creme de leite fresco para servir

1 Coloque o chocolate e a manteiga num refratário. Derreta no micro-ondas em potência média por 30 segundos. Misture bem.
2 Bata as claras em neve. Acrescente as gemas ao chocolate e misture bem até ficar brilhante. Incorpore as claras. Distribua em seis potes e leve à geladeira pelo menos por 1 hora.
3 Coloque os mirtilos numa panela com o licor de cassis. Deixe ferver até amolecerem e retire as frutas com uma escumadeira, transferindo-as para uma tigela. Ferva o cassis por 2-3 minutos, até virar um xarope. Despeje sobre os mirtilos e deixe esfriar. Para servir, coloque 1 colher (sopa) generosa de iogurte ou creme de leite sobre os pudins e cubra com os mirtilos no cassis.
SUGESTÃO DE BEBIDA Escolha um vinho que resista à acidez dos mirtilos, como o Tokaji húngaro, que é ácido também e combina com chocolate.

> **Mirtilos doces e suculentos com o rico sabor do chocolate: uma combinação divina!**

Pudim de chocolate com mirtilos no cassis

Suflê gelado de limão

derretido e as castanhas e misture. Despeje na fôrma e deixe na geladeira de um dia para o outro. Vire a torta sobre uma travessa, retire o filme e polvilhe com açúcar glacê e cacau. Mergulhe a faca em água quente antes de cortar as fatias.
SUGESTÃO DE BEBIDA Prove com um vinho doce de aroma caramelado da Austrália, como o moscatel Rutherglen.

Suflê gelado de limão
8 PORÇÕES PREPARO: **5 HORAS**

4 folhas de gelatina sem sabor
raspas finas e suco de 3 limões-sicilianos
6 ovos (claras e gemas separadas)
300 g de açúcar
425 ml de creme de leite fresco

1 Pegue uma folha de papel-manteiga de 24 cm de comprimento, dobre em três e use para forrar um pote de cerâmica para suflê de 1 litro. O papel deve passar 2-4 cm da borda. Reserve. Hidrate as folhas de gelatina em bastante água fria e reserve.
2 Coloque as raspas e o suco de limão num refratário grande e misture as gemas e o açúcar. Posicione sobre uma panela com água fervente (banho-maria), sem deixar o refratário tocar a água. Usando um mixer, bata o preparado de limão por 5 minutos, até engrossar e adquirir uma cor pálida.
3 Aqueça 2-3 colheres (sopa) de água numa caçarola pequena. Quando estiver quente, esprema o excesso de água da gelatina e coloque as folhas na panela. Em seguida, retire a panela do fogo. Mexa até dissolver e incorpore ao creme de limão. Retire o refratário do banho-maria e deixe esfriar completamente.
4 Bata as claras em neve. Em outra tigela, bata o creme de leite até formar um chantilly leve (não deixe firme demais, pois fica difícil incorporar ao suflê). Incorpore esse chantilly ao creme de limão até não restarem traços brancos. Incorpore em seguida as claras em neve. Despeje o creme no pote já forrado e leve à geladeira pelo menos por 4 horas, até firmar bem. Para servir, retire o papel ao redor da borda (passe um faca molhada entre o suflê e o papel para ficar mais fácil). Sirva na hora.

Torta-musse de chocolate e castanha
10-12 PORÇÕES PREPARO: **30 MINUTOS**
MAIS **12 HORAS NA GELADEIRA**

300 g de castanhas portuguesas cozidas
300 g de chocolate amargo
250 g de manteiga em temperatura ambiente
200 g de açúcar glacê, mais um pouco para polvilhar
cacau em pó para polvilhar

1 Coloque as castanhas no liquidificador ou processador e bata até moer bem. Reserve. Umedeça uma assadeira de 20 cm de diâmetro com um pouco de água e forre bem com filme de PVC.
2 Derreta o chocolate num refratário posicionado sobre uma panela com água fervente (banho-maria), sem deixar a água tocar o refratário. Não mexa demais para não perder o ponto do chocolate. Retire e reserve.
3 Numa tigela, bata a manteiga e o açúcar até obter um creme fofo e pálido. Junte o chocolate

Bolo de frutas

12 PORÇÕES PREPARO: **1H30**
MAIS **12 HORAS DE DESCANSO**

manteiga para untar
farinha para polvilhar
150 g de açúcar
6 ovos
25 g de farinha de milho
125 g de farinha de trigo
2 pêssegos
250 g de morangos
250 g de framboesas ou outra fruta vermelha
2 colheres (sopa) de açúcar glacê
75 g de amêndoas torradas em lâminas
 para decorar
25 g de mirtilos ou jabuticabas para decorar

Creme
250 ml de leite
1 fava de baunilha (sementes à parte,
 veja p. 256)
1 ovo
50 g de açúcar
25 g de farinha de trigo
570 ml de creme de leite

1 Para um melhor resultado, faça a massa um dia antes. Não é imprescindível, mas facilita o processo. Preaqueça o forno a 170ºC. Unte uma fôrma de 23 cm de diâmetro de aro removível. Corte um disco de papel-manteiga e forre o fundo da fôrma. Polvilhe-a com farinha de trigo. Bata o açúcar e os ovos por 10 minutos, até dobrarem de volume. Peneire por cima as farinhas de trigo e de milho e misture com uma colher grande de metal. Transfira para a fôrma e asse por 35-40 minutos, até crescer e dourar. Deixe descansar por 10 minutos e desenforme. Espere esfriar mais, coloque num recipiente hermético e deixe descansar de um dia para outro.
2 No dia seguinte, fatie os pêssegos e reserve 12 fatias para decorar. Corte três morangos em quartos e pique o restante. Reserve também seis framboesas e bata o restante no liquidificador com o açúcar glacê, até formar um purê, e leve à geladeira.
3 Faça o creme. Coloque o leite, a fava de baunilha e as sementes numa panela e ferva. Deixe descansar por 15 minutos. Misture o ovo e o açúcar numa tigela até obter um creme. Peneire por cima a farinha e despeje o leite quente. Bata, recoloque na panela e aqueça em fogo médio por 2-3 minutos, mexendo até engrossar. Descarte as favas. Passe para uma tigela, cubra com filme de PVC e deixe esfriar.
4 Em outra tigela, bata o creme de leite até formar um chantilly leve. Incorpore metade ao creme.
5 Corte o bolo em três camadas. Espalhe ⅓ do purê de frutas e ⅓ do creme sobre o primeiro disco. Distribua metade das fatias de pêssego e dos morangos picados e cubra com metade do purê restante. Cubra com o segundo disco. Por cima deste, coloque o creme restante, as outras fatias de pêssego, os morangos picados e, por último, o purê restante. Coloque o último disco por cima e passe uma camada de creme ao redor do bolo, cobrindo toda a lateral.
6 Salpique as amêndoas sobre o creme na lateral. Espalhe um pouco do chantilly restante sobre o bolo e um pouco num saco de confeiteiro com bico de estrela. Decore ao redor da borda e faça uma flor no centro. Complete a decoração com as framboesas, os pêssegos e os morangos reservados, além dos mirtilos, que podem ser espalhados por cima. Leve à geladeira e sirva em até 24 horas.

dica especial
MISTURE À MÃO
Se não tiver um mixer, bata o açúcar e os ovos (passo 1) em banho-maria, ou seja, num refratário posicionado acima de uma panela com água fervente (sem deixar a água tocar o refratário) por 15 minutos. Deixe esfriar antes de adicionar as farinhas.

Cheesecake italiano de amêndoas
8 PORÇÕES PREPARO: **2 HORAS**

200 g de biscoitos maisena ou champanhe esfarelados
50 g de manteiga derretida
sementes de 1 fava de baunilha (veja abaixo)
500 g de ricota
125 g de açúcar
250 g de mascarpone ou cream cheese
100 g de amêndoas moídas
2 colheres (sopa) de farinha de milho
3 ovos grandes
raspas de 1 limão-siciliano
um punhado de amêndoas em lâminas
açúcar glacê para polvilhar

1 Preaqueça o forno a 160ºC. Coloque o farelo de biscoito numa tigela grande, regue com a manteiga derretida e misture bem, até formar uma massa. Pressione a massa com uma colher numa fôrma de aro removível de 20 cm de diâmetro, cobrindo o fundo e as laterais. Leve à geladeira por 5-10 minutos.
2 Enquanto isso, coloque as sementes de baunilha numa tigela grande e junte a ricota, o açúcar, o mascarpone, as amêndoas moídas, a farinha de milho, os ovos e as raspas de limão. Bata até obter um creme. Espalhe esse recheio sobre a massa na fôrma e salpique com as amêndoas em lâminas.
3 Leve ao forno por 45 minutos, até dourar. Desligue o forno, abra a porta e deixe o cheesecake dentro até esfriar por completo. Leve à geladeira por 1 hora, polvilhe açúcar glacê e sirva com chantilly.

técnica especial
COMO TIRAR AS SEMENTES DA BAUNILHA

1. Segure a fava sobre uma tábua. Com a ponta de uma faca, divida-a ao meio no sentido do comprimento.

2. Com uma colher (chá), raspe ao longo da fava, retirando as sementes.

Merengue suíço básico
6 MERENGUES GRANDES
PREPARO: **1H30** MAIS **O TEMPO PARA RESFRIAR**

claras de 3 ovos grandes
175 g de açúcar
½ colher (chá) de essência de baunilha

1 Preaqueça o forno a 120ºC. Bata as claras em neve na batedeira. Continue batendo e adicione aos poucos o açúcar, 1 colher de sopa por vez, até obter um merengue firme e brilhante. Adicione a baunilha e bata até ficar homogêneo.
2 Forre uma fôrma com papel-manteiga, fixando o papel com um pouquinho de merengue em cada canto. Com uma colher metálica, faça 6 montes em formato de suspiro na fôrma, deixando espaço entre eles.
3 Asse por 1h15 se quiser que os merengues fiquem cremosos no centro, ou por 1h30 se preferir mais crocantes. Retire o papel da fôrma e transfira os merengues para uma grelha para esfriar. Deixe os mais crocantes no forno desligado pelo menos por 4 horas, até esfriarem devagar, depois transfira para a grelha.

Taça de frutas silvestres
6 PORÇÕES PREPARO: **35 MINUTOS**

3 merengues grandes (receita acima)
150 g de framboesas
150 g de mirtilos
250 g de morangos
4 colheres (sopa) de licor de cassis
500 g de iogurte natural
hortelã para decorar

1 Pique os morangos. Coloque-os numa tigela com as framboesas e os mirtilos. Acrescente o cassis, misture com cuidado e deixe descansar por 15 minutos, até formar uma calda.
2 Coloque o iogurte em outra tigela e misture ¾ das frutas, reservando a calda. Pique os merengues e misture superficialmente. Distribua em 6 taças, cubra com as frutas restantes e decore com hortelã.

doces tentações — sobremesas e quitutes

Pavê de figo com merengue e vinho
6 PORÇÕES PREPARO: **35 MINUTOS**

100 g de chocolate branco de boa qualidade
150 g de pão de ló
6 colheres (sopa) de Marsala ou vinho do Porto
3 figos
1 romã
500 g de creme de confeiteiro pronto
125 g de açúcar cristal
2 claras de ovo

1 Quebre o chocolate em pedaços e derreta num refratário posicionado sobre uma panela com água fervente (banho-maria). Retire e misture até ficar cremoso. Deixe esfriar um pouco.
2 Corte o pão de ló em cubos e divida em 6 taças para servir. Regue cada uma com 1 colher (sopa) de vinho. Corte os figos em 8 fatias e coloque 4 em cada taça sobre o bolo.
3 Retire as sementes da romã e distribua também nas taças.
4 Misture o creme de confeiteiro ao chocolate até engrossar. Distribua nas taças, cubra e leve à geladeira até a hora de servir.
5 Ferva o açúcar e 2 colheres (sopa) de água numa caçarola. Mantenha em fervura leve por 15 minutos.
6 Enquanto isso, bata as claras em neve. Incorpore o caramelo da panela às claras em filete contínuo, batendo as claras sem parar até formar um merengue brilhante. Cubra com filme de PVC.
7 Antes de servir, cubra as taças com um pouco do merengue. Leve-as ao forno preaquecido por alguns minutos, até o merengue dourar. Se quiser, salpique bolinhas prateadas por cima.

> Chocolate branco e merengue formam uma combinação perfeita.

Pavê de figo com merengue e vinho

Cheesecake italiano de amêndoas

Torta gelada do Alasca
10-12 PORÇÕES PREPARO: **50 MINUTOS**
MAIS **O TEMPO PARA RESFRIAR**

115 g de manteiga em temperatura ambiente, mais um pouco para untar
115 g de açúcar
2 ovos grandes
85 g de farinha com fermento
25 g de cacau em pó
1-2 colheres (sopa) de leite

Cobertura
claras de 4 ovos grandes
170 g de açúcar
75 ml de licor amaretto
225 g de framboesas
500 ml de sorvete de creme
6 bolachas recheadas quebradas

1 Preaqueça o forno a 170ºC. Unte uma fôrma de bolo de 20 cm de diâmetro e forre o fundo com um disco de papel-manteiga. Bata a manteiga e o açúcar na batedeira até obter um creme fofo. Adicione os ovos, um por vez, batendo após cada adição. Peneire a farinha e o cacau sobre a tigela da batedeira e misture, adicionando leite suficiente para o creme ficar líquido. Espalhe a massa no fundo da fôrma e asse por 20 minutos, até que, ao espetar um palito, este saia limpo. Deixe esfriar por completo.
2 Pouco antes de servir, preaqueça o forno a 220ºC. Bata as claras em neve. Adicione aos poucos o açúcar, batendo até formar um merengue firme e brilhante.
3 Coloque a massa de chocolate no centro de um refratário e espete várias vezes com um palito. Regue com o licor e espalhe por cima metade das framboesas. Divida o sorvete em 4 porções e cubra as framboesas, fazendo camadas. Espalhe o restante das framboesas por cima e salpique as bolachas.
4 Cubra tudo com o merengue usando uma espátula. Tome cuidado para não deixar brechas sem merengue. Molde picos na parte de cima e leve ao forno por 3-4 minutos, até dourar. Sirva na hora.

Pudim de açúcar mascavo com gengibre
6 PORÇÕES PREPARO: **1 HORA**

150 g de manteiga em temperatura ambiente, mais um pouco para untar
240 g de gengibre em conserva, mais 4 colheres (sopa) da calda
175 g de açúcar mascavo
315 ml de creme de leite
175 g de farinha de trigo
½ colher (chá) de gengibre em pó
½ colher (chá) de fermento em pó
½ colher (chá) cheia de bicarbonato de sódio
2 ovos batidos
2 colheres (sopa) de melado

1 Preaqueça o forno a 180ºC e coloque uma fôrma na grade central. Unte 6 forminhas para pudim com um pouco de manteiga.
2 Bata o gengibre e sua calda no processador até picar bem, mas sem ficar cremoso. Transfira metade para uma panelinha e junte 75 g do açúcar mascavo, metade da manteiga e 200 ml do creme de leite. Reserve.
3 Peneire a farinha, o gengibre em pó, o fermento e o bicarbonato numa tigela. Adicione os ovos e o restante da manteiga e do açúcar mascavo. Misture o melado com 1 colher (sopa) do creme de leite e junte aos ingredientes da tigela. Bata até ficar cremoso. Incorpore 150 ml de água morna e o restante do gengibre picado e bata mais.
4 Distribua o pudim nas forminhas, coloque-as na fôrma aquecida e leve ao forno por 20 minutos. Enquanto isso, aqueça a calda de gengibre reservada em fogo baixo. Vire os pudins em 6 pratos aquecidos e espalhe calda por cima. Sirva com o restante do creme de leite.

> **Pudins suaves com calda trazem um toque de nostalgia.**

Torta gelada do Alasca

sobremesas e quitutes   doces tentações

Pudim de arroz com morangos marinados

açúcar reservado para formar um merengue. Não deixe ficar firme demais – os picos formados devem cair. Incorpore ao mascarpone batido com os outros ingredientes.

4 Mergulhe os biscoitos no café com melado, um a um, e use-os para forrar uma travessa retangular. Espalhe por cima metade do creme de mascarpone. Faça outra camada de biscoitos passados no café e, por último, espalhe o restante do creme de mascarpone. Leve à geladeira por 1h30.

5 Misture o restante do melado com o açúcar mascavo e separe os grãos com as pontas dos dedos, como se estivesse fazendo uma massa. Salpique essa mistura de açúcar por cima e leve à geladeira por mais 15-20 minutos para que se dissolvam antes de servir.

Pudim de arroz com morangos marinados
4 PORÇÕES PREPARO: **50 MINUTOS**

125 de açúcar
1 ovo, mais 3 gemas
400 ml de leite
140 ml de creme de leite
1 fava de baunilha (reserve as sementes – veja p. 256)
125 g de flocos de arroz
sorvete de creme para servir
calda de morango para servir

Morangos marinados
150 g de morangos pequenos cortados ao meio, mais 4 inteiros para decorar
25 g de açúcar glacê peneirado
suco de 1 limão-siciliano pequeno
1 colher (sopa) de manjericão picado
pimenta-do-reino moída na hora

1 Numa tigela, bata 50 g do açúcar com o ovo e as gemas até obter um creme fofo. Despeje 100 ml de leite e o creme de leite numa panela em fogo médio. Adicione metade da fava de baunilha e as sementes. Ferva, mexendo sempre. Junte aos poucos as gemas batidas e peneire, retirando os resíduos sólidos, a fava de baunilha e as sementes (reserve-as). Reserve para esfriar.

Tiramisù
6-8 PORÇÕES PREPARO: **2H30**

150 ml de café fresco bem forte
4 colheres (sopa) de rum escuro
5 colheres (chá) de melado
40 g de açúcar demerara
2 ovos (claras e gemas separadas)
250 g de mascarpone
algumas gotas de essência de baunilha
20 biscoitos champanhe
1 colher (sopa) de açúcar mascavo

1 Misture o café e o rum e 2 colheres (chá) de melado. Mexa até dissolver e coloque o líquido numa travessa rasa.
2 Reserve 2 colheres (sopa) de açúcar demerara. Bata as gemas e o restante desse açúcar numa tigela por 4 minutos, até obter um creme claro e espesso. Bata o mascarpone em outra tigela até ficar cremoso e junte os dois preparados. Adicione a baunilha.
3 Bata as claras em neve. Adicione aos poucos o

doces tentações — sobremesas e quitutes

2 Enquanto isso, ferva os flocos de arroz numa panela antiaderente média por 2-3 minutos. Escorra e passe sob água fria. Recoloque na panela e misture o açúcar, o leite, a fava de baunilha e as sementes restantes. Ferva, diminua o fogo e cozinhe por 15-20 minutos, mexendo sem parar. Escorra bem.
3 Preaqueça o forno a 120ºC. Embrulhe a base de forminhas de metal de 8 cm de diâmetro com duas camadas de papel-alumínio. Coloque-as numa fôrma grande.
4 Transfira os flocos de arroz para uma tigela e junte o creme já frio. Distribua nas forminhas. Asse por 25-30 minutos.
5 Enquanto isso, coloque os morangos cortados ao meio, o açúcar glacê, o limão-siciliano, ½ colher (chá) de pimenta e o manjericão numa tigela grande, misture bem e deixe descansar por 15 minutos. Transfira cada pudim para um prato e retire o papel-alumínio e a forminha.
6 Cubra o pudim com os morangos, coloque por cima uma bola de sorvete e finalize com calda de morango e um morango inteiro.

Sobremesa de tâmara
6 PORÇÕES PREPARO: **20 MINUTOS**

1 pão de ló grande
6 tâmaras em fatias
170 g de calda de caramelo
raspas de 1 laranja

1 Preaqueça o forno a 140ºC. Corte o bolo em fatias e distribua-as verticalmente (como abaixo) com as tâmaras numa travessa de 1 litro.
2 Despeje a calda de caramelo e salpique as raspas de laranja. Cubra com papel-alumínio e asse por 15 minutos. Quando estiver bem quente, sirva com chantilly ou sorvete.

Sobremesa de tâmara

Crepes suzette

Crepes suzette
4 PORÇÕES PREPARO: **30 MINUTOS**

125 g de farinha de trigo
1 ovo batido
275-300 ml de leite semidesnatado
1 colher (chá) de açúcar glacê
raspas de ½ laranja
óleo para fritar

Calda
40 g de açúcar
40 g de manteiga
suco de 2 laranjas pequenas
2 colheres (sopa) de cointreau
2 colheres (sopa) de brandy
algumas tiras de casca de laranja
açúcar glacê para polvilhar

1 Faça a massa de panqueca (veja Panquecas perfeitas, p. 37), acrescentando 1 colher (chá) de açúcar glacê e raspas de ½ laranja à receita. Deixe descansar e cozinhe (veja ao lado).

2 Dobre as panquecas em oito ou em quatro, dependendo do tamanho, e reserve.
3 Faça a calda. Aqueça o açúcar numa frigideira grande e pesada em fogo baixo. Mexa para dissolver. Aumente o fogo para dourar bem. Adicione a manteiga, o suco de laranja e o cointreau e deixe a calda ferver um pouco.
4 Coloque as panquecas dobradas na panela e espalhe por cima o brandy. Flambe usando um fósforo longo para "colocar fogo" na calda. Afaste-se da panela.
5 Retire enquanto as chamas diminuem. Distribua as panquecas quentes em 4 pratos. Salpique raspas de laranja, polvilhe com açúcar e sirva com creme de leite fresco, se desejar.

técnica especial
COMO FAZER CREPES

1. Aqueça um pouco de óleo e cubra o fundo da panela. Retire o excesso. Segurando a panela um pouco inclinada, coloque uma concha de massa.

2. Enquanto despeja a massa, mexa a panela para que a massa cubra o fundo de maneira uniforme. Deve formar uma camada fina.

3. Quando o crepe estiver cozido e levemente dourado embaixo, use uma espátula para soltar as laterais e ajudar a virar do outro lado.

4. Cozinhe até o outro lado dourar. Coloque sobre papel-manteiga e cubra com outra folha de papel antes de colocar o próximo crepe por cima.

doces tentações   **sobremesas e quitutes**

Pudim de Natal

Pudim de Natal
2 PUDINS DE 1 LITRO/10 MINIPUDINS
PREPARO: **3-6 HORAS** MAIS **12 HORAS DE MOLHO**

250 g de uvas-passas pretas
250 g de uvas-passas brancas
75 g de amêndoas torradas picadas
100 g de cerejas em calda cortadas ao meio
75 g de frutas cristalizadas
raspas finas de 1 limão-siciliano
raspas finas de 1 laranja
100 ml de suco de laranja
75 g de farinha de rosca
1 colher (chá) de especiarias
100 g de açúcar
100 ml de licor Grand Marnier
100 ml de leite
100 g de farinha de trigo com fermento
1 maçã grande ralada
250 g de manteiga
4 ovos
manteiga para untar

1 Misture as frutas secas e as cerejas com as raspas de frutas, o suco de laranja, a farinha de rosca, as especiarias, o açúcar, o licor e o leite. Deixe descansar de um dia para o outro.
2 No dia seguinte, adicione a farinha, a maçã, a manteiga e os ovos. Unte duas fôrmas grandes (de 1 litro cada) de pudim ou 10 forminhas. Encha até ¾ das fôrmas. Cubra as fôrmas com duas camadas de papel-manteiga untado e amarre com um barbante.
3 Para os pudins grandes: coloque uma panela virada sobre outra em fogo médio e posicione uma fôrma de pudim sobre a panela virada (banho-maria). Coloque água fervente nas panelas até cobrir metade da lateral das fôrmas de pudim. Tampe e deixe ferver em fogo brando por 5 horas, acrescentando água fervente, se preciso, até que, ao espetar um palito no pudim, ele saia limpo. Para os minipudins: preaqueça o forno a 160ºC. Coloque as forminhas numa fôrma grande com água fervente até cobrir metade das laterais das forminhas. Cubra com papel-alumínio e asse por 2 horas.
4 Faça uma decoração natalina e polvilhe açúcar glacê, se quiser. Sirva com creme de brandy.

bolos

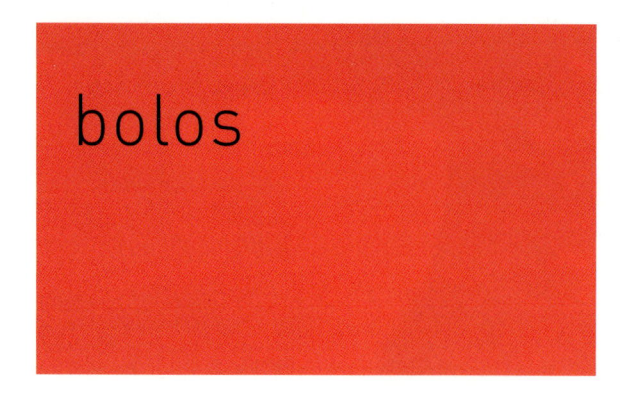

Bolinhos de limão com alecrim
10 UNIDADES PREPARO: **1 HORA**

100 g de manteiga
100 g de açúcar
2 ovos
100 g de farinha de trigo com fermento
1 colher (chá) de folhas de alecrim picadas, mais raminhos para decorar
raspas de 1 limão
1 colher (sopa) de leite
100 g de açúcar glacê
corantes comestíveis nas cores azul, rosa e amarela
50 g de decorações comestíveis

1 Preaqueça o forno a 160ºC. Forre uma fôrma para muffins com 10 forminhas de papel.
2 Coloque a manteiga, o açúcar, os ovos, a farinha, o alecrim picado, as raspas de limão e o leite numa tigela grande e bata com uma colher de pau ou um mixer. Distribua a massa nas forminhas de papel até encher ¾.
3 Leve ao forno por 15-20 minutos até crescerem, dourarem e ficarem firmes ao toque. Retire e deixe esfriar.
4 Misture o açúcar glacê com 1 colher (sopa) de água até ficar cremoso. Divida essa cobertura em três tigelas e acrescente um pouco de corante comestível de cores diferentes em cada uma. Use para cobrir os bolinhos. Decore-os com alecrim e decorações comestíveis. Os bolinhos duram até 3 dias em recipiente hermético.

Minimuffins de framboesa
12 UNIDADES PREPARO: **25 MINUTOS**

125 g de farinha de trigo
1½ colher (chá) de fermento em pó
½ colher (chá) de bicarbonato de sódio
1 colher (chá) de canela em pó
150 g de iogurte natural desnatado
100 g de açúcar mascavo
1 ovo grande
2 colheres (sopa) de óleo de girassol
1 colher (chá) de essência de baunilha
125 g de framboesas frescas ou congeladas
1 colher (sopa) de açúcar demerara

1 Preaqueça o forno a 160ºC. Forre 12 forminhas para bolinho com forminhas de papel.
2 Peneire a farinha, o fermento, o bicarbonato e a canela numa tigela e abra uma cova no centro.
3 Coloque o iogurte, o açúcar, o ovo, o óleo e a baunilha em outra tigela e bata com um garfo. Despeje na cova e vá incorporando aos poucos os ingredientes secos. Junte as framboesas e misture um pouco – não mexa demais para as frutas não desmancharem.
4 Coloque 1 colher (sopa) generosa de massa em cada forminha. Salpique com açúcar demerara. Asse por 15 minutos até crescer e dourar. Os muffins estarão prontos se, ao espetar um palito na massa, ele sair limpo. Deixe esfriar e sirva.

> É a delicadeza destes muffins que os torna irresistíveis.

Bolinhos Victoria

8 UNIDADES PREPARO: **1H10**

170 g de manteiga sem sal em temperatura ambiente, mais um pouco para untar
170 g de açúcar
3 ovos
1 colher (chá) de essência de baunilha
170 g de farinha com fermento
280 ml de creme de leite para chantilly
açúcar glacê para polvilhar

Geleia de morango
450 g de morangos limpos
500 g de açúcar
suco de 1 limão-siciliano

1 Faça primeiro a geleia. Coloque 2 travessas no freezer. Ponha os morangos, o açúcar e o limão numa panela grande em fogo médio-baixo, mexendo até o açúcar dissolver. Ferva por 6 minutos, retire, coloque 1 colher (sopa) em cada travessa gelada e esprema contra o fundo. Se enrugar, está pronta. Se não, ferva por mais 2 minutos e repita. Descarte a espuma que se formar na superfície e deixe descansar por 15 minutos. Distribua em recipientes esterilizados. Deixe esfriar e cubra com papel encerado. A geleia dura até 3 meses.
2 Preaqueça o forno a 160°C. Unte forminhas para bolinhos de 8 cm de diâmetro e corte discos de papel-manteiga para forrar os fundos das forminhas.
3 Coloque a manteiga e o açúcar numa tigela grande e bata até obter um creme fofo. Bata os ovos com a baunilha e adicione ao creme. Junte também um pouco de farinha. Peneire a farinha restante por cima e misture até formar uma massa.
4 Distribua a massa nas forminhas e asse por 20 minutos até crescerem e dourarem. Deixe esfriar e retire os discos de papel.
5 Bata o creme de leite até ficar fofo. Espalhe sobre 4 bases dos bolinhos e cubra com geleia. Feche os bolinhos, formando sanduíches. Polvilhe com açúcar glacê.

Minimuffins de framboesa

Bolinhos Victoria

sobremesas e quitutes · bolos

Bolinhos natalinos de cenoura

Bolinhos natalinos de cenoura
28 UNIDADES PREPARO: **2H15**

250 ml de óleo, mais um pouco para untar
3 cenouras grandes (350 g) raladas
75 g de macadâmias picadas
75 g de nozes-pecãs picadas
170 g de frutas vermelhas secas ou frutas cristalizadas
100 g de ameixas, figos e damascos secos picados
300 g de açúcar cristal
300 g de farinha de trigo com fermento
1 colher (chá) de canela
1 colher (chá) de noz-moscada ralada
2 colheres (chá) de fermento em pó
4 ovos grandes batidos

Creme de baunilha
125 g de manteiga com sal em temperatura ambiente
250 g de açúcar glacê peneirado
1 colher (chá) de essência de baunilha

Cobertura de chocolate
200 g de chocolate meio amargo picado
4 colheres (sopa) de leite
100 g de manteiga
150 g de açúcar glacê

Decoração
500 g de pasta americana
corante comestível vermelho
açúcar glacê para polvilhar
5 g de confeitos comestíveis

1 Preaqueça o forno a 160ºC. Forre 24 forminhas para bolinhos com forminhas de papel. Numa tigela grande, misture o óleo, as macadâmias e as nozes, a cenoura, as frutas secas e o açúcar. Peneire a farinha, a canela, a noz-moscada e o fermento por cima e misture bem. Junte os ovos e misture até ficar homogêneo.
2 Distribua a maior parte da massa nas forminhas de papel, preenchendo até ¾. Asse por 22-25 minutos até crescerem e dourarem. Retire e coloque numa grelha para esfriar. Forre mais

4 forminhas com forminhas de papel. Distribua o restante da massa e asse de novo da mesma forma.
3 Faça o creme. Bata a manteiga até ficar cremosa e adicione aos poucos o açúcar glacê. Acrescente a baunilha e bata por mais 1 minuto, até obter um creme leve e fofo.
4 Faça a cobertura de chocolate. Coloque o chocolate, o leite, a manteiga e o açúcar numa panela e aqueça até o chocolate e a manteiga derreterem.
5 Espalhe a cobertura sobre metade dos bolinhos e deixe descansar antes de decorar. Espalhe o creme de baunilha sobre os outros bolinhos, usando uma faquinha lisa.
6 Para a decoração, use o corante para colorir 250 g da pasta americana. Amasse até a cor ficar homogênea. Abra sobre uma superfície enfarinhada até ficar com 3 mm de espessura, tomando cuidado para não grudar na mesa. Use cortadores de biscoito para cortar a decoração (flocos de neve ou estrelas). Repita com o restante da pasta americana branca. Você vai precisar de 28 flocos de neve de cada cor. Deixe descansar para firmar.
7 Pincele um pouco de água sobre os flocos de neve. Salpique os confeitos sobre os bolinhos.

Muffins de maçã com uvas-passas e nozes-pecãs
12 UNIDADES PREPARO: **45 MINUTOS**

75 g de manteiga derretida, mais um pouco para untar
300 ml de leite desnatado
125 g de cereal matinal integral
2 ovos
75 g de açúcar mascavo
½ colher (chá) de baunilha
60 g de farinha de trigo integral
125 g de farinha de trigo com fermento
½ colher (chá) de sal
2 colheres (chá) de fermento em pó
2 maçãs picadas
2 colheres (sopa) de passas maceradas em 2 colheres (sopa) de rum ou suco de laranja
25 g de nozes-pecãs torradas e picadas

1 Preaqueça o forno a 170ºC. Unte 12 forminhas com um pouco de manteiga. Coloque o cereal e o leite numa tigela e reserve.
2 Numa tigelinha, bata os ovos, a manteiga, o açúcar e a baunilha. Numa tigela maior, peneire as farinhas, o sal e o fermento e junte a maçã.
3 Misture o cereal com o ovo batido e adicione aos ingredientes secos. Divida a massa ao meio. A uma metade adicione as passas e à outra, as nozes.
4 Coloque 1 colher (sobremesa) de massa em cada forminha, de modo que cada metade dos bolinhos fique com um sabor. Asse por 25-30 minutos, até crescerem e dourarem. Deixe esfriar na fôrma por 10 minutos. Sirva ainda morno.

Estes muffins contêm pouca gordura e muita fibra.

Muffins de maçã com uvas-passas e nozes-pecãs

sobremesas e quitutes — **bolos**

espátula e alise a superfície e os cantos. Leve ao forno por 10-12 minutos, até o bolo crescer e dourar. Enquanto isso, coloque a geleia numa tigela e misture para que fique mais fluida.

4 Abra um pano de prato limpo sobre a superfície de trabalho. Coloque uma folha de papel-manteiga maior do que o bolo e polvilhada com açúcar sobre ele. Passe uma faca ao redor do bolo e vire-o sobre o papel-manteiga. Retire o papel grudado na base. Corte as bordas do bolo. Espalhe a geleia por cima, deixando apenas uma borda fina em toda a volta do bolo sem geleia. Faça um pequeno corte de 1 cm, no sentido do comprimento, na lateral menor mais perto de você, pois assim fica mais fácil enrolar o rocambole.

5 Enrole a partir da borda com o corte. O papel-manteiga também vai ajudar a enrolar. Coloque sobre uma travessa com a borda para baixo e deixe esfriar.

técnica especial
ROCAMBOLE PERFEITO

1. Forre o fundo da fôrma com papel-manteiga e polvilhe com açúcar. Isso vai ajudar na hora de virar o bolo.

2. Incorporar a farinha ao creme com cuidado, deixando entrar ar, impedirá que a massa pronta quebre com facilidade.

3. Após cobrir o bolo com geleia, deslize a faca na lateral mais próxima a você, sem atravessar o bolo.

4. O corte ajudará a enrolar o bolo na primeira volta. Segure o papel com uma das mãos para ficar mais fácil.

Rocambole
8-10 PORÇÕES PREPARO: **40 MINUTOS**

125 g de açúcar, mais um pouco para polvilhar
125 g de farinha de trigo, mais um pouco para polvilhar
½ pote de geleia de morango ou de framboesa
3 ovos grandes
óleo para untar

1 Preaqueça o forno a 180ºC. Pincele uma fôrma de 33 x 23 cm com óleo. Corte uma folha de papel-manteiga para forrar o fundo da fôrma. Pincele o papel com mais óleo e polvilhe farinha e açúcar.
2 Bata o açúcar e os ovos na batedeira ou com um mixer por 10 minutos, até obter um creme pálido e firme.
3 Peneire metade da farinha sobre o creme e incorpore com cuidado, até não sobrarem traços de farinha. Repita com o restante da farinha. É importante incorporar com cuidado, sem bater. Adicione 1 colher (sopa) de água morna. Transfira a massa para uma fôrma usando uma

Bolo de cenoura

12 PORÇÕES PREPARO: **1 HORA**

250 ml de óleo de girassol, mais um pouco para untar
225 g de açúcar
3 ovos grandes
225 g de farinha de trigo com fermento
250 g de cenoura sem a casca

Cobertura
25 g de margarina
300 g de cream cheese light
25 g de açúcar glacê
raspas de 1 laranja

1 Preaqueça o forno a 160ºC. Unte uma fôrma de 18 cm x 28 cm e 2,5 cm de altura com pincel e forre com papel-manteiga.
2 Coloque o óleo numa tigela, acrescente o açúcar e bata por alguns minutos.
3 Quebre 1 ovo no creme de açúcar e bata até ele desaparecer. Faça o mesmo com os outros ovos.
4 Peneire a farinha sobre o creme e incorpore até ficar homogêneo.
5 Rale as cenouras sobre a tigela, misture e transfira a massa para a fôrma. Alise a superfície.
6 Asse por 40 minutos, até crescer e dourar. Espete um palito no centro. Se sair limpo, o bolo está pronto. Se não, deixe por mais 2-3 minutos e verifique de novo. Retire e deixe esfriar.
7 Enquanto isso, coloque a margarina e o cream cheese numa tigela. Misture para ficar cremoso. Peneire o açúcar glacê por cima. Salpique ¾ das raspas de laranja por cima e misture bem. Espalhe a cobertura sobre o bolo frio. Coloque o restante das raspas de laranja e corte em 12 fatias grandes.

dica especial
COMO GUARDAR BOLO DE CREAM CHEESE
Bolos com cobertura de cream cheese devem ficar na geladeira, onde duram até 4 dias dentro de um recipiente com tampa.

Bolo de cenoura

Bolo de maçã com nozes
12-16 PORÇÕES PREPARO: **1H30**

1 kg de maçã
1 colher (sopa) de suco de limão-siciliano
50 ml de óleo de girassol, mais um pouco para untar
100 g de farinha de trigo especial
100 g de farinha de trigo integral
1 colher (sopa) de farinha de milho
2 colheres (chá) de bicarbonato de sódio
½ colher (chá) de canela, de cravo-da-índia, de gengibre e de noz-moscada
225 g de açúcar
100 g de uvas-passas
50 g de nozes em pedaços

Cobertura
250 g de cream cheese light ou requeijão
25 g de açúcar
2 colheres (chá) de essência de baunilha
½ colher (chá) de canela em pó
6 nozes

1 Tire a casca e os caroços das maçãs e coloque-as numa panela antiaderente. Cubra com o limão e 2 colheres (sopa) de água. Tampe a panela e cozinhe em fogo baixo até obter um purê. Destampe, aumente o fogo e cozinhe por 5 minutos, mexendo até evaporar o excesso de líquido. Deixe esfriar.
2 Preaqueça o forno a 140ºC. Unte uma fôrma redonda para bolo de 20 cm de diâmetro e forre o fundo com papel-manteiga. Peneire as farinhas, o bicarbonato, as especiarias e o açúcar numa tigela e junte os resíduos maiores que ficaram na peneira. Misture as uvas-passas e as nozes. Junte 550 g do purê de maçã e misture com os ingredientes secos. Adicione também o óleo e misture para formar uma massa.
3 Transfira a massa para a fôrma, alise a superfície e leve ao forno por 55 minutos-1 hora, até que, ao espetar um palito, ele saia limpo.
4 Enquanto isso, coloque os ingredientes da cobertura, exceto as nozes, numa tigela e bata até ficar cremoso. Cubra e leve à geladeira. Retire o bolo do forno e deixe esfriar. Cubra com a cobertura, polvilhe a canela e decore com nozes.

Bolo de maçã com nozes

Bolo com caramelo e cream cheese
8-10 PORÇÕES PREPARO: **1H15**

225 g de manteiga em temperatura ambiente, mais um pouco para untar
125 g de açúcar mascavo
100 g de açúcar
4 ovos grandes
225 g de farinha de trigo com fermento
2 colheres (chá) de essência de baunilha
2 colheres (sopa) de leite, se preciso
400 g de cream cheese

Caramelo
50 g de manteiga
75 g de açúcar mascavo
50 g de açúcar cristal
150 g de mel
120 ml de creme de leite
1 colher (chá) de essência de baunilha

1 Preaqueça o forno a 170ºC. Unte 2 fôrmas redondas de 20 cm de diâmetro e forre o fundo com papel-manteiga.
2 Faça o caramelo. Mexa a manteiga, os dois tipos de açúcar e o mel em fogo baixo por 10-15 minutos, até ficar cremoso. Acrescente o creme de leite e a essência de baunilha e deixe esfriar.
3 Enquanto isso, faça o bolo. Bata a manteiga com uma colher de pau para ficar cremosa. Adicione os dois tipos de açúcar e bata mais até obter um creme fofo e pálido. Acrescente os ovos, um por vez, junto com 1 colher (sobremesa) de farinha. Bata a baunilha. Incorpore o restante da farinha e um pouco de leite, se preciso, para que a massa fique cremosa mas firme.
4 Reparta a massa nas fôrmas e asse por 25 minutos, até os bolos encolherem e, ao espetar um palito no centro, ele saia limpo. Deixe os bolos esfriarem nas fôrmas por 10 minutos. Vire-os e deixe esfriarem por completo.
5 Bata o cream cheese numa tigela até ficar cremoso e misture com 8 colheres (sopa) do caramelo. Coloque um dos bolos numa travessa e espalhe metade desse creme por cima. Cubra com o outro bolo e deixe descansar. Espalhe mais 2-3 colheres (sopa) de caramelo sobre o bolo.

Bolo pétala de rosa de chocolate
10-12 PORÇÕES PREPARO: **2 HORAS**

125 g de manteiga em temperatura ambiente, mais um pouco para untar
250 ml de leite
1 colher (sopa) de vinagre de vinho branco
125 g de chocolate meio amargo em pedaços
350 g de farinha de trigo com fermento peneirada
15 g de cacau em pó peneirado
1 colher (chá) de bicarbonato de sódio
250 g de açúcar
2 ovos batidos

Recheio e cobertura
4 colheres (sopa) de xerez doce ou vinho Marsala (opcional)
185 g de chocolate meio amargo em pedaços
100 g de manteiga em cubos
1 rosa grande para decorar

1 Preaqueça o forno a 140ºC. Unte uma fôrma redonda de 20 cm de diâmetro e forre com papel-manteiga. Coloque o leite e o vinagre numa jarra – vai coalhar. Derreta 125 g de chocolate num refratário posicionado sobre uma panela com água fervente (banho-maria), sem deixar a água tocar o refratário. Mexa até ficar cremoso.
2 Misture a manteiga, os outros ingredientes do bolo e o leite coalhado com o chocolate. Bata até ficar cremoso e passe para uma fôrma. Asse por 1h25-1h30, até que, ao espetar um palito, ele saia limpo. Deixe esfriar na fôrma por 10 minutos e vire numa travessa.
3 Use uma faca de pão para cortar o bolo ao meio na horizontal, ficando assim com dois discos. Regue os lados internos com o xerez ou o vinho.
4 Faça o recheio e a cobertura. Derreta o chocolate e a manteiga numa panela em fogo baixo. Mexa até ficar cremoso e reserve para engrossar um pouco. Use ¼ desse creme para rechear, empilhe as duas partes e espalhe o restante sobre o bolo. Decore com pétalas de rosa.

sobremesas e quitutes — bolos

Bolo de frutas sem glúten
10 PORÇÕES PREPARO: **4 HORAS**
MAIS **12 HORAS DE MACERAÇÃO**

250 g de figos secos
200 g de damascos secos
170 g de uvas-passas brancas
170 g de uvas-passas pretas
50 g de frutas cristalizadas
50 g de cerejas em calda cortadas ao meio
2 colheres (chá) de especiarias
raspas de 1 laranja
raspas de 1 limão-siciliano
4 colheres (sopa) de rum, mais um pouco para umedecer o bolo
2 colheres (sopa) de melado ou glicose de milho
50 g de amêndoas picadas
100 g de amêndoas moídas
50 g de farinha de arroz
50 g de farinha de milho
½ colher (chá) de sal
225 g de manteiga em temperatura ambiente, mais um pouco para untar
225 g de açúcar mascavo
6 ovos grandes batidos
4 colheres (sopa) de geleia de damasco
miscelânea de nozes, castanhas e frutas secas como figos, pêssegos, cerejas em calda e rodelas de laranja e limão-siciliano

1 Um dia antes de preparar o bolo, coloque as frutas, as especiarias e as raspas de laranja e de limão numa tigela. Regue com o rum, cubra e deixe na geladeira de um dia para o outro.
2 No dia seguinte, preaqueça o forno a 130ºC. Misture o melado com as amêndoas picadas e as frutas que ficaram na geladeira. Unte uma fôrma redonda para bolo de 20 cm e forre o fundo e as laterais com papel-manteiga.
3 Misture as amêndoas moídas, os dois tipos de farinha e o sal numa tigelinha. Em outra tigela, bata a manteiga e o açúcar, até obter um creme claro. Adicione os ovos, 1 colher (sopa) por vez. Incorpore os ingredientes secos

Bolo de frutas sem glúten

ao creme e misture aos poucos ao preparado de frutas. Transfira para a fôrma e alise a superfície.
4 Envolva a lateral externa da fôrma com papel pardo, de modo que ultrapasse 5 cm da borda. Fixe com um barbante. Cubra o topo com 2 discos de papel-manteiga e abra um buraquinho no centro para o vapor escapar. Asse por 3 horas na grelha central do forno.
5 Retire o papel-manteiga do topo e leve o bolo de volta ao forno por 30 minutos, até dourar e, ao espetar um palito, ele sair limpo.
6 Vire o bolo sobre uma grelha e deixe esfriar. Quando estiver frio, faça furos de 2,5 cm de profundidade na superfície e regue com 2 colheres (sopa) de rum.
7 Para armazenar, deixe o papel-manteiga no bolo, embrulhe em filme de PVC e em seguida em papel-alumínio. Coloque num recipiente hermético e deixe em local fresco e seco. Antes de servir, regue com mais 1-2 colheres (sopa) de rum. Aqueça a geleia de damasco para derretê-la e pincele o bolo. Decore com as frutas, as nozes e as castanhas e pincele com mais geleia.

Bolo delicioso de Natal
16 PORÇÕES PREPARO: **4 HORAS**
MAIS **24 HORAS DE MACERAÇÃO**

175 g de uvas-passas pretas
175 g de uvas-passas brancas
175 g de ameixas secas picadas
150 g de cerejas em calda cortadas ao meio
100 g de frutas cristalizadas
50 g de gengibre cristalizado
raspas de 1 laranja grande
250 ml de brandy, uísque ou vinho do Porto
175 g de manteiga em temperatura ambiente
175 g de açúcar mascavo
4 ovos batidos
200 g de farinha com fermento
1 colher (sopa) de glicose de milho
1 colher (sopa) de essência de baunilha

Cobertura
450 g de açúcar glacê peneirado
3 colheres (sopa) de glicose de milho
50 g de manteiga em temperatura ambiente
4 colheres (sopa) de brandy

1 Um dia antes de fazer o bolo, coloque as uvas-passas, as ameixas, as cerejas, as frutas cristalizadas, o gengibre e as raspas de laranja numa tigela. Despeje por cima o brandy, cubra e deixe macerar pelo menos por 24 horas, mexendo de vez em quando até a maior parte do brandy ser absorvida.
2 No dia seguinte, unte o fundo e as laterais de uma fôrma redonda de bolo de 20 cm com papel-manteiga. Pese 450 g das frutas que ficaram de molho, retirando-as com uma escumadeira. Bata as frutas no liquidificador ou processador, até obter um purê escuro.
3 Preaqueça o forno a 130ºC. Numa tigela limpa, bata a manteiga e o açúcar até obter um creme fofo e claro. Adicione os ovos aos poucos, acrescentando a farinha sempre que começar a coalhar.
4 Misture também o purê de frutas, o restante da fruta macerada, o brandy, a glicose de milho e a baunilha. Mexa até ficar homogêneo. Transfira para a fôrma forrada e alise a superfície. Asse por 2h30-3h, até que, ao espetar um palito, ele saia limpo. Deixe esfriar na fôrma por algumas horas e vire sobre uma grelha para esfriar bem.
5 Para a cobertura, coloque o açúcar peneirado, a glicose, a manteiga e o brandy numa tigela grande e bata até ficar cremoso. Use este creme para decorar o topo e as laterais do bolo, desenhando fitas e laços. Armazene o bolo num recipiente hermético na geladeira e consuma em até 2 semanas.

> **dica especial**
> **DECORE COM CARAMELO**
> É fácil decorar com figuras de caramelo. Dissolva 225 g de açúcar cristal em fogo baixo até obter um caramelo claro. Retire e mexa devagar dentro de um molde em forma de estrela, ou de uma palavra. Quando esfriar, coloque sobre o bolo.

Bolo moca com avelã

Bolo moca com avelã
8 PORÇÕES PREPARO: **1H30**

120 g de avelãs, mais algumas para decorar
200 g de manteiga, mais um pouco para untar
200 g de açúcar
3 ovos grandes
200 g de farinha de trigo com fermento
1 colher (chá) de fermento em pó
1 colher (sopa) de café expresso frio

Cobertura
100 g de manteiga
200 g de açúcar glacê
1 colher (chá) de cacau em pó
raspas de chocolate meio amargo (opcional)

1 Preaqueça o forno a 160ºC. Espalhe as avelãs numa única camada numa fôrma e leve ao forno por 15-20 minutos, até torrarem. Deixe esfriar. Pique as avelãs ou bata no processador. Deixe o forno ligado.

2 Faça o bolo. Bata a manteiga e o açúcar na batedeira ou com um mixer até obter um creme leve e fofo. Adicione os ovos, um por vez. Peneire por cima a farinha e o fermento e incorpore com uma colher de metal, para aerar a massa. Junte o café e metade das avelãs torradas. Divida em 2 fôrmas redondas rasas e leve ao forno por 30-35 minutos, até firmarem e crescerem. Retire e deixe esfriar nas fôrmas por 20 minutos. Vire os bolos e deixe esfriarem por completo.

3 Enquanto isso, faça a cobertura. Numa tigela grande, bata a manteiga e o açúcar até obter um creme claro. Peneire o cacau por cima e misture com cuidado, juntando também as avelãs restantes.

4 Quando os bolos estiverem frios, coloque um deles numa travessa e cubra com metade da cobertura. Coloque o outro bolo por cima e espalhe o restante da cobertura. Decore o bolo com avelãs e raspas de chocolate meio amargo, se desejar.

Bolo exótico de frutas e especiarias

16-20 PORÇÕES PREPARO: **4H30**
MAIS **12 HORAS DE MOLHO E 12 HORAS PARA SECAR**

75 g de damascos secos
75 g de figos secos
75 g de ameixas secas sem caroço
75 g de tâmaras secas
75 g de frutas cristalizadas
425 g de abacaxi em calda
75 g de uvas-passas
75 g de banana-passa
75 g de cerejas em calda
raspas de 1 laranja pequena
raspas de 1 limão-siciliano
¼ de colher (chá) de canela em pó
¼ de colher (chá) de noz-moscada
1 colher (chá) de essência de baunilha
125 g de castanhas-do-pará picadas
100 g de açúcar mascavo
185 ml de rum
175 g de manteiga em temperatura ambiente
75 g de açúcar
3 ovos
175 g de farinha de trigo
175 g de farinha de trigo com fermento

Marzipã
225 g de açúcar
225 g de açúcar glacê peneirado
450 g de amêndoas moídas
2 ovos
2 colheres (chá) de rum
6 colheres (sopa) de geleia quente peneirada

Decoração
claras de 2 ovos grandes
500 g de açúcar glacê peneirado, mais um pouco para polvilhar
2 colheres (chá) de xarope de glicose
frutas cristalizadas picadas
folhas de louro frescas

1 Um dia antes de fazer o bolo, escorra o abacaxi e reserve a calda. Pique os damascos, os figos, as ameixas, as tâmaras, as frutas cristalizadas, a banana-passa e o abacaxi em pedacinhos do tamanho das uvas-passas. Coloque numa panela com as uvas-passas, as cerejas, as raspas, a canela, a noz-moscada, a baunilha, as castanhas, 1 colher (sopa) de açúcar mascavo, o rum e a calda de abacaxi. Cozinhe em fogo baixo, sem tampa, por 15 minutos. Mexa uma ou duas vezes. Transfira para uma tigela e deixe esfriar. Cubra com filme de PVC e deixe na geladeira de um dia para o outro.
2 Preaqueça o forno a 160ºC. Unte uma fôrma redonda de 20 cm e forre com duas camadas de papel-manteiga. Bata a manteiga até ficar cremosa. Adicione aos poucos, sem parar de bater, os dois tipos de açúcar e os ovos, um a um, acrescentando 1 colher (sobremesa) de farinha de trigo após o último ovo. Peneire por cima a farinha restante e a farinha com fermento e incorpore à massa junto com as frutas em calda.
3 Transfira a massa para a fôrma forrada. Asse por 30 minutos. Diminua a temperatura do forno para 130ºC e asse por mais 2h30-3h, até ficar firme ao toque. Deixe esfriar, retire e embrulhe com duas camadas de papel-alumínio. Armazene num recipiente hermético e leve à geladeira por até 1 semana. Congele o bolo, se preferir.
4 Faça o marzipã. Misture os dois tipos de açúcar e as amêndoas. Bata os ovos com o rum em outra tigela e misture aos ingredientes secos, até obter uma pasta; amasse até ficar lisa.
5 Pincele o bolo com a geleia derretida. Abra o marzipã numa superfície polvilhada com açúcar glacê até obter um círculo do tamanho do bolo. Cubra o bolo com o marzipã, alisando o topo e as laterais e cortando os retalhos. Deixe descansar de um dia para o outro para firmar.
6 Para a cobertura, bata as claras em neve e misture aos poucos o açúcar glacê até obter um merengue. Junte a glicose e bata mais. Use uma faca de confeiteiro para espalhar sobre o bolo, criando uma textura. Decore com as frutas cristalizadas, as folhas de louro e uma fita.

dica especial
FOLHAS GLAÇADAS
Mergulhe as pontas das folhas na clara de ovo e em seguida no açúcar glacê para dar um efeito glaçado. Você pode fazer o mesmo com flores.

Rocambole de chocolate

Rocambole de chocolate
8 PORÇÕES PREPARO: **50 MINUTOS**
MAIS **2 HORAS NA GELADEIRA**

300 g de chocolate amargo em pedaços
6 ovos grandes (gemas e claras separadas)
175 g de açúcar
açúcar glacê para polvilhar

Recheio
4 colheres (sopa) de nutella
250 g de mascarpone
2 colheres (sopa) de brandy

1 Preaqueça o forno a 160ºC. Unte uma fôrma de 28 cm x 38 cm e forre com papel-manteiga. Coloque 175 g do chocolate numa tigela posicionada sobre uma panela com água fervente (banho-maria), sem deixar a tigela tocar a água. Aqueça até derreter, retire e mexa para ficar cremoso.
2 Coloque as gemas e o açúcar numa tigela grande. Bata com o mixer até obter um creme firme e misture ao chocolate derretido.
3 Bata as claras em neve até formar picos suaves. Misture com o outro creme usando uma colher de metal. Transfira essa massa para a fôrma e asse por 20-25 minutos, até ficar um bolo macio. Deixe esfriar por 10 minutos e cubra com um pano de prato limpo. Quando esfriar, leve à geladeira pelo menos por 2 horas ou de um dia para o outro.
4 Enquanto o bolo estiver na geladeira, faça o recheio. Misture a nutella com o mascarpone até obter um creme. Acrescente aos poucos o brandy. Cubra e leve à geladeira até gelar.
5 Vire o bolo sobre papel-manteiga. (Neste estágio você pode embrulhar o bolo em filme de PVC e congelar por até 1 mês. Quando retirar, deixe ficar em temperatura ambiente antes de rechear.)
6 Faça as raspas de chocolate da decoração. Derreta o restante do chocolate também em banho-maria e deixe esfriar por 10 minutos. Espalhe com a ajuda de uma espátula numa assadeira forrada com papel-manteiga. Leve à geladeira por 8-10 minutos, até o chocolate ficar firme, mas ainda macio o suficiente para ser dobrado. "Rasgue" o chocolate em pedaços, espalhe numa assadeira e leve à geladeira por 15 minutos para ficar crocante.
7 Espalhe metade do recheio sobre o bolo. Segure as pontas do papel e puxe para cima para ficar mais fácil enrolar o rocambole (veja Rocambole perfeito, p. 268), mas não se preocupe se quebrar. Transfira para uma travessa. Espalhe o restante do recheio sobre o rocambole com as raspas de chocolate por cima. Leve à geladeira por 1 hora e polvilhe com açúcar glacê antes de servir.

> Este rocambole é uma deliciosa alternativa para os que não gostam de bolo de fruta no Natal.

Bolo de sorvete

12 PORÇÕES PREPARO: **20 MINUTOS**
MAIS **12 HORAS PARA CONGELAR**

1,5 litro de sorvete de chocolate ou brigadeiro um pouco amolecido

1,5 litro de sorvete de morango ou de cheesecake de morango um pouco amolecido

200 g de chocolate ao leite

---

1 Comece preparando no dia anterior. Apoie uma fôrma de aro removível de 23 cm de diâmetro sobre papel-manteiga. Marque com caneta ao redor da fôrma e corte o círculo. Use o disco de papel para forrar o fundo da fôrma.
2 Coloque ⅔ do sorvete de chocolate no fundo da fôrma e espalhe com uma faca lisa ou uma espátula.
3 Espalhe o sorvete de morango por cima e cubra com o restante do sorvete de chocolate. Cubra e leve ao freezer de um dia para o outro ou por até 3 dias.
4 Prepare a decoração de chocolate no mesmo dia. Forre uma assadeira com papel-manteiga. Use um descascador de legumes para fazer raspas longas de chocolate ao longo da lateral maior da barra. Leve a assadeira com o chocolate à geladeira e deixe firmar de um dia para o outro.
5 Cerca de 15 minutos antes de servir o bolo, retire do congelador. Abra a fôrma e use uma faca de confeiteiro para passar o bolo para uma travessa. Espalhe as raspas de chocolate por cima. Use uma faca aquecida para cortar as fatias.

---

dica especial
COMO TRABALHAR COM SORVETE
Se você preparar o bolo assim que chegar do mercado com os potes de sorvete, este estará no ponto certo para espalhar na fôrma. Se não, o ideal é tirar do congelador 20 minutos antes de usar. Não congele novamente o que sobrar.

Bolo de sorvete

pães e biscoitos

Focaccia de alho
4 UNIDADES PREPARO: **1H10**

250 g de farinha de trigo para pão, mais um pouco para polvilhar
1 colher (chá) de sal
½ tablete de fermento biológico
azeite
2 dentes de alho em fatias finas
2 colheres (chá) de sal marinho

1 Coloque a farinha numa tigela com o sal, o fermento e 1 colher (sopa) de azeite. Adicione 150 ml de água morna, misture com a colher de pau e molde uma bola.
2 Polvilhe uma superfície limpa com farinha e transfira a massa. Amasse por 10 minutos, esticando-a, até ficar macia.
3 Espalhe 1 colher (sopa) de azeite na superfície de trabalho e abra a massa com um rolo, até ficar com 30 cm de diâmetro.
4 Espalhe o alho sobre a massa e salpique sal. Cubra com filme de PVC (deixando espaço para a massa expandir) e deixe crescer por 30-60 minutos. Vai ficar fofa e quase dobrar de tamanho.
5 Preaqueça o forno a 200ºC. Retire o filme de PVC e pressione o dedo na massa 16 vezes. Regue com mais azeite. Asse por 15 minutos até dourar. Deixe esfriar por 5 minutos, corte em fatias e sirva.

Pão básico
1 PÃO DE 750 G PREPARO: **1H15**

500 g de farinha de trigo para pão, mais um pouco para polvilhar
1 colher (chá) de sal
1 tablete de fermento biológico
1 colher (sopa) de azeite, mais um pouco para untar

1 Peneire a farinha e o sal numa tigela. Junte o fermento. Faça uma cova no centro e adicione aos poucos 300 ml de água morna e o azeite. Misture até formar uma massa. Acrescente água se ficar seca demais.
2 Passe para uma mesa enfarinhada, unte as mãos com azeite e amasse por 5-10 minutos, até ficar macia e elástica. Faça pausas enquanto estiver amassando para obter um resultado melhor. Molde a massa em formato ovalado.

técnica especial
COMO SOVAR A MASSA

1. Unte as mãos com um pouco de azeite. Amasse a massa em forma de disco e traga a borda de cima na sua direção, dobrando a massa.

2. Use o dedão de uma mão para segurar a massa e a base da palma para pressionar o centro.

3. Erga, gire a massa 90º, dobre (passo 1) e pressione (passo 2). Repita a sequência: dobrar, pressionar, girar.

4. Amasse por 5-10 minutos. A massa, mais áspera no começo, vai ficando sedosa e elástica conforme é sovada.

pães e biscoitos · sobremesas e quitutes

Coloque numa grande fôrma untada. Deixe em lugar aquecido (como perto da janela ensolarada) por 40 minutos, até dobrar de tamanho.
3 Preaqueça o forno a 200ºC. Com uma faca afiada, faça 4-5 cortes paralelos sobre a massa e polvilhe com farinha. Leve ao forno quente por 20-25 minutos, até crescer, dourar e assar por completo. Para verificar se está pronto, bata na base do pão com o punho fechado. O som sairá oco se estiver assado. Deixe esfriar, fatie e sirva.

Pão de cheddar e bacon
1 PÃO DE 450 G (10 FATIAS) PREPARO: **40 MINUTOS**

manteiga para untar
4 fatias de bacon
275 g de farinha de trigo
1 colher (sopa) de fermento em pó
1 colher (chá) de sal
uma pitada de mostarda em pó
50 g de queijo cheddar ou prato cortado em cubos de 1 cm
1 ovo grande
225 ml de leite, mais 1 colher (sopa)
2-3 colheres (sopa) de salsa fresca picada

1 Preaqueça o forno a 180ºC. Unte a base e as laterais de uma fôrma para pão para 450 g e forre a base com papel-manteiga.
2 Corte o bacon em tirinhas e grelhe para ficar crocante.
3 Enquanto isso, coloque a farinha, o fermento, o sal e a mostarda numa tigela e misture. Acrescente o queijo, o bacon, o ovo, o leite e a salsa. Misture com uma colher de pau até ficar cremoso mas firme. Adicione mais leite, se necessário.
4 Espalhe na fôrma e asse por 25 minutos, até crescer, dourar e ficar firme ao toque. Sirva quente ou frio com manteiga e queijo.

Pão fresco e quentinho: irresistível!

Focaccia de alho

Pão básico

Rosquinhas de mel com sementes de girassol
12 UNIDADES PREPARO: **1H10**

400 g de farinha integral
400 g de farinha de trigo para pão, mais um pouco para polvilhar
2 colheres (chá) de sal
25 g de manteiga em cubos, mais um pouco para untar
1 tablete de fermento biológico
3 colheres (sopa) de mel, mais 1 colher (chá)
2 colheres (sopa) de leite
4 colheres (sopa) de sementes de girassol

1 Coloque toda a farinha numa tigela grande com o sal. Acrescente a manteiga e misture com a ponta dos dedos, até virar uma farofa.
2 Junte o fermento e 3 colheres (sopa) exatas de mel. Esquente 560 ml de água e despeje na tigela. Mexa com uma colher de pau, depois amasse com a mão até obter uma massa que solte das laterais. Acrescente mais farinha se ficar muito grudenta.
3 Polvilhe farinha na superfície de trabalho limpa, coloque a massa e corte-a ao meio. Amasse cada metade separadamente, puxando e esticando por 10 minutos, até ficar lisa e macia (p. 278).
4 Forme uma bola com cada metade e corte cada bola em 6 partes iguais (12 no total). Molde as rosquinhas. Unte duas fôrmas e distribua as rosquinhas, deixando espaço entre elas.
5 Coloque a outra colher (chá) de mel numa tigelinha e leve ao micro-ondas por 10 segundos. Misture o leite. Use a mistura para pincelar as rosquinhas e salpique por cima as sementes de girassol. Unte um pedaço de filme de PVC com manteiga e cubra a fôrma com o lado untado para baixo. Deixe crescer em lugar aquecido (como perto da janela ensolarada) por 30 minutos, até as rosquinhas dobrarem de tamanho.
6 Preaqueça o forno a 200ºC. Retire o filme de PVC da fôrma e asse por 15 minutos, até dourar e a base ficar firme. Deixe esfriar por 15 minutos antes de consumir.

Scones ingleses
8 UNIDADES PREPARO: **30 MINUTOS**

225 g de farinha de trigo com fermento, mais um pouco para polvilhar
50 g de manteiga em temperatura ambiente
1½ colher (sopa) de açúcar
uma pitada de sal
100 ml de leite

1 Preaqueça o forno a 200ºC. Coloque a farinha e a manteiga numa tigela e misture com as pontas dos dedos até virar uma farofa.
2 Com uma faca lisa, incorpore o açúcar, uma pitada de sal e o leite por último. O objetivo é obter uma massa um pouco mole. Se ficar seca demais, acrescente leite. Polvilhe com farinha uma superfície limpa e abra a massa com o rolo, até ficar com 2 cm de espessura.
3 Usando um cortador redondo de 6 cm de diâmetro, corte os scones. Não vire o cortador para que eles cresçam de maneira uniforme. Junte os retalhos, abra a massa de novo e corte mais scones.
4 Coloque os scones numa fôrma antiaderente, polvilhe com farinha e asse por 12 minutos, até crescerem e dourarem.
5 Deixe esfriar e sirva em temperatura ambiente com creme e geleia de morango. Consuma no próprio dia.

técnica especial
COMO CORTAR OS SCONES

1. Abra a massa numa superfície enfarinhada até ficar com 2 cm de espessura.

2. Use um cortador redondo (cerca de 6 cm de diâmetro). Pressione sem movimentar o cortador.

Scones ingleses

Bomba de morango

12 UNIDADES PREPARO: **50 MINUTOS**

150 g de farinha de trigo
¾ de colher (chá) de sal
100 g de manteiga cortada em cubos
4 ovos grandes

Recheio
500 g de mascarpone
200 g de iogurte natural
300 g de creme de confeiteiro pronto
100 g de açúcar
1 colher (chá) de essência de baunilha
500 g de morangos
2 colheres (sopa) de açúcar glacê para polvilhar

1 Preaqueça o forno a 180ºC. Peneire a farinha numa folha grande de papel-manteiga.
2 Faça a massa. Coloque 250 ml de água fria numa panela com o sal e a manteiga e aqueça devagar. Assim que a manteiga derreter e o líquido começar a borbulhar, adicione a farinha do papel à panela. Misture até virar uma bola que solte facilmente do fundo. Desligue o fogo, passe para uma tigela grande e deixe esfriar por 5 minutos.
3 Forre uma fôrma grande com papel-manteiga. Bata os ovos com um garfo e incorpore um pouco à massa de farinha e manteiga. Parecerão ovos mexidos no início, mas continue batendo com uma colher de pau para homogeneizar. Acrescente aos poucos os ovos e bata. Continue até acabarem os ovos e a massa ficar brilhante e lisa.
4 Faça 12 montinhos de massa na fôrma com uma colher de sopa, deixando espaço entre eles. Asse por 20 minutos (não abra a porta para que não murchem). Desligue o fogo e deixe por mais 15 minutos.
5 Retire as bombas do forno e espete-as por baixo com um palito para que liberem o vapor. Recoloque-as no forno desligado para secarem por mais 15 minutos.
6 Retire e deixe esfriarem. Abra-as ao meio com uma faca serrilhada e coloque as bases em forminhas para bolinhos. Se quiser, guarde-as agora num recipiente hermético.
7 Faça o recheio. Bata o mascarpone numa tigela até ficar bem cremoso. Junte o iogurte, o creme de confeiteiro, o açúcar e a baunilha. Limpe os morangos e corte-os ao meio.
8 Coloque 1 colher (sopa) cheia de recheio em cada bomba e espalhe morangos por cima. Tampe-as e polvilhe açúcar glacê sobre elas.

> A bomba é uma das maravilhas da confeitaria.

Pãezinhos doces
12 UNIDADES PREPARO: **2 HORAS**

500 g de farinha de trigo
1 tablete de fermento biológico
50 g de açúcar, mais 2 colheres (sopa) para pincelar
1 colher (chá) de sal
1 colher (chá) de especiarias moídas
50 g de mirtilos secos ou outra fruta seca de sua preferência
50 g de uvas-passas brancas
raspas de 1 limão-siciliano
200 ml de leite
1 ovo batido
50 g de manteiga

1 Numa tigela grande, misture a farinha, o fermento, o açúcar, o sal, as especiarias, as frutas e as raspas de limão.
2 Aqueça o leite numa panela (ou por 10 segundos no micro-ondas) e derreta a manteiga. Abra espaço no centro da tigela com os ingredientes e despeje nele o leite, a manteiga derretida e o ovo batido. Misture para formar uma massa. Amasse (p. 278) por 5 minutos até ficar lisa e macia. Recoloque na tigela, cubra com um pano de prato limpo e deixe crescer por 1 hora.
3 Forre uma fôrma para 12 bolinhos com forminhas de papel-manteiga. Amasse novamente a massa e molde 12 bolas, colocando cada uma numa forminha. Faça uma cruz sobre as bolas, cubra de novo e deixe crescer por 30 minutos.
4 Preaqueça o forno a 180ºC. Asse os pãezinhos por 15-20 minutos, até dourarem. Misture o restante do açúcar com 2 colheres (sopa) de água. Use para pincelar os pãezinhos assim que saírem do forno. Deixe esfriar um pouco antes de servir.

dica especial
USE OS PÃEZINHOS
Você pode aproveitá-los de diversas maneiras, substituindo o pão comum, como para preparar Rabanada com frutas e sorvete (p. 240) e Pudim de pão com uva-passa (p. 244).

Pãezinhos doces

sobremesas e quitutes | pães e biscoitos

Rosquinhas de Chelsea
9 UNIDADES PREPARO: **3 HORAS**

50 g de manteiga em cubos,
    mais um pouco para untar
450 g de farinha de trigo para pão,
    mais um pouco para polvilhar
½ colher (chá) de sal
½ tablete de fermento biológico
25 g de açúcar
1 ovo
225 ml de leite morno
2 colheres (chá) de mel
2 colheres (sopa) de pistaches picados

Recheio
50 g de manteiga em temperatura ambiente
1 colher (chá) de bagas de cardamomo moídas
50 g de uvas-passas brancas
50 g de uvas-passas pretas
50 g de açúcar mascavo

1 Unte um assadeira quadrada de 23 cm com um pouco de manteiga. Peneire a farinha e o sal sobre uma tigela grande. Misture com a ponta dos dedos para formar uma farofa (p. 240) e incorpore o fermento biológico.
2 Em outra tigela, bata o açúcar e o ovo e incorpore aos ingredientes secos com o leite, até formar uma massa macia.
3 Sove a massa nma superfície enfarinhada (p. 278) pelo menos por 15 minutos, até ficar lisa e elástica. Coloque numa tigela untada, cubra com filme de PVC e deixe crescer em local aquecido (como perto do sol) por 1 hora, até dobrar de tamanho.
4 Bata na massa para liberar o ar. Abra de novo na superfície enfarinhada com o rolo, até obter um retângulo de 25 cm x 35 cm.
5 Faça o recheio. Espalhe a manteiga sobre a massa e espalhe por cima o cardamomo, as frutas e o açúcar. Enrole como rocambole (p. 268) e corte 9 rosquinhas. Distribua na assadeira em 3 fileiras. Cubra com filme de PVC untado e deixe crescer em lugar aquecido por 45 minutos.

6 Preaqueça o forno a 180ºC. Asse as rosquinhas por 25-30 minutos, até dourarem. Retire, pincele-as com o mel e salpique o pistache moído. Deixe esfriar na assadeira por 10 minutos.

Cookies de pasta de amendoim
30 PORÇÕES PREPARO: **40 MINUTOS**

100 g de manteiga em temperatura ambiente,
    mais um pouco para untar
250 g de pasta de amendoim crocante
250 g de açúcar mascavo
1 ovo grande
gotas de essência de baunilha
125 g de aveia
90 g de frutas vermelhas secas
    ou uvas-passas
125 g de farinha de trigo
1 colher (chá) de bicarbonato de sódio

1 Preaqueça o forno a 140ºC. Forre 3 assadeiras com papel-manteiga ou unte-as com manteiga. Se preferir, use apenas 1 assadeira em 3 fornadas.
2 Bata numa tigela a manteiga e a pasta de amendoim com uma colher de pau. Acrescente o açúcar e bata de novo até misturar bem.
3 Quebre o ovo numa tigela e bata com um garfo. Junte a essência de baunilha e o ovo batido à pasta de amendoim e misture de novo com a colher de pau.
4 Junte agora a aveia e as frutas e peneire a farinha e o bicarbonato por cima. Misture bem.
5 Distribua colheradas grandes de massa nas assadeiras, deixando espaço entre elas, e leve ao forno por 18-20 minutos, até os cookies ficarem levemente dourados. Retire e deixe firmarem na assadeira por alguns minutos. Se quiser, passe para uma grelha para esfriarem mais.
6 Consuma na hora ou guarde os cookies num recipiente hermético em lugar fresco por até 3 dias. Embrulhados em papel celofane, são ótimos presentes para adultos e crianças!

Rosquinhas de Chelsea

sobremesas e quitutes — pães e biscoitos

Cookies com gotas de chocolate
15 UNIDADES PREPARO: **25 MINUTOS**

115 g de manteiga em temperatura ambiente
50 g de açúcar cristal
70 g de açúcar mascavo
½ colher (chá) de essência de baunilha
1 ovo grande levemente batido
160 g de farinha de trigo
¼ de colher (chá) de bicarbonato de sódio
100 g de chocolate ao leite ou meio amargo em pedacinhos

1 Preaqueça o forno a 160ºC. Unte 2-3 assadeiras antiaderentes. Bata a manteiga e os dois tipos de açúcar na batedeira até obter um creme fofo e claro. Sempre batendo, incorpore aos poucos a baunilha e o ovo.
2 Numa tigelinha, misture a farinha, o bicarbonato e uma pitada de sal e incorpore ao creme junto com os pedaços de chocolate. Misture até obter uma massa leve.
3 Distribua colheradas de massa nas assadeiras, deixando espaço entre elas. Asse por 8-10 minutos e retire do forno. Deixe nas assadeiras por 2 minutos para esfriarem um pouco. Consuma na hora ou guarde em recipiente hermético por até 5 dias.

Macarons
20 UNIDADES PREPARO: **40 MINUTOS**

125 g de amêndoas moídas
250 g de açúcar glacê
3 claras de ovos
8 g de clara de ovo em pó
30 g de açúcar
gotas de corante comestível rosa

Para o recheio
100 g de chocolate meio amargo em pedaços
50 g de manteiga
140 ml de creme de leite

1 Forre 2-3 assadeiras com papel-manteiga. Preaqueça o forno a 180ºC. Misture as amêndoas moídas com o açúcar glacê numa tigela. Em outra tigela, bata as claras com a clara em pó em neve. Incorpore o açúcar aos poucos, batendo até ficarem espessas e brilhantes.
2 Com uma escumadeira, junte as amêndoas com açúcar e o corante às claras até a cor ficar homogênea.
3 Coloque o preparo num saco de confeiteiro descartável e corte um buraco de 1 cm na ponta. Faça discos de 4 cm de diâmetro no papel-manteiga, deixando espaço entre eles (rende cerca de 40). Deixe descansar por 10 minutos para firmar.
4 Asse por 5 minutos, até ficarem lisos do lado de baixo. Vire-os com cuidado e asse por mais 5 minutos. Reserve até esfriarem bem.
5 Enquanto isso, derreta o chocolate e a manteiga numa panelinha em fogo baixo, misturando até ficar cremoso. Deixe esfriar. Numa tigela, bata o creme de leite até ficar firme. Incorpore ao chocolate derretido e junte a manteiga. Retire os macarons do papel-manteiga e espalhe o chocolate derretido sobre metade deles.

Cubra-os com as outras metades para formar 20 macarons. Deixe firmar por 1 hora antes de servir e consuma em 2-3 horas.

Florentines
24 UNIDADES PREPARO: **1H10**

50 g de manteiga
50 g de açúcar
2 colheres (sopa) de mel
50 g de farinha de trigo
40 g de frutas cristalizadas
40 g de cerejas em calda picadas
50 g de amêndoas em flocos torradas e levemente moídas
150 g de chocolate ao leite em pedaços

1 Preaqueça o forno a 160ºC. Forre 2 assadeiras grandes com papel-manteiga.
2 Derreta a manteiga, o açúcar e o mel numa panela em fogo médio-baixo, mexendo para dissolver o açúcar. Retire e deixe esfriar para ficar em temperatura ambiente. Junte a farinha de trigo, as frutas cristalizadas, as cerejas e as amêndoas. Com as mãos, divida a massa em montinhos e coloque 9 em cada assadeira, com espaço entre eles. Pressione-os um pouco e asse por 7-8 minutos. Deixe esfriar. Asse os outros 6 montinhos.
3 Derreta o chocolate num recipiente posicionado sobre água fervente (banho-maria), mas sem tocar a água. Retire e mexa para ficar cremoso. Com uma faca de confeiteiro, espalhe chocolate sobre o lado plano dos biscoitos e deixe esfriar. Espalhe outra camada de chocolate e use o garfo para desenhar linhas curvas. Deixe esfriar e sirva ou armazene.

dica especial
COMO ARMAZENAR OS FLORENTINES
Disponha os biscoitos em camadas separadas por papel-manteiga num recipiente hermético. Mantenha em lugar fresco para o chocolate não derreter. Podem ser congelados por 1 mês.

Florentines

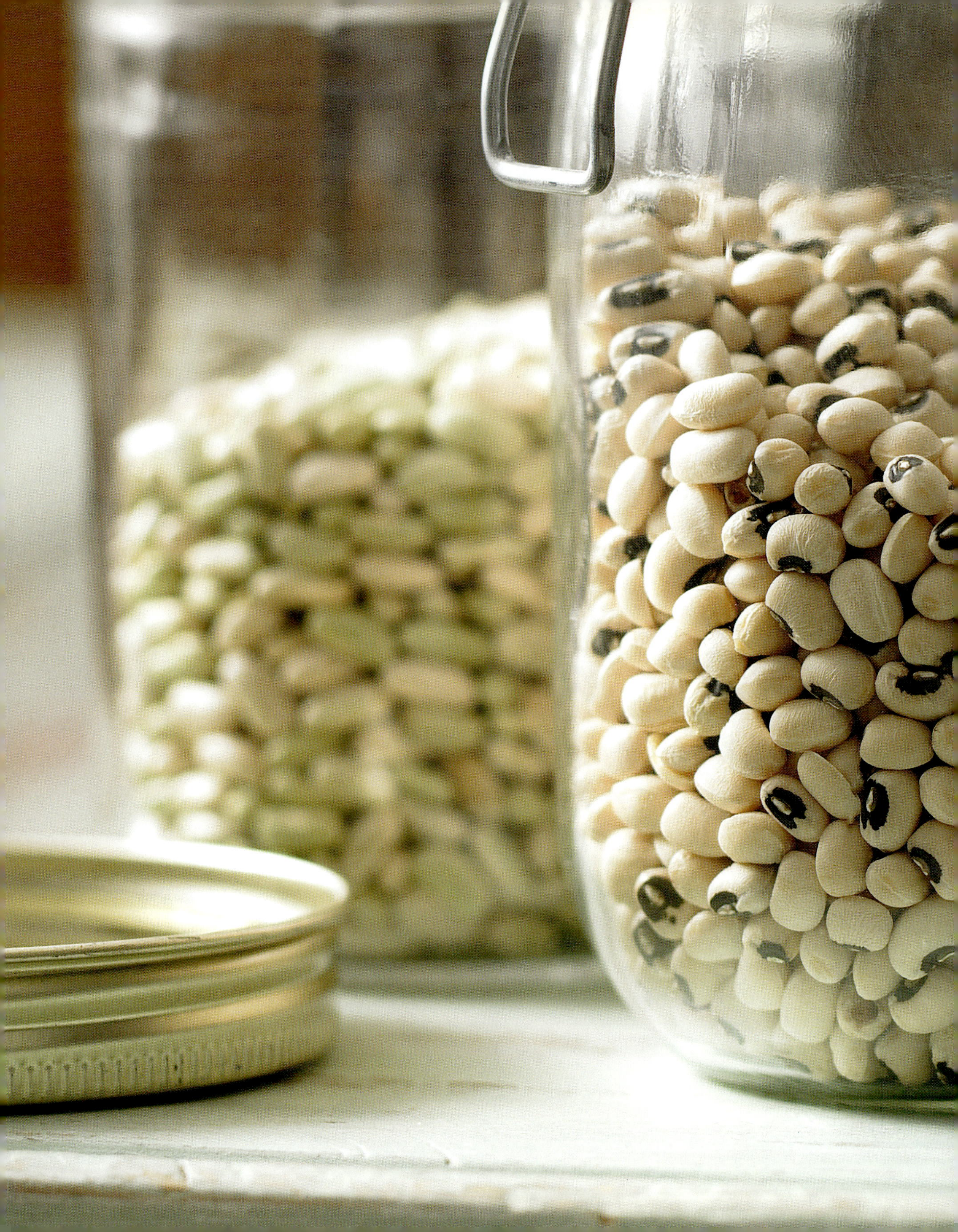

5

referências

- glossário
- informações úteis

referências glossário

glossário

Al dente Expressão italiana que significa "no ponto". Massas, arroz e legumes podem ser cozidos até ficarem *al dente*: macios o suficiente para serem comidos mas ainda firmes.

Arroz arbório Pequenos grãos de arroz com alto poder de absorção, por isso usados para fazer risoto.

Baharat Tempero árabe composto por várias especiarias, como canela, noz-moscada, cominho, cravo-da-índia, cardamomo e coentro.

Beurre manié Pasta de manteiga e farinha que se acrescenta ao final do cozimento para engrossar um molho.

Capim-limão Parente da erva-cidreira e do capim-cidreira, é bastante usado na culinária tailandesa.

Caramelizar Refogar alimentos no açúcar, até que este dissolva e cubra tudo com uma capa dourada.

Caramelo Açúcar derretido a 156ºC, até que fique um pouco líquido e adquira tom dourado escuro e consistência de calda espessa.

Chapa frisada Em geral de formato quadrado, serve para grelhar carnes e pães de modo que fiquem marcados com os frisos, garantindo um efeito típico de grelhado.

Compota Frutas armazenadas em calda de açúcar.

Cozimento lento Usado para fazer carnes de panela e outros ensopados. A panela fica tampada ou semitampada a maior parte do tempo; em geral, leva mais do que 1h30.

Creme de leite fresco Vendido em garrafinhas, fica na geladeira dos supermercados. É feito com nata de leite fresco e é ideal para bater chantilly.

Croûtons Cubinhos de pão torrados, que podem ou não ser temperados.

Cuscuz marroquino Uma combinação de semolina integral e refinada, de forma que os grãos mais finos se aglutinam ao redor dos maiores, formando grânulos. Em sua versão original, leva bastante tempo para cozinhar, mas o que se encontra à venda já foi precozido e só precisa ser reidratado.

Desmembrar Usa-se em geral para o frango. Significa separá-lo em pedaços, cortando os ossos e a pele.

Emulsão É a suspensão de gotículas de gordura, óleo ou manteiga em líquidos como água, vinagre e suco de limão. É produzida batendo os ingredientes. A maionese, por exemplo, é feita a partir de uma emulsão.

Escaldar Mergulhar rapidamente em água fervente. Serve para firmar a cor dos vegetais, eliminar sabores fortes e soltar a pele de frutas antes de descascar.

Escalope Corte fino e arredondado de frango, carne de porco ou de boi, como vitela. É achatado para que o cozimento fique mais fácil.

Feijão cru para assar Espalhado sobre papel-manteiga posicionado sobre a massa na fôrma, impede que a massa estufe enquanto assa. Você pode usar feijão ou outro grão que tiver em casa.

Filetes de açafrão Um dos temperos mais caros do mundo. Confere cor e sabor almiscarado ao prato.

glossário · referências

Gratinado Prato que leva, geralmente, creme de leite e queijo e vai ao forno para ganhar uma camada crocante na superfície, ficando também cremoso por dentro.

Harissa Pasta norte-africana de sabor marcante aromatizada com sementes de linhaça, alho e coentro.

Incorporar Misturar ingredientes leves, secos e líquidos, com cuidado e aos poucos, deixando entrar o ar, até obter uma massa mais pesada.

Juliana Legumes cortados em bastões finos de cerca de 5 cm de comprimento.

Leguminosas Grupo de alimentos que inclui feijão, ervilha, lentilha e grão-de-bico. Constituem uma fonte preciosa de proteína.

Limão em conserva Típica do norte da África, esta conserva é feita com o limão inteiro imerso em sal e suco de limão. A casca também pode ser consumida.

Mascarpone Queijo italiano cremoso próprio para sobremesas. É usado em receitas tradicionais como o tiramisù.

Mezze É o nome do nosso aperitivo no Oriente Médio e na Grécia. Em geral, inclui azeitonas, pasta de berinjela e grão-de-bico e charutinhos de folha de uva recheados.

Molho Béchamel Molho branco.

Molho de tomate Quando a receita pede, está se referindo ao molho comprado ou feito em casa, já peneirado e de consistência quase líquida.

Nam pla Molho de peixe tailandês bastante concentrado e salgado, preparado à base de peixe fermentado.

Ras-el hanout Tempero marroquino composto de cominho, coentro, açafrão, gengibre, pimenta vermelha, noz-moscada e, eventualmente, também cravos-da-índia, canela e pimenta-da-jamaica.

Raspas Usa-se um ralador para raspar as cascas de limão e laranja e usá-las para aromatizar a comida. Evite tirar também a parte branca, que é amarga.

Ratatouille Prato francês composto por berinjela em cubos e outros legumes picados.

Reduzir Ferver para evaporar o excesso de líquido, intensificando o sabor. Serve para engrossar molhos.

Regar durante o cozimento Espalhar molho sobre o alimento para que não seque no forno ou no fogo.

Reidratar Deixar de molho em água para reconstituir a textura do alimento.

Selar Antes de levar a carne ao forno, pode-se selá-la de todos os lados fritando-a rapidamente na panela. O mesmo que "dourar".

Tagine Ensopado típico do norte da África, de cozimento lento. Leva o nome da cumbuca em que é preparado.

Tahine Pasta de gergelim que entra no preparo de vários pratos, como na pasta de grão-de-bico (homus).

Tempo de descanso Alguns alimentos precisam de um tempo de descanso antes ou depois do cozimento. A carne assada, por exemplo, deve descansar por alguns minutos antes de ser fatiada, pois assim os músculos relaxam e ela fica mais macia. Massas também descansam na geladeira para que fiquem mais macias e lisas. Para as massas líquidas, o descanso serve para expandir as partículas de farinha e misturá-las melhor ao líquido.

informações úteis

Usar medidas corretas na cozinha é muito importante para o resultado final de um prato. Além disso, os tipos de fogão e de forno alteram muito o tempo de cozimento. Por isso, apresentamos uma série de equivalências e informações sobre o uso do forno.

Temperaturas de forno	
Graus Celsius	Descrição
110ºC	Muito frio
120ºC	Muito frio
140ºC	Frio
150ºC	Frio
160ºC	Morno
180ºC	Morno/moderado
190ºC	Moderado/médio
200ºC	Moderado/quente
220ºC	Quente
230ºC	Muito quente
240ºC	Muito quente

Equivalências de medidas culinárias	
Líquidos	
1 litro	1.000 ml ou 4 copos (de 250 ml)
1 copo (americano)	250 ml
⅛ de litro	½ copo (americano)
1 xícara padrão	240 ml
¾ de xícara	200 ml
½ xícara	120 ml
⅓ de xícara	80 ml
¼ de xícara	60 ml
⅛ de xícara	30 ml
1 colher (sopa)	15 ml
1 colher (sobremesa)	10 ml
1 colher (chá)	5 ml
5 colheres (sobremesa)	50 ml
1 vidro de leite de coco	200 ml
1 taça de vinho	100-125 ml
1 cálice	40-50 ml
1 cálice	4-5 colheres (sobremesa)
1 dose (medida do dosador)	50 ml
1 ml	cerca de 1 g

* As medidas de xícaras e colheres são normais, nem rasas nem cheias, e as xícaras são de chá.

Equivalências de medidas culinárias	
Sólidos	
Açúcar	
160 g	1 xícara (chá)
10 g	1 colher (sopa)
Arroz	
200 g	1 xícara (chá)
Aveia	
5 g	1 colher (sopa)
Chocolate em pó	
45 g	½ xícara (chá)
6 g	1 colher (sopa)
Coco ralado	
80 g	1 xícara (chá)
5 g	1 colher (sopa)
Farinha de trigo e fubá	
120 g	1 xícara (chá)
60 g	½ xícara (chá)
Manteiga	
100 g	½ xícara (chá)
50 g	3 colheres cheias (sopa)
25 g	2 colheres cheias (sopa)
15 g	1 colher (sopa)

* As medidas de xícaras e colheres são normais, nem rasas nem cheias, e as xícaras são de chá.

Armazenamento: geladeira e freezer

Sugerimos a seguir tempos máximos de armazenamento na geladeira e no freezer para diversos alimentos. Na geladeira, nunca deixe carnes cruas e cozidas próximas (mantenha-as em prateleiras diferentes). Não deixe, também, a carne crua acima da carne cozida ou de outro alimento pronto, pois o sangue pode pingar e contaminá-los.

Lembre-se ainda de que é preciso descongelar regularmente freezers e congeladores que não sejam *frostfree*. Verifique a temperatura de seu freezer – deve ser de cerca de -18ºC.

Guia para armazenamento		
Alimento	Geladeira	Freezer
Carne, peixe e frango crus (pequenas porções)	2-3 dias	3-6 meses
Carne moída de boi ou frango	1-2 dias	3 meses
Carne e frango assados	2-3 dias	9 meses
Pedaços de frango cozido/assado	1-2 dias	1 mês (6 meses se estiver com molho)
Pão		3 meses
Sorvete		1-2 meses
Sopas e ensopados	2-3 dias	1-3 meses
Cozidos com caldo	2-3 dias	2-4 semanas
Biscoitos		6-8 meses

informações úteis — referências

Tipos de forno e fogão
Seja qual for o forno que estiver usando, perto do final do cozimento verifique regularmente a comida que estiver assando para ver se está pronta. Quanto mais você usar o forno, melhor o conhecerá. É importante adquirir familiaridade com a temperatura e a altura em que as fôrmas e assadeiras devem ser colocadas, para obter melhores resultados.

Os fornos a gás assam com chama, na parte inferior. Sendo assim, a parte de cima esquentará mais rapidamente que a de baixo.

Os fogões a gás de rua costumam ter chama mais forte que os fogões a gás de butijão. Por isso, seja no forno, seja no fogão, os alimentos assam e cozinham mais depressa.

Os fornos elétricos têm calor mais constante. Como assam com muita rapidez, é preciso ficar atento.

Cozimento
A variedade de fornos e fogões, com diferentes opções de temperatura de cozimento, é ampla. Entretanto, cabe lembrar que a temperatura do forno nem sempre é exata, podendo ser afetada por fatores como qualidade do aparelho e das fôrmas usadas, condições de vedação, clima etc. Por exemplo, um refratário de vidro aquece muito mais rapidamente que uma fôrma de alumínio ou de material antiaderente. Se a chama do seu forno é forte, ao usar fôrmas de vidro, coloque-as dentro de uma fôrma de alumínio, para evitar que a parte inferior do alimento queime. Utilize fôrmas de boa qualidade, pois as outras podem entortar quando colocadas no forno em alta temperatura. Se a experiência mostrar que um lado do forno aquece mais do que o outro, gire a fôrma 180º na metade do tempo de cozimento, para assar a receita de maneira uniforme.

Cozimento rápido: melhores cortes
Técnicas e receitas rápidas ajudam, e muito, quando não se dispõe de tempo para cozinhar. No caso de carnes, opte por um dos cortes a seguir para que a carne fique macia e saborosa em minutos.

Boi
Alcatra Um ótimo corte para bife e churrasco. Faz parte de uma musculatura do boi muito trabalhada. Tem mais sabor do que o filé e o contrafilé.
Bisteca Muito popular no Brasil, especialmente nas cidades do interior. Trata-se de um filé retirado da parte da frente da costela. Como possui gordura e osso, seu sabor é marcante.
Contrafilé Muito usada em bifes, esta peça de carne é tirada da parte central das costas do animal, ao lado do filé. Uma boa peça de contrafilé vem com uma capa de gordura que garante o sabor e a maciez.
Filé-mignon Um dos cortes mais apreciados. A carne é macia, pois se trata de um músculo pouco trabalhado. O sabor, porém, é mais suave do que de outros cortes, por isso é preciso cuidado para não passar do ponto.

Cordeiro
Bisteca Retirada do centro do lombo do cordeiro, possui uma boa capa de gordura, o que deixa a carne macia e saborosa. Devido ao osso, comê-la pode ser trabalhoso.
Costeleta ou costelinha É a melhor parte do cordeiro. Podem ser cortadas em porções e fritas ou grelhadas individualmente.
Perna A perna costuma ser assada em fogo baixo, até ficar tenra. Os filés da perna, sem o osso, podem ser grelhados ou fritos.

Carne de porco
Bisteca Costuma ser, junto com a costela, a parte mais suculenta do porco. Precisa ser bem cozida, mas sem passar do ponto.
Escalope Fatia redonda do lombo, sem gordura, para fritar rapidamente.
Lombo em cubos Você pode tirar o excesso de gordura do lombo e cortá-lo em cubos para incrementar um refogado rápido.

Cozimento lento: melhores cortes
Este método está se popularizando, pois combina bem com cortes menos nobres (e menos caros) de carne. Cozidos e ensopados oferecem uma riqueza de sabores. Veja sugestões de cortes.

Boi
Acém Pede cozimento lento, na panela comum ou de pressão. Próprio para carne cozida, ensopados e picadinhos.
Coxão duro É bem fibroso, por isso pede cozimento lento. É bastante utilizado em cozidos, mas também pode ser assado.
Coxão mole Corte macio, é indicado para fazer carnes de panela que precisam de mais flexibilidade, como bife à rolê e carne recheada. Corte o excesso de gordura antes.
Lagarto Ótima opção para carne de panela. A carne desfia e pode ficar extremamente saborosa no molho ferrugem, feito com o próprio caldo do cozimento.
Maminha É mais gordurosa que a alcatra, mas dá ótimos bifes de panela. Boa para churrasco ou assado lento no forno.
Músculo É fibroso, mas também bastante saboroso. Próprio para caldo de carne, sopas e ensopados.
Picanha Ideal para churrascos, pois é entremeada com uma capa fina de gordura que garante a umidade e o sabor.
Rabo Matéria-prima da famosa rabada, trata-se da carne gordurosa presa ao osso dessa parte do boi. A carne em si é muito saborosa, mas precisa ser bem temperada e cozida.

Cordeiro
Paleta em cubos É muito usada em ensopados ingleses, perfeitos para os dias frios. Deve-se retirar o excesso de gordura antes.
Peito É muito gorduroso, mas pode ser cozido lentamente depois de retirado o excesso de gordura. A carne fica bem macia.
Perna Pode ser preparada na churrasqueira ou no forno. Faça talhos para enfiar as ervas, pois assim torna-se um corte bem aromático.
Pernil Também é ótimo em churrascos. A peça deve ser temperada e assada na churrasqueira preaquecida (acenda 30 minutos antes) pelo menos por 1 hora.
Pescoço Considerado um corte mais sofisticado, pode ser cortado em cubos grandes e usado em ensopados finos.

Porco
Costela Doure primeiro numa panela com óleo, para dar cor. Depois coloque sobre uma camada de legumes numa panela grande e deixe cozinhar lentamente, no fogão ou no forno, com a tampa. A carne ficará bem macia, quase desmanchando.
Lombo Pode ser cozido como peça ou cortado em pedaços ou bifes. A vantagem de cozinhá-la no molho é que ganha umidade.
Pernil Ideal para assar lentamente, na churrasqueira ou no forno, bem temperado. A carne fica macia e suculenta.
Toucinho Embora seja muito gorduroso, pode ser cozido lentamente, pois assim a gordura sobe à superfície e pode ser retirada com uma escumadeira.

referências informações úteis

Carne assada

Como os cortes de carne podem variar, o tempo de cozimento indicado é apenas uma orientação geral. Ao calcular o tempo, adicione meio quilo de peso à sua peça, se ela pesar menos de 1,35 g. Preaqueça o forno antes de assar qualquer tipo de carne. Para obter a temperatura interna exata, use um termômetro de carne (inserindo-o na parte mais gorda da peça, longe dos ossos). Depois de assada, deixe a carne descansar durante 15-30 minutos antes de cortá-la.

Guia de cozimento de carnes*

Carnes	Ponto	Temperatura do forno	Tempo de cozimento	Temperatura interna
Boi	Malpassada	180ºC	15 min para 450 g	60ºC
	Ao ponto	180ºC	20 min para 450 g	70ºC
	Bem-passada	180ºC	25 min para 450 g	80ºC
Porco	Bem-passada	180ºC	25 min para 450 g	80ºC
	Ao ponto	180ºC	20 min para 450 g	70ºC
Cordeiro	Bem-passada	180ºC	25 min para 450 g	85ºC

*A temperatura do forno pode variar de acordo com o modelo do fogão e o tipo de chama (gás de rua, gás de botijão ou elétrico).

Aves assadas

Use o tempo indicado como referência, lembrando-se de que o tamanho e o peso de cada ave variam. Preaqueça o forno antes de assar as aves e verifique se estão bem cozidas antes de servi-las.

Guia de cozimento de aves*

Aves		Temperatura do forno	Tempo de cozimento
Galeto		190ºC	12 min para 450 g mais 12 min
Frango		200ºC	20 min para 450 g mais 20 min
Pato		180ºC	20 min para 450 g mais 20 min
Ganso		180ºC	20 min para 450 g mais 20 min
Faisão		200ºC	50 min de cozimento total
Peru	3,5-4,5 kg	190ºC	2½ h-3 h de cozimento total
	5-6 kg	190ºC	3½ h-4 h de cozimento total
	6,5-8,5 kg	190ºC	4½ h-5 h de cozimento total

*A temperatura do forno pode variar de acordo com o modelo do fogão e o tipo de chama (gás de rua, gás de botijão ou elétrico).

Preparo de legumes e verduras

A tabela a seguir sugere tempos de fervura e de cozimento no vapor para legumes e verduras. Como há quem os prefira mais cozidos, enquanto outros optem por deixá-los *al dente*, a tabela cobre essa variação. Também contempla possíveis diferenças de idade e variedade dos legumes e verduras. Comece o cozimento na água fria ou já fervente, mas sempre reduza o fogo após ferver novamente. Se estiver indicado, tampe a panela. Para um resultado perfeito, teste o ponto com a ponta de uma faca.

Deixe para cortar legumes e verduras logo antes de cozinhá-los, pois o contato com o ar os deteriora e faz com que percam vitaminas e nutrientes. Se precisar cortá-los antes, deixe-os de molho em água com gotas de limão ou vinagre para impedir que escureçam.

Guia de cozimento de legumes e verduras

Vegetais	Cozimento	Temperatura		Vapor
	Tempo (em minutos)	Início em água fria/fervente	Panela tampada?	Tempo (em minutos)
Abóbora picada	5-8	Fervente	Não	5-10
Abóbora-moranga picada	12-15	Fervente	Sim	15-30
Abobrinha em rodelas	3-5	Fervente	Sim	5-10
Acelga	1-2	Fervente	Não	3-4
Aipo picado (talo)	8-10	Fria	Não	8-10
Alcachofra (fundo)	20-30	Fria	Não	15-20
Alcachofra baby	15-18	Fria	Não	15-20
Alcachofra inteira	20-24	Fria	Não	25-35
Alho-poró inteiro ou ao meio	1-15	Fervente	Não	12-15
Aspargo	3-4	Fervente	Não	4-10
Batata	10-25	Fria	Não	15-35
Batata em cubos	15-20	Fria	Não	15-35
Batata-doce em cubos	15-35	Fria	Sim	30-45
Beterraba inteira	30-60	Fria	Sim	30-60
Brócolis (em buquês)	2-3	Fervente	Não	5-10
Cenoura em rodelas ou cubos	5-10	Fervente	Sim	8-10
Couve-de-bruxelas	5-12	Fervente	Não	10-15
Couve-flor (em buquês)	2-3	Fervente	Não	5-8
Couve-flor inteira	1-15	Fervente	Não	15-20
Ervilha fresca	3-5	Fervente	Não	5-10
Ervilha-torta	2-3	Fervente	Não	5-10
Espinafre	1-2	Fervente	Não	3-4
Folhas verdes (maço peq.)	5-7	Fervente	Não	10-12
Milho (espiga)	3-4	Fervente	Não	6-10
Mostarda	1-2	Fervente	Não	3-4
Nabo em rodelas	8-12	Fria	Sim	10-15
Repolho cortado em quatro	5-15	Fervente	Não	6-15
Repolho picado	3-5	Fervente	Não	5-10
Vagem	2-8	Fervente	Não	5-12

informações úteis **referências**

Métodos de preparo e cozimento do arroz

Há mais de 2 mil variedades de arroz, cultivadas em 110 países em todo o mundo. Métodos de preparo e cozimento variam, mas as técnicas principais são indicadas abaixo.

Fervura Ferva o arroz com 5-6 vezes a mais de água em relação à sua quantidade. Não mexa enquanto o arroz cozinha para que não fique empapado. Este é mais ou menos o método usado no Brasil, exceto que em geral cozinhamos com o dobro de água.

Método de absorção Muito comum na Ásia. O arroz pode ser cozido numa panela no fogão ou no forno. Para ficar bom, depende bastante do volume de água ou de caldo, portanto meça com cuidado. Para o arroz de grão longo, a proporção é de 450 g para 600 ml de água, mas não deixe de consultar as instruções da embalagem.
1. Coloque o arroz e a água numa panela grande. Deixe ferver, mexendo uma vez, e cozinhe por 10-12 minutos em fervura leve, até que o líquido tenha sido absorvido.
2. Cubra a panela com um pano de prato fino e, por cima, encaixe a tampa. Deixe cozinhar em fogo bem baixo por mais 10 minutos.
3. Retire e deixe descansar por 5 minutos antes de servir.

No vapor Este método pede uma panela específica, que possui um compartimento para a água. Não se deve deixar tempo demais, pois o arroz pode perder o sabor.

Risoto e paella Veja as páginas 46 e 198.

Panela de arroz Este eletrodoméstico é bastante usado na culinária japonesa, pois o arroz fica propositadamente mais empapado. Escolha um modelo e siga as instruções do fabricante.

Lavar o arroz A necessidade de lavar o arroz antes do cozimento varia de país para país. No Brasil, costumamos lavá-lo no escorredor antes de levá-lo à panela. Na Ásia, os grãos costumam ser lavados muitas vezes.

Molho Com exceção do basmati e algumas variedades de arroz selvagem, não é preciso deixar de molho. Verifique na embalagem.

Fritar No Brasil, costumamos fritar o arroz por 1-2 minutos antes de adicionar a água, acentuando, assim, o sabor.

Guia de preparo e cozimento de arroz			
Tipo de arroz	Melhor para	Preparo especial	Melhor método e tempo aproximado de cozimento
Grão longo			
Branco ou integral	Dia a dia, recheios, saladas, refogados, pilafs	Pode ser frito	Absorção: 20 min (branco), 30-40 min (integral); vapor: 20 min (branco), 30-35 min (integral)
Basmati	Pulaos e outros pratos indianos picantes	Deixar de molho por 30 min; pode ser frito	Absorção: 20-35 min; fervura: 20 min (branco), 40 min (integral)
Grão curto			
Risoto (arbório, carnaroli, vialone nano)	Risotos clássicos	Pode ser frito	Método de risoto: 20-25 min
Paella (Valencia, calaspara, granza)	Paella e pratos espanhóis com arroz	Pode ser frito	Método de paella: 20-25 min
Flocos de arroz	Pudins e pratos doces		Absorção (forno): 1h-1h15
Orientais			
Arroz preto chinês	Pratos doces, bolinhos	Deixar de molho de um dia para o outro	Fervura: 30-40 min
Aglutinado	Pratos doces, bolinhos	Deixar de molho pelo menos por 4 horas	Absorção (panela de arroz): 20 min; vapor: 15-20 min
Jasmim (tailandês)	Pratos tailandeses apimentados, refogados	Lavar	Absorção (panela de arroz): 25 min; vapor: 20-25 min
Sushi	Sushi, pratos doces	Lavar	Absorção (panela de arroz): 20 min; vapor: 20-25 min
Especiais			
Arroz vermelho	Recheios, saladas, pilafs, refogados	Deixar de molho por 1 hora; pode ser frito	Fervura: 40-60 min
Arroz selvagem	Recheios, saladas, pilafs, refogados		Fervura: 40-60 min

índice

Os *itálicos* destacam as técnicas explicadas passo a passo.

A

abacate: bolinhos de presunto com abacate 68
cortar o abacate 223
nachos mexicanos 223
salada com abacate 24
sanduíche de atum com abacate 34
sanduíche de filé com abacate 237
abacaxi: filé de lombo com molho picante de abacaxi 232-233
abóbora: abóbora gratinada com queijo 120
gratinado de alho-poró e abobrinha com brie 121
risoto de abóbora 115
risoto de cevadinha com abóbora, pimentão e rúcula 116
tortilha de abóbora, espinafre e ricota 108
abobrinha: gratinado de abobrinha com presunto 78
gratinado de alho-poró e abobrinha com brie 121
açafrão 89
agrião: salada de beterraba e agrião com alici 22
sopa de ervilha e agrião com bacon 18
aïoli 32
aipo: dauphinoise de batata com aipo 126
fígado e bacon com purê de aipo 71
salada de repolho 197
alcachofra: pizza antepasto 226-227

alecrim: batata assada com alecrim 156
bolinhos de limão com alecrim 264
pescada grelhada com pesto de ervas 184
vieiras com bacon, radicchio e avelãs 177
alface: linguine cremoso com salmão 146-147
molho de limão com pimenta 26
refogado verde 131
salada caesar 20
alho: aïoli 32
focaccia de alho 278
pão de alho 89
alho-poró: gratinado de alho-poró e abobrinha com brie 121
refogado de linguiça e maçã 67
refogado verde 131
torta inglesa de frango com alho-poró 65
tortilha de cogumelo, alho-poró e queijo 108
almôndegas: almôndegas com risoto cremoso de tomate e ervas 86-87
almôndegas de cordeiro ao curry 166-167
kebab de cordeiro com molho de homus 234
tagliatelle ao pesto de tomate com almôndegas 48-49
amêndoas: cheesecake italiano de amêndoas 256
amendoim: arroz oriental com ovo e amendoim 144
cookies de pasta de amendoim 284
frango satay à moda indonésia 187

salada de macarrão com frango e molho de gengibre e amendoim 28
anchovas: pizza antepasto 226-227
salada de beterraba e agrião com alici 22
armazenamento: geladeira e freezer 292
arroz: almôndegas com risoto cremoso de tomate e ervas 85
arroz oriental com ovo e amendoim 144
arroz pulao 63
biryani de cordeiro 200
carne de porco à moda chinesa 77
chilli especial 107
estrogonofe de carne prático 153
frango agridoce ao limão 60
paella de frango com linguiça 198-199
pulao vegetariano 113
risoto de abóbora 115
risoto verde de verão 113
tomates assados recheados com arroz 116
asinhas de frango picantes 231
aspargo: aspargos assados com queijo 130
como preparar os aspargos 130
atum: bolinhos de atum 138
espaguete com atum e limão 138
salada de atum e feijão--branco no pão grelhado 30
salada de macarrão com atum 27
salada niçoise 21
sanduíche de atum com guacamole 34
aveia: cookies de pasta de amendoim 284
farofa de frutas e canela 240
torta de cereja clássica 241
avelã: bolo moca com avelã 274
azeitona: carne à provençal 106-107
cuscuz de frango com queijo 149
ensopado espanhol de frango com batata 95
pimentões recheados 133
salada niçoise 21
tapenade 225
travessa de petiscos 222

B

bacalhau: bacalhau fresco com missô e gengibre 183
bacon: carne à provençal 106-107
creme de batata com bacon e milho 18
fígado e bacon com purê de aipo 71
frango com erva-doce e tomilho 66
nhoque ao pesto com bacon 50
ovos benedict com hadoque defumado 181
pão de cheddar e bacon 279
penne à carbonara 135
risoto verde com bacon 137
sopa de ervilha e agrião com bacon 18
torta de frango com ervilhas e bacon 62
veja também toucinho
batata: batata assada com alecrim 156
batata assada com legumes 42
batata assada perfeita 125
batata chips caseira 210
batata frita com repolho 125
batata gratinada 191
batatas assadas com creme azedo 124
batatinhas com molho 211
batatinhas com ovo 132
bistecas com damasco 152
bistecas de cordeiro com hortelã e batatas 82
bolinhos de presunto com abacate 68
creme de batata com bacon e milho 18
dauphinoise de batata com aipo 126
ensopado espanhol de frango com batata 95
frango ao curry 62-63
fritada de feijão e batata com ovo frito 132
linguiça com batata ao forno 67
linguiça e maçã com molho de mostarda 68
robalo assado com ratatouille e batata 200-201
salada italiana de batata 20
salada oriental de truta com espinafre 175
salada quente de batata com presunto cru 22

índice

salmão com batata
   ao curry 53
sardinha grelhada com
   batata e linguiça 56
sopa de batata com
   gorgonzola 12
sopa de batata com linguiça
   e pesto de salsinha 19
sopa de erva-doce com
   repolho e toucinho 10
torta cremosa de frango
   com milho 62
torta cremosa de peixe 55
torta de carne com purê
   de mandioca 83
torta rápida de carne
   com purê de batata 152
tortinhas com cobertura
   de queijo e cebola 159
batata-doce: batata-doce
   de micro-ondas 42
   lombo com batata-doce
      e iogurte 77
   risoto de abóbora 115
   sopa de batata-doce
      com maçã 14
   torta cremosa de frango
      com milho 62
batatinhas: ao forno 125
   batata chips caseira 210-211
   com molho 211
   fritada de feijão e batata
      com ovo frito 132
   peixe com batatas 184
baunilha: *como tirar as
   sementes de baunilha 256*
   creme de baunilha 266-267
   sorvete de baunilha 251
berinjela: frango ao curry 62-63
   mussaca 79
   mussaca de cordeiro com
      cobertura de queijo 165
   patê de pimentão e berinjela
      224-225
   tagine de cordeiro 150
beterraba: beterraba com alho
   e tomilho 127
   carne picante com sopa
      de beterraba 168
   salada de beterraba e
      agrião com alici 22
   salada russa 25
   salmão defumado com
      carpaccio de beterraba 147
biryani de cordeiro 200
biscoitos: cookies com
   gotas de chocolate 286
   cookies de pasta de
      amendoim 284

florentines 287
macarons 286-287
bolinhos doces: bolinhos
   de yorkshire 209
   bolinhos natalinos de
      cenoura 266-267
   bolinhos victoria 265
bolinhos salgados:
   bolinhos de atum 138
   bolinhos de presunto
      com abacate 68
   bolinhos de salmão 212
   bolinhos tailandeses de
      peixe 54
bolos: bolo com caramelo
   e cream cheese 271
   bolo de caramelo 218-219
   bolo de cenoura 269
   bolo de frutas 255
   bolo de frutas sem glúten
      272-273
   bolo de maçã com nozes 270
   bolo de sorvete 277
   bolo delicioso de natal 273
   bolo exótico de frutas e
      especiarias 275
   bolo moca com avelã 274
   bolo pétala de rosa de
      chocolate 271
   decore com caramelo 273
   minimuffins de framboesa 264
   muffins de maçã com uvas-
      -passas e nozes-pecãs 267
   rocambole 268
   rocambole de chocolate 276
bomba 282
bisque de caranguejo 16
brócolis: brócolis com alho 131
   brócolis no vapor 118
   pato picante com molho
      de amoras 188-189
   refogado oriental de carne
      com brócolis e castanha
      de caju 154-155
brotos de feijão: frango oriental
   com castanha de caju 64-65
   macarrão tailandês com
      camarão 52
bruschetta 222
bruschetta de frango e
   cogumelo 35

C

café: bolo moca com avelã 274
   tiramisù 260
calzone de tomate 132-133
camarão: camarões com
   linguiça crocante 178

jambalaya de camarão
   com linguiça 199
macarrão tailandês
   com camarão 52
risoto de limão com
   camarões ao alho 46-47
torta falsa de salmão e
   camarão 148
tortinhas de caranguejo e
   camarão 228
canelone: canelone de carne 84
canelones de linguiça com
   espinafre e queijo 198
caramelo: bolo com caramelo
   e cream cheese 271
   bolo de caramelo 218-219
   maçã caramelada 218
   panquecas de maçã com
      calda de caramelo 250
   sobremesa de tâmara 261
   torta de maçã caramelada 243
caranguejo: bisque de
   caranguejo 16
   ensopado de caranguejo
      do sri lanka 178-179
   farfalle de caranguejo com
      limão 146
   tortinhas de caranguejo e
      camarão 228
carne de boi: almôndegas
   com risoto cremoso de
   tomate e ervas 86-87
   bife agridoce com molho
      de manga e pimenta 235
   bolo de carne 86
   canelone de carne 84
   carne à moda do texas 87
   carne à provençal 106-107
   carne à wellington 197
   carne ao molho vermelho 105
   carne de panela com
      bacon 103
   carne macia de panela 104
   carne picante com sopa de
      beterraba 168
   carne teriyaki com macarrão
      oriental 155
   cheeseburger 217
   chilli especial 107
   chilli rápido com arroz 154
   como grelhar filés 194
   estrogonofe de carne prático
      153
   filé à tagliata 195
   filé ao molho pizzaiola 194
   filés al samoriglio 195
   goulash com tagliatelle 107
   hambúrguer recheado
      com queijo 236

lasanha ao forno 50
minestrone 15
mussaca 79
nachos mexicanos 223
ragu de carne 168
refogado oriental de
   carne com brócolis
   e castanha de caju 82
rosbife 208-209
rosbife malpassado com
   salada de repolho 197
sanduíche de filé
   com abacate 237
sopa com cuscuz marroquino
   172
tagliatelle ao pesto de tomate
   com almôndegas 48-49
torta de carne 84
torta de carne com cebola
   caramelizada e cerveja 196
torta de carne com purê
   de mandioca 83
torta rápida de carne com
   purê de batata 152-153
tortinhas de carne com
   pinholes 177
carne de porco: bistecas
   com damasco 152
   carne de porco à
      moda chinesa 77
   cassoulet 91
   costela de porco agridoce
      com molho crocante 141
   costelinhas agridoces com
      salada de repolho 215
   espetinhos de carne
      de porco 232
   estrogonofe de carne
      de porco 74
   filé de lombo com
      creme de mostarda 74
   filé de lombo com molho
      picante de abacaxi 232-233
   lombo com batata-doce
      e iogurte 77
   lombo com maçã e nozes
      76-77
   lombo cremoso com espinafre
      72
   lombo cremoso com maçã
      163
   lombo recheado 206
   lombo recheado com laranja
      207
   refogado de carne de porco
      com gergelim 70
   schnitzels de porco
      com chucrute 190

297

índice

tiras de lombo com molho de pimenta 71
cassoulet 91
castanha de caju: frango oriental com castanha de caju 64-65
refogado oriental de brócolis com castanha de caju 154-155
castanha portuguesa:
carne teriyaki com macarrão oriental 155
torta cremosa de cogumelos com castanhas 158-159
torta-musse de chocolate e castanha 254
cebola: cebola caramelizada 72
cenoura e mandioquinha ao forno com molho de nozes 126
cenoura e mandioquinha com manteiga e mel 156
cenouras com pimenta e tomilho 127
espinafre no vapor com cebola 131
fígado de cordeiro com cebolas caramelizadas 96
fornada de linguiça com cebola 142
sopa de tomate 12
tarte tatin de cebola roxa com creme de parmesão 174
torta de carne com cebola caramelizada e cerveja 196
torta de legumes, presunto e cebola caramelizada 72
torta de linguiça 214-215
tortinhas com cobertura de queijo e cebola 159
cenoura: bolinho natalino de cenoura 266-267
bolo de cenoura 269
cenoura e mandioquinha ao forno com molho de nozes 126
cenoura e mandioquinha na manteiga com mel 156
cenouras com pimenta e tomilho 127
como fazer palitinhos de cenoura 155
ensopado de cordeiro 99
sanduíche de homus com cenoura 34
cerveja: linguiça e cogumelos na cerveja 164
torta de carne 84
torta de carne com cebola carmelizada e cerveja 196
champanhe: frango à moda da normandia 94
lombo cremoso com maçã 163
refogado de linguiça com maçã 67
cheesecake: minicheesecakes com calda de framboesa 248
cheesecake italiano com amêndoas 256
chilli especial 107
chocolate: bolo cremoso de chocolate 246
bolo de sorvete 277
bolo pétala de rosa de chocolate 271
cobertura de chocolate 266-267
cookies com gotas de chocolate 286
florentines 287
macarons 286-287
minicheesecakes com calda de framboesa 248
musse de chocolate 248
musse de chocolate com menta 252
pavê de figo com merengue e vinho 257
pavê de framboesa com calda de chocolate branco 247
pudim de chocolate com mirtilos no cassis 252
rocambole de chocolate 276
torta-musse de chocolate com castanha 254
chowder de peixe defumado 16
chucrute 190
cobbler de cordeiro ao curry 98
cobertura: creme de baunilha 266-267
de chocolate 266-267
de cream cheese 271
cocada colorida 220
cogumelo: bruschetta de frango e cogumelo 35
carne à wellington 197
cogumelos assados com linguiça, bacon e tomate 143
cogumelos assados com polenta e molho de queijo 119
hambúrguer de cogumelos 120
linguiça e cogumelos na cerveja 164
panquecas de espinafre, cogumelos e toucinho 38
penne picante com cogumelos e bacon 49
ragu de cogumelo e vinho tinto 118
torta cremosa de cogumelos com castanhas 158-159
torta de carne com cebola caramelizada e cerveja 196
tortilha de cogumelo, alho-poró e queijo 108
como guardar bolo de cream cheese 269
cookies de pasta de amendoim 284
cookies *veja* biscoitos
coq au vin 94
cordeiro: almôndegas de cordeiro ao curry 166-167
biryani de cordeiro 200
bisteca de cordeiro com hortelã e batatas 82
cassoulet 91
cobbler de cordeiro ao curry 98
como preparar o cordeiro 233
cordeiro à inglesa 99
cordeiro de panela com polenta e vagem 102
cordeiro keema 166
cordeiro picante com damascos 194
cordeiro picante com grão-de-bico 78
cordeiro recheado com gremolata 208
costela de cordeiro com crosta de ervas 192
coxa de cordeiro grelhada com molho de tomate e hortelã 233
ensopado de cordeiro 99
espetinho grego de cordeiro 80
fígado de cordeiro com cebolas caramelizadas 96
filé de cordeiro com molho de hortelã e pimenta 192-193
hambúrguer tandoori de cordeiro 234
kebab de cordeiro com molho de homus 234
lombo recheado com laranja 207
mussaca de cordeiro com cobertura de queijo 165
pernil de cordeiro com limão, alho e salsa 100
pernil de cordeiro picante com cuscuz marroquino 100
rogan josh de cordeiro 80
salada quente de cordeiro 30
tagine de cordeiro 150
tagine de cordeiro com tâmara e cuscuz de romã 207
torta rústica inglesa 81
costela: costela de porco agridoce com molho crocante 141
costelinhas agridoces com salada de repolho 215
couve-de-bruxelas com farofa picante 129
couve-flor: *como preparar a couve-flor 134*
couve-flor com lentilhas ao curry 134
nhoque com couve-flor, brócolis e queijo 135
torradas com couve-flor e queijo 34
coxa de cordeiro grelhada com molho de tomate e hortelã 233
cozido de linguiça com feijão-branco 140
cozido de vegetais com bolinhos de ervas 88
cozido de vegetais com especiarias 123
creme de batata com toucinho e milho 18
creme de baunilha 266-267
creme de confeiteiro: bomba de morango 282
pavê de figo com merengue e vinho 257
pavê de framboesa com chocolate branco 247
crepes 262
crepes suzette 262
croissant com queijo 36
crosta 178
cuidado ao usar ovos crus 248
curry: almôndegas de cordeiro ao curry 166
cobbler de cordeiro ao curry 98
cordeiro keema 166
couve-flor com lentilhas ao curry 134
frango ao curry 62-63
frango korma 150
molho de curry básico 167
salmão com batata ao curry 53
vegetais picantes ao curry 123

índice

cuscuz: cuscuz com favas, ervilhas e queijo 118
cuscuz com legumes e queijo 227
cuscuz de frango com queijo 149
cuscuz de romã 207
pernil de cordeiro picante com cuscuz marroquino 100
sopa com cuscuz marroquino 172

D

damasco: bistecas com damasco 152
cordeiro picante com damascos 194
cozido de vegetais com especiarias 123
decoração de caramelo 273

E

ensopado aromático de frango 96
ensopado de caranguejo do sri lanka 178
ensopado de cordeiro 99
ensopado de frutos do mar 88
ensopado de linguiça com feijão-manteiga 90
ensopado espanhol de frango com batata 95
erva-doce: frango com erva-doce e repolho 66
salada de frango com erva-doce e molho agridoce 28-29
sopa de erva-doce com repolho e toucinho 10
tortinhas de peixe com camarão e erva-doce 182
ervas, como picar 77
ervilha: cuscuz com favas, ervilhas e queijo 118
refogado verde 131
sopa de ervilha e agrião com bacon 18
torta de frango com ervilhas e bacon 62
torta de presunto, queijo e ervilha 75
espaguete: espaguete à carbonara com frango e limão 48
espaguete com atum e limão 138
espaguete com camarão e rúcula 49
espaguete com tomate e manjericão 136-137
espaguete com toucinho e feijão-manteiga 49
espetinhos: cordeiro keema 166
espetinhos de carne de porco 232
espetinhos de frango com salada de repolho 230
espetinho grego de cordeiro 80
frango satay à moda indonésia 187
kebab de cordeiro com molho de homus 234
espinafre: canelones de carne 84
lombo cremoso com espinafre 72
panquecas de espinafre, cogumelos e toucinho 38
estrogonofe de carne de porco 74
estrogonofe de carne prático 153

F

falafel: falafel com molho de iogurte 36-37
falafel rápido com molho de harissa 222
farfalle com caranguejo e limão 146
farofa de ameixa e maçã 240
farofa de frutas e canela 240
feijão: chilli especial 107
chilli rápido com arroz 154
costelinhas agridoces com salada de repolho 215
cozido de linguiça com feijão-branco 140
fritada de feijão e batata com ovo frito 132
minestrone 15
salada de atum e feijão--branco no pão grelhado 30
salada italiana de feijão 24
feijão-azuki: chilli especial 107
feijão-manteiga: ensopado de linguiça com feijão--manteiga 90
espaguete com toucinho e feijão-manteiga 49
fígado e bacon com purê de aipo 71
figo: pavê de figo com merengue e vinho 257
presunto cru com figo e mussarela de búfala 177
filé à tagliata 195
filés, como grelhar 194
filés al salmoriglio 195
florentines 287
focaccia de alho 278
folhado à moda do mediterrâneo 39
folhas glaçadas 275
fornada de linguiça com cebola 142
framboesa: minicheesecakes com calda de framboesa 248
minimuffins de framboesa 264
sanduíche de pão de mel com marshmallow 220
torta gelada do alasca 258
frango: asinhas de frango picantes 231
como desmembrar um frango 204
coq au vin 94
coxas de frango com gengibre e mel 161
coxas de frango crocantes 231
cuscuz de frango com queijo 149
ensopado aromático de frango 96
ensopado espanhol de frango com batata 95
espetinhos de frango com salada de repolho 230
frango à moda da normandia 94
frango agridoce ao limão 60
frango ao curry 62-63
frango ao molho branco 162
frango assado com pimentões 204
frango assado com xarope de bordo 205
frango com crosta de queijo 186
frango com erva-doce e tomilho 66
frango com especiarias 58-59
frango com estragão 58
frango korma cremoso 150
frango melado 214
frango oriental com castanhas de caju 64-65
frango satay à moda indonésia 187
frango tailandês prático 149
frango tandoori com molho de manga 66
frango teriyaki com legumes 186
frango tikka masala 150
franguinho empanado 214
laksa de frango 60
macarrão com frango 64
molho caseiro de frango ou peru 205
paella de frango com linguiça 198
quesadillas de frango com queijo 39
salada de macarrão com frango e molho de gengibre e amendoim 28-29
schnitzels de frango 187
sopa de frango com macarrão 17
torta cremosa de frango com milho 62
torta de frango com ervilhas e bacon 62
wraps de frango com linguiça 39
fritada de feijão e batata com ovo frito 132
frutas secas: bolinhos natalinos de cenoura 266-267
bolo de frutas sem glúten 272-273
bolo delicioso de natal 273
bolo exótico de frutas e especiarias 275
pãezinhos doces 283
pudim de natal 263
rosquinhas de chelsea 284

G

galinha-d'angola com recheio de pistache 190
geleia de morango 265
gengibre: bacalhau fresco com missô e gengibre 183
coxas de frango com gengibre e mel 161
pudim de açúcar mascavo com gengibre 258
salada de macarrão com frango e molho de gengibre e amendoim 28-29
gorgonzola: molho de gorgonzola 32, 231
sopa de batata com gorgonzola 12
goulash: carne picante com sopa de beterraba 168
goulash com tagliatelle 107

299

índice

grão-de-bico: cordeiro picante
com grão-de-bico 78
  falafel com molho de
    iogurte 36-37
  falafel rápido com
    molho de harissa 222
  homus rápido 225
  tagine de cordeiro 150
gratinado: abóbora
    gratinada com queijo 120
  gratinado de abobrinha
    com presunto 78
  gratinado de alho-poró e
    abobrinha com brie 121

H

hambúrguer: cheeseburger 217
  hambúrguer de cogumelos
    120
  hambúrguer recheado
    com queijo 236
  hambúrguer tandoori
    de cordeiro 234
homus: homus rápido 225
  kebab de cordeiro com
    molho de homus 234
  sanduíche de homus
    com cenoura 34
hortelã: bistecas de cordeiro
    com hortelã e batatas 82
  ensopado de cordeiro 99
  filé de cordeiro com molho
    de hortelã e pimenta 192
  molho de hortelã e pimenta
    233
  musse de chocolate com
    menta 252

I

ingredientes orientais 183
iogurte: cobertura de
    queijo feta 165
  iogurte de ervas 36-37
  lombo com batata-doce
    e iogurte 77
  molho de manga 66
  mussaca 79
  patê de pimentão e
    berinjela 224-225
  ruibarbo em calda com
    iogurte e biscoitos 249
  taça de frutas silvestres 256

J

jambalaya de camarão
  com linguiça 199

K

kebab de cordeiro com
  molho de homus 234

L

lagosta à termidor 180
laksa de frango 60
lanches 34-43
laranja: crepes suzette 262
  lombo recheado com
    laranja 207
  ruibarbo em calda com
    iogurte e biscoitos 249
  sobremesa de tâmara 261
lasanha: lasanha ao forno 50
  lasanha de escarola com
    queijo 160
  lasanha mediterrânea de
    vegetais 110-111
leite de coco: cordeiro keema 166
  ensopado de caranguejo do
    sri lanka 178-179
  sopa tailandesa de camarão
    144
lentilha: couve-flor com
    lentilhas ao curry 134
  cozido de vegetais com
    especiarias 123
  fritada de feijão e batata
    com ovo frito 132
  lentilhas refogadas 127
  refogado picante de vegetais
    123
  sopa indiana de espinafre 14-15
limão: bolinhos de limão
    com alecrim 264
  bolo cremoso de limão 246
  canelones de linguiça com
    espinafre e queijo 198
  cassoulet 91
  cogumelos assados
    com linguiça, bacon
    e tomate 143
  cozido de linguiça com
    feijão-branco 140
  cozido de linguiça com vinho 92
  ensopado de linguiça
    com feijão-manteiga 90
  espetinhos de carne de porco
    232
  fornada de linguiça com
    cebola 142

frango agridoce ao limão 60
frango assado com pimentões
  204
iscas de peixe 212
jambalaya de camarão
  com linguiça 199
pernil de cordeiro picante com
  cuscuz marroquino 129
raspas de limão 72
risoto de limão com
  camarões ao alho 46-47
suflê gelado de limão 254-255
torta de limão 242
linguiça: camarões com
  linguiça crocante 178
  linguiça com batata ao
    forno 67
  linguiça com mel 216
  linguiça de panela 92
  linguiça e cogumelos
    na cerveja 164
  linguiça e maçã ao molho
    de mostarda 68
  paella de frango com linguiça
    198
  peru assado com bacon e
    linguiças carameladas 202
  refogado de linguiça com
    maçã 67
  rolinhos de linguiça 216
  sopa de batata com linguiça
    e pesto de salsinha 19
  torta de linguiça 214
lombo com batata-doce
  e iogurte 77
lombo com maçã e nozes 76-77
lombo cremoso com espinafre 72
lombo cremoso com maçã 163
lombo recheado 206
lombo recheado com laranja 207

M

macarons 286-287
maçã: bolo de maçã
    com nozes 270
  crocante de maçã com
    sorvete 250-251
  farofa de ameixa e maçã 240
  frango à moda da normandia
    94
  linguiça e maçã ao molho
    de mostarda 68
  lombo com maçã e nozes
    76-77
  lombo cremoso com maçã
    163
  maçã caramelada 218

muffins de maçã com uvas-
  -passas e nozes-pecãs 267
panquecas de maçã com
  calda de caramelo 251
refogado de linguiça
  com maçã 67
schnitzels de porco
  com chucrute 190
sopa de batata-doce
  com maçã 14
torta de maçã caramelada 243
macarrão: macarrão com
  cogumelos e nozes 110
  macarrão com queijo 136
  macarrão frito com camarão
    144
  macarrãozinho de panela com
    presunto e alho-poró 137
  salada de macarrão com
    atum 27
  *veja também outros tipos
    de massa*
macarrão oriental: carne teriyaki
  com macarrão oriental 155
  frango oriental com castanha
    de caju 64-65
  laksa de frango 60
  macarrão com frango 64
  macarrão com pato desfiado
    189
  macarrão de arroz 70
  macarrão frito com camarão
    144
  macarrão oriental com
    carne refogada 82
  macarrão tailandês
    com camarão 52
  refogado de carne de porco
    com gergelim 70
  salada de macarrão com
    frango e molho de gengibre
    e amendoim 28
  sopa de frango com macarrão
    17
  sopa tailandesa de camarão
    144
macarrão tailandês com
  camarão 52
maionese 32
mandioquinha: carne de
  panela com toucinho 103
  cenoura e mandioquinha
    ao forno com molho
    de nozes 126
  cenoura e mandioquinha
    na manteiga com mel 156
  sopa de legumes com pesto 11
  torta cremosa de frango
    com milho 62

manga: *como cortar
  manga em cubos* 235
molho de manga 66, 235
marshmallows: puxa-puxa
  fácil 219
    sanduíche de pão de mel
      com marshmallow 220
mascarpone: bomba de morango
  282
    pavê de framboesa com
      chocolate branco 247
    rocambole de chocolate 276
    tiramisù 260
massa filo 122
mel: bife agridoce com molho
  de manga e pimenta 235
    cenoura e mandioquinha na
      manteiga com mel 156
    coxas de frango com
      gengibre e mel 161
    frango melado 214
    linguiça com mel 216
    rosquinhas de mel com
      sementes de girassol 280
merengue: merengue
  suíço básico 256
    pavê de figo com merengue
      e vinho 257
    taça de frutas silvestres 256
    torta gelada do alasca 258
mexilhões: *como lavar
  os mexilhões* 180
    mexilhões clássicos 180
    salada de frutos do mar 26
milho: bolinhos de milho 42
    chowder de peixe defumado
      16
    creme de batata com
      bacon e milho 18
    milho na churrasqueira 224
    torta cremosa de frango
      com milho 62
minestrone 15
molhos: agridoce 28-29, 188
    bolonhesa 50
    branco 160
    caseiro de frango ou peru 205
    de abacate 223
    de azeite, vinagre balsâmico
      e missô de cevada 33
    de curry básico 167
    de gengibre e amendoim 28
    de gorgonzola 32, 231
    de iogurte 34
    de tomate e hortelã 233
    de tomate natural 43
    picante de abacaxi 232-233
    pizzaiola 194
    tártaro 56-57, 212

vièrge 179
vinagrete clássico 32-33
morango: bolo de frutas 255
    bomba de morango 282
    geleia de morango 265
    pudim de arroz com
      morangos marinados
      260-261
muffins: minimuffins
  de framboesa 264
    minimuffins de queijo e
      presunto 40
    muffins de espinafre
      com queijo de cabra 40
    muffins de maçã com uvas-
      -passas e nozes-pecãs 267
mussaca 79
mussaca de cordeiro com
  cobertura de queijo 165
mussarela 39
musse: musse de chocolate 248
    musse de chocolate
      com menta 252

N

nachos mexicanos 223
nhoque: nhoque ao pesto
  com bacon 50
    nhoque com couve-flor,
      brócolis e queijo 135
nozes: bolo de maçã com
  nozes 270
    cenoura e mandioquinha
      ao forno com molho
      de nozes 126
    lombo com maçã e nozes 76
    macarrão com cogumelos
      e nozes 110
    pesto 11
nozes-pecãs: bolinho natalino
  de cenoura 266
    maçã caramelada 218
    muffins de maçã com uvas-
      -passas e nozes-pecãs 267

O

ovos: arroz oriental com
  ovo e amendoim 144
    batatinhas com ovo 132
    bolo exótico de frutas e
      especiarias 275
    cuidado ao usar ovos crus 248
    fritada de feijão e batata
      com ovo frito 132

ovos benedict com
  hadoque defumado 181
    rabanada 240
    risoto indiano de sardinha 138
    taça de frutas silvestres 256

P

paella de frango com linguiça
  198
pãezinhos e roscas: bomba
  de morango 282
    pãezinhos doces 283
    rosquinhas de chelsea 284
panqueca: panquecas de
  espinafre, cogumelos
  e toucinho 38
    panquecas de maçã com
      calda de caramelo 250
    panquecas perfeitas 37
pão: bruschetta 222
    como sovar a massa 278
    focaccia de alho 278
    pãezinhos doces 283
    pão básico 278-279
    pão de alho 89
    pão de cheddar e bacon 279
    pizza na baguete 210
    pudim de pão com uva-passa
      244
    rabanada com frutas e sorvete
      240
    rosquinhas de mel com
      sementes de girassol 280
    sanduíche de filé com abacate
      237
    sardinhas grelhadas com
      panzanella 228
pão naan: pizza de pão naan 40
    pizza de tomate-cereja
      e calabresa 210
patê de presunto com mostarda
  140
pato: cassoulet 91
    macarrão com pato desfiado
      189
    pato picante com molho
      de amoras 188-189
    peito de pato ao molho
      agridoce 188
pavê: figo com merengue e
  vinho 257
    framboesa com chocolate
      branco 247
    peito de pato ao molho agridoce
      188-189
peixe: bacalhau fresco com
  missô e gengibre 183

bolinhos de salmão 212
bolinhos tailandeses de
  peixe 54
filé de salmão com
  manteiga de azeitona 53
folhados de salmão
  à tailandesa 181
fornada de salmão 57
linguine cremoso com
  salmão 146
peixe assado com crosta
  de limão e ervas 56-57
peixe assado prático 47
peixe com batatas 184
pescada com manteiga de
  salsa e batatinhas 54
pescada grelhada com
  pesto de ervas 184
ravióli de salmão com
  manteiga de dill 176
robalo assado com ratatouille
  e batata 180
robalo com presunto cru 181
salmão com bacon 201
salmão com batata ao curry
  53
salmão defumado com
  carpaccio de beterraba 147
sardinha grelhada com
  batata e linguiça 56
sardinhas grelhadas com
  panzanella 228
torta cremosa de peixe 55
torta falsa de salmão com
  camarão 148
tostex de salmão defumado 34
penne: penne à carbonara 135
    penne picante com cogumelos
      e bacon 49
pera: farofa de frutas e canela
  240
pernil de cordeiro picante
  com cuscuz marroquino 100
peru: molho caseiro para 205
    peru assado com bacon e
      linguiças carameladas 202
pescada com manteiga de salsa
  e batatinhas 54
pescada grelhada com pesto
  de ervas 184
pimenta: asinhas de
  frango picantes 231
    batata assada com
      legumes 42
    camarões picantes 43
    carne picante com sopa
      de beterraba 168
    chilli rápido com arroz 154
    como picar pimentas 24

301

índice

cordeiro picante com damascos 194
cordeiro picante com grão-de-bico 78
couve-de-bruxelas com farofa picante 129
espaguete com camarão e rúcula 47
filé de cordeiro com molho de hortelã e pimenta 192
filé de lombo com molho picante de abacaxi 232
molho de pimenta 26
pato picante com molho de amoras 188
penne picante com cogumelos e bacon 49
pernil de cordeiro picante com cuscuz marroquino 100
tortinhas de caranguejo e camarão 228
vegetais picantes ao curry 123
pimentão: *como preparar pimentões* 103
patê de pimentão e berinjela 224
pimentões recheados 133
pizza antepasto 226-227
risoto de cevadinha com abóbora, pimentão e rúcula 117
sanduíche de filé com abacate 237
pizza: pizza antepasto 226-227
pizza de pão naan 40
pizza de tomate-cereja e calabresa 210
pizza na baguete 210
polenta: cogumelos assados com polenta e molho de queijo 119
cordeiro de panela com polenta e vagem 102
potinhos de camarão com picles 175
presunto: bolinhos de presunto com abacate 68
gratinado de abobrinha com presunto 78
macarrãozinho de panela com presunto e alho-poró 137
minimuffins de presunto e queijo 40
tender com crosta doce de mostarda 205
presunto cru: presunto cru com figo e mussarela de búfala 177
robalo com presunto cru 181
salada quente de batata com presunto cru 22
travessa de petiscos 222
pudim com calda de laranja 244
pudim de chocolate com mirtilos no cassis 252
pudim de pão com uva-passa 244
pudim de natal 263
pulao vegetariano 113
puxa-puxa fácil 219

Q

queijo: abóbora gratinada com queijo 120
aspargos assados com queijo 130
canelones de linguiça com espinafre e queijo 198
croissant com queijo 36
cuscuz com favas, ervilhas e queijo 118
cuscuz com legumes e queijo 227
folhados à moda do mediterrâneo 39
folhados de camembert 173
frango com crosta de queijo 186
gratinado de alho-poró e abobrinha com brie 121
hambúrguer recheado com queijo 236
lasanha de escarola com queijo 160
macarrão com queijo 136
minimuffins de queijo e presunto 40
mussaca de cordeiro com cobertura de queijo 165
penne picante com cogumelos e bacon 49
presunto cru com figo e mussarela de búfala 177
queijo temperado 222
quesadillas de frango com queijo 39
ravióli de salmão com manteiga de dill 176
tarte tatin de cebola roxa com creme de parmesão 174
torta de presunto, queijo e ervilha 75
torta de queijo com espinafre 122
tortilha de abóbora, espinafre e ricota 108
tortinhas com cobertura de queijo e cebola 159
tortinhas de tomate, mussarela e manjericão 227
tostex de salmão defumado 34
veja também gorgonzola
quesadillas de frango com queijo 39

R

rabanada com frutas e sorvete 240
radicchio: risoto com cogumelos e radicchio 114
vieira com bacon, radicchio e avelãs 177
ratatouille 156
ravióli de salmão com manteiga de dill 176
refogado oriental de carne com brócolis e castanha de caju 154-155
repolho: batata frita com repolho 125
macarrão com pato desfiado 189
picando o repolho 129
repolho roxo com conserva de limão 129
salada de repolho 197
schnitzels de porco com chucrute 190
sopa de erva-doce com repolho e toucinho 10
repolho roxo com conserva de limão 129
risoto: almôndegas com risoto cremoso de tomate e ervas 86
risoto à milanesa 46
risoto com cogumelos e radicchio 114
risoto de abóbora 115
risoto de cevadinha com abóbora, pimentão e rúcula 116
risoto indiano de sardinha 138
risoto verde com bacon 137
risoto verde de verão 113
robalo assado com ratatouille e batata 200-201
robalo com presunto cru 181
rocambole 268
rocambole de chocolate 276
rogan josh de cordeiro 80
rolinhos de linguiça 216
rosbife malpassado com salada de repolho 197
rosquinhas de chelsea 284
rosquinhas de mel com sementes de girassol 280
ruibarbo em calda com iogurte e biscoitos 249

S

salada caesar 20
salada com guacamole 24
salada de atum e feijão-branco no pão grelhado 30
salada de beterraba e agrião com alici 22
salada de ervas 33
salada de frango com erva-doce e molho agridoce 28-29
salada de frutos do mar 26
salada de macarrão com atum 27
salada de macarrão com frango e molho de gengibre e amendoim 28
salada de repolho 197, 215, 230
salada italiana de batata 20
salada italiana de feijão 24
salada niçoise 21
salada oriental de truta com espinafre 175
salada quente de batata com presunto cru 22
salada quente de domingo 30
salada russa 25
salmão: filés de salmão com manteiga de azeitona 53
folhados de salmão à tailandesa 181
fornada de salmão 57
linguine cremoso com salmão 146
ravióli de salmão com manteiga de dill 176
salmão com bacon 201
salmão com batata ao curry 53
salmão defumado com carpaccio de beterraba 147
torta falsa de salmão e camarão 148
tostex de salmão defumado 34
sanduíche de filé com abacate 237
sardinha: risoto indiano de sardinha 138
sardinha grelhada com batata e linguiça 56
sardinhas grelhadas com panzanella 228
schnitzels de frango 187
schnitzels de porco com chucrute 190
scones, como cortar os 280
scones ingleses 280
sopas: sopa com cuscuz marroquino 172

índice

sopa de batata
  com gorgonzola 12
sopa de batata com linguiça
  e pesto de salsa 19
sopa de batata-doce
  com maçã 14
sopa de erva-doce com
  repolho e toucinho 10
sopa de ervilha e agrião
  com bacon 18
sopa de frango com macarrão
  17
sopa de legumes com pesto 11
sopa de tomate 12
sopa espanhola de verão 10
sopa indiana de espinafre 14
sorvete: bolo de sorvete 277
  rabanada com frutas e
    sorvete 240
  sorvete de baunilha 251
  sorvete feito em casa 251
  torta gelada do alasca 258
sovar a massa, como 278
suflê: suflê gelado de limão 254

T

tabule com limão 112
taça de frutas silvestres 256
tagliatelle: goulash com
  tagliatelle 107
  tagliatelle ao pesto de tomate
    com almôndegas 48-49
  tagliatelle com cogumelos
    selvagens 110
tâmara: carne à provençal 106-107
  sobremesa de tâmara 261
  tagine de cordeiro com tâmara
    e cuscuz de romã 207
tapenade 225
tender agridoce com
  batata gratinada 191

tender com crosta doce
  de mostarda 205
tiramisù 260
tomate: almôndegas com
  risoto cremoso de tomate
    e ervas 86-87
  bruschetta 222
  camarões picantes 43
  carne ao molho vermelho 105
  ensopado de frutos do mar
    88-89
  ensopado de linguiça com
    feijão-manteiga 90
  espaguete com camarão
    e rúcula 47
  filé ao molho pizzaiola 194
  frango ao curry 62-63
  goulash com tagliatelle 107
  gratinado de abóbora com
    queijo 120
  linguiça de panela 92
  minestrone 15
  molho de tomate natural 43
  mussaca 79
  mussaca de cordeiro com
    cobertura de queijo 165
  pizza antepasto 226-227
  pizza de tomate-cereja e
    calabresa 210
  ragu de carne 168
  salada de macarrão
    com atum 27
  salada italiana de feijão 24
  salada niçoise 21
  salada quente de domingo 30
  sopa de tomate 12
  sopa espanhola de verão 10
  tagliatelle ao pesto de tomate
    com almôndegas 48-49
  tomates assados recheados
    com arroz 116

tortas doces: torta de
  cereja clássica 241
  torta de maçã caramelada 243
  torta de melado 242-243
  torta gelada da alasca 258
  torta rústica inglesa 81
  torta-musse de chocolate
    e castanha 254
tortas salgadas: torta
  cremosa de peixe 55
  torta de carne com purê
    de mandioca 83
  torta de frango com
    ervilhas e bacon 62
  torta de legumes, presunto
    e cebola caramelizada 72
  torta falsa de salmão
    e camarão 148
  torta rápida de carne com
    purê de batata 152-15
tortilha: tortilha de abóbora,
  espinafre e ricota 108
  tortilha de cogumelo, alho-
    -poró e queijo 108
tortinhas: tortinhas de carne
  com cereja 219
  tortinhas de peixe com
    camarão e erva-doce 182
  tortinhas de tomate,
    mussarela e manjericão 227
toucinho: sopa de erva-doce
  com repolho e toucinho 10
travessa de petiscos 222
truta defumada com pepino 27

U

uvas-passas: bolo de frutas
    sem glúten 272
  bolo delicioso de natal 273
  bolo de maçã com nozes 270

bolo exótico de frutas e
  especiarias 275
cookies de pasta de
  amendoim 284
muffins de maçã com uvas-
  -passas e nozes-pecãs 267
pãezinhos doces 283
pudim de pão com
  uva-passa 244

V

vagem: cordeiro de panela com
  polenta e vagem 102-103
  cozido de linguiça com vinho
    92
  minestrone 15
  salada niçoise 21
  salada quente de domingo 30
  salada russa 25
  vegetais picantes ao curry 123
vieira: vieiras com bacon,
  radicchio e avelãs 177
  vieiras com molho vièrge 179
vinagrete clássico 32-33
vinho marsala: pavê de figo
  com merengue e vinho 257
vinho: carne à provençal 106-107
  coq au vin 94
  molho agridoce 188
  pavê de figo com merengue
    e vinho 257

W

wraps de frango com linguiça 39

X

xarope de bordo: frango assado
  com xarope de bordo 205

agradecimentos

Dos editores

A DK gostaria de agradecer a todos da revista **delicious.**, em especial a Matthew Drennan e Tanya Grossman. Agradecemos também a Jimmy Topham, Ross Hilton, Lucy Bannell e Alastair Laing pelo trabalho editorial, a Laura Mingozzi pela arte e a Hilary Bird pelo índice.

Créditos das fotos

(c) = centro, (b) = embaixo, (d) = direita, (e) = esquerda, (t) = topo.

2 Steve Baxter. **4-5** Janine Hosegood. **6** Steve Baxter (be) (bc); Jonathan Gregson (bd). **7** Steve Baxter (be); Jean Cazals (bc); Kate Whitaker (bd). **8-9** Craig Robertson. **10** Steve Baxter (td). **11** Kate Whitaker (bd). **13** Andrew Montgomery (c). **15** Craig Robertson (bd). **17** Craig Robertson (td) (bd). **18** Claire Richardson (te). **19** Steve Baxter (td) (bd). **21** Steve Baxter (td); Claire Richardson (bd). **22** Michael Paul (te). **23** Richard Jung. **24** Steve Baxter (te). **25** Craig Robertson (bc). **26** Steve Baxter (bc). **27** Craig Robertson (td). **29** Lucinda Symons (tc). **30** Janine Hosegood (te). **31** Craig Robertson (c). **33** Lucinda Symons (td). **35** Richard Jung (td); Claire Richardson (bd). **36** Steve Baxter (bc). **37** Rob White (tc). **38** Clive Streeter (te); Lis Parsons (be). **41** Steve Baxter (c). **43** Stuart West (td); Craig Robertson (bd). **44-45** Craig Robertson. **47** Rob White (td); Philip Webb (bd). **48** Peter Cassidy (be). **49** Janine Hosegood (te). **51** Lucinda Symons (c). **52** Stuart West (te). **53** Gareth Morgans (td). **54** Stuart West (te). **55** Kate Whitaker (td); Steve Baxter (bd). **56** Clive Streeter (be). **57** Lis Parsons (tc). **58** Steve Baxter (te). **59** Craig Robertson (bc). **60** Stuart West (be). **61** Stuart West (c). **63** Steve Baxter (te); Lucinda Symons (be). **64** Claire Richardson (te); Rob White (be). **65** Philip Webb (bd). **66** Maja Smend. **67** Richard Jung (tc). **68** Peter Thiedeke (te). **69** Steve Baxter (c). **70** Clive Streeter (tc). **73** Lis Parsons (c). **74** Craig Robertson (tc). **75** Richard Jung (bc). **76** Stuart West (te) (be). **78** Janine Hosegood (be). **79** Rob White (tc). **80** Craig Robertson (te); Lis Parsons (be). **81** Emma Lee (bc). **82** Gareth Morgans (te). **83** Steve Baxter (tc). **85** Stuart West (c). **86** Craig Robertson (tc). **87** Steve Baxter (td); Stuart West (bd). **88** Lucinda Symons (be). **89** Philip Webb (tc). **90** Stuart West (te); Lucinda Symons (be). **93** Tara Fisher (c). **95** David Loftus (tc). **97** Steve Baxter (c). **98** Craig Robertson (bc). **99** Claire Richardson (td). **101** Stuart West (c). **102** Peter Cassidy (tc). **104** Craig Robertson (tc). **105** Gareth Morgans (bc). **106** Craig Robertson (te); Lis Parsons (be). **109** Kate Whitaker (c). **110** Jonathan Gregson (te). **111** Will Heap (td); Steve Baxter (bd). **112** Jonathan Gregson (bc). **113** Craig Robertson (td). **114** Jonathan Gregson (bc). **115** Lis Parsons (tc). **117** Steve Baxter (c). **118** Steve Baxter (te). **119** Steve Baxter (bc). **121** Craig Robertson (td); Steve Baxter (bd). **122** Craig Robertson (tc). **123** Craig Robertson (bd). **124** Emma Lee (te); Jean Cazals (be). **126** Lis Parsons (be). **127** Karen Thomas (td). **128** Rob White (c). **130** Michael Paul (bc). **131** Richard Jung (td). **133** Lis Parsons (td). **134** Peter Thiedeke (tc). **135** Steve Baxter (bc). **136** Tara Fisher (te); Claire Richardson (be). **139** Peter Thiedeke (c). **140** Gareth Morgans (te). **141** Richard Jung (bc). **142** Craig Robertson (tc). **143** Lis Parsons (bc). **145** Gareth Morgans (c). **146** Lis Parsons (bc). **147** Craig Robertson (td); Tara Fisher (bd). **148** Steve Baxter (tc). **149** Gareth Morgans (bc). **150** Gareth Morgans (be). **151** Lis Parsons (c). **152** Stuart West (te); Steve Baxter (be). **153** Lis Parsons (bc). **154** Kate Whitaker (tc). **155** Tara Fisher (td); Will Heap (bd). **157** Tara Fisher (c). **158** Jonathan Gregson (bc). **159** David Loftus (td). **161** Steve Baxter (bd). **162** Steve Baxter (tc). **163** Peter Cassidy/Ewen Francis (bc). **164** Peter Cassidy/Ewen Francis (bc). **165** Peter Cassidy/Ewen Francis (td). **167** Lis Parsons (td); Jean Cazals (bd). **169** Craig Robertson (c). **170-171** Lis Parsons. **173** Steve Baxter (td); Peter Thiedeke (bd). **174** Craig Robertson (te); David Loftus (be). **176** Kate Whitaker (te). **179** Craig Robertson (td); Jean Cazals (bd). **181** Lucinda Symons (bd). **182** Craig Robertson (bd). **183** Kate Whitaker (tc). **184** Lucinda Symons (te). **185** Jonathan Gregson (c). **186** Jonathan Gregson (be). **187** Lis Parsons (td). **188** Craig Robertson (be). **189** Craig Robertson (tc). **191** Craig Robertson (td); Lucinda Symons (bd). **193** Lucinda Symons (td). **194** Peter Thiedeke (bd). **196** Steve Baxter (te). **197** Malou Burger (bd). **199** Jonathan Gregson (bc). **200** Tara Fisher (te). **201** Lis Parsons (bd). **203** Lucinda Symons (c). **205** Steve Baxter (td). **206** Lis Parsons (te). **209** Rob White (bc). **211** Tara Fisher (td); Claire Richardson (bd). **212** Tara Fisher (td). **213** Tara Fisher (c). **214** Tara Fisher (te). **215** Craig Robertson (td) (bd). **216** Steve Baxter (te). **217** Craig Robertson (bc). **218** Gus Filgate (te); Tara Fisher (be). **219** Tara Fisher (bd). **220** Tara Fisher (te). **221** Steve Baxter (c). **223** Gareth Morgans (td); Lis Parsons (bd). **224** Lucinda Symons (te); Stuart West (be). **226** Emma Lee (tc). **229** Philip Webb (c). **230** Tara Fisher (bd). **231** Lis Parsons (bd). **232** Steve Baxter (tc). **233** Steve Baxter (bd). **234** Craig Robertson (te). **235** Gareth Morgans (tc). **236** Lis Parsons (tc). **237** Craig Robertson (bc). **238-239** Rob White. **241** Lis Parsons (bd). **242** Steve Lee (te). **243** Steve Baxter (bd). **245** Richard Jung (c). **246** Jonathan Gregson (td). **247** Craig Robertson (bc). **248** Michael Paul (te). **249** Deidre Rooney (bc). **251** Jean Cazals (tc). **253** Steve Baxter (c). **254** Lucinda Symons (te). **257** Craig Robertson (td); Peter Cassidy (bd). **259** Kate Whitaker (c). **260** Craig Robertson (tc). **261** Yuki Sugiura (bc). **262** Rob White (te). **263** Richard Jung (tc). **265** Claire Richardson (tc); Michael Paul (bd). **266** Richard Jung (tc). **267** Steve Baxter (bd). **268** Lucinda Symons (te) (c) (cd) (bc) (bd). **269** Claire Richardson (bc). **270** Kate Whitaker (bc). **272** Nato Weltom (bc). **274** Jonathan Gregson (tc). **276** Jean Cazals (bc). **277** Claire Richardson (bc). **279** Claire Richardson (td); Rob White (bd). **281** Steve Lee (c). **282** Claire Richardson (te). **283** Steve Baxter (bc). **285** Brett Stevens (c). **286** Michael Paul (te). **287** Lucinda Symons (bc). **288-289** Stuart West.

Fotos da capa: Richard Jung (capa: fileira de baixo, direita), Tara Fisher (capa: fileira de cima, centro, e fileira de baixo, esquerda), Steve Baxter (lombada e capa: fileira de cima, esquerda e direita, e fileira de baixo, centro), Lucinda Symons (contracapa, primeira à esquerda), Peter Cassidy (contracapa, segunda à esquerda), Philip Webb (contracapa, segunda à direita), Jean Cazals (contracapa, primeira à direita).

Todas as outras imagens © Dorling Kindersley.